点滴尽致

——以课题研究推动课堂变革与课程创新

DIANDIJINZHI

——YI KETI YANJIU TUIDONG KETANG
BIANGE YU KECHENG CHUAGNXIN

薛 燕 编著

中国海洋大学出版社

·青岛·

图书在版编目（CIP）数据

点滴尽致——以课题研究推动课堂变革与课程创新/薛燕编著．－青岛：中国海洋大学出版社，2020.11

ISBN 978-7-5670-2479-3

Ⅰ．①点…　Ⅱ．①薛…　Ⅲ．①中小学教育－教育研究

Ⅳ．①G632.0

中国版本图书馆 CIP 数据核字（2020）第 047328 号

出版发行	中国海洋大学出版社
社　　址	青岛市香港东路 23 号　　邮政编码　266071
出 版 人	杨立敏
网　　址	http://pub.ouc.edu.cn
电子信箱	1193406329@qq.com
责任编辑	孙宇菲　　　　　　　　电　　话　0532－85902342
印　　制	青岛国彩印刷股份有限公司
版　　次	2020 年 11 月第 1 版
印　　次	2020 年 11 月第 1 次印刷
成品尺寸	170 mm × 230 mm
印　　张	18.5
字　　数	320 千
印　　数	1—1000
定　　价	58.00 元

发现印装质量问题，请致电 0532－58700168，由印刷厂负责调换。

　　青岛新昌路小学具有非常好的教研文化。近年来,在薛燕校长的带领下,锐意改革创新,把研究融汇在学校日常教育教学实践中,积极推进学校课程及课堂教学的深度变革。教师们以"点滴尽致"作为学校的核心文化,以"成就最好的自己"作为办学理念,着力打造以实现学生自主成长与教师专业发展为核心的精致化学校。

　　他们以"基于深度学习的课程资源整合"研究课题为依托,立足课堂,通过"科研训一体化"的基本研究方式,从课程标准的再研读做起,深入进行学情分析,广泛挖掘和利用课程资源,在各学科教学中有效地促进了学生的深度学习。在日常教研活动中,以课程目标的细化为主要着力点,通过个人、小组、集体的磨课研究及流程化操作,逐步形成了学校"三次集备六步研"的特色校本研修路径。此研修路径的形成,不仅让教师个人教学研究水平得以持续提升,也使整个教研团队的研究能力再上一个新台阶。同时,教师不断提高的研究能力作用于学生课堂实践,给学生带来了不一样的课堂体验,促进了师生的共同发展。

　　在课程建设方面,他们积极推进学校课程的深度建构。以深入推进国家课程的校本化实施为基本着力点,丰富完善学校课程体系。通过英语和美术两个学科"以点带面"的示范引领,带动各学科的校本课程开发。同时,学校全面落实立德树人的教育总要求,以科研课题形式推进德育课程的实践研究,以精致化管理保障课程建设的全面实施。

2019 年 2 月,《中国教育现代化 2035》印发,提出了推进教育现代化的八大基本理念;青岛市积极推进"聚焦教育现代化建设,构建高水平、有特色的教育体系";市南区提出"走向学科深处的课程变革",青岛新昌路小学在这些先进理念及教学思想引领下所进行的课堂变革与课程创新的研究,作为区域课程深度建构研究的一个重要组成部分,无疑具有重要的探索性意义。他们基于干部教师深入教学一线的实践,而总结完成的《点滴尽致——以课题研究推动课堂变革与课程创新》一书,体现着对当今教育改革新思想的把握与理解,既有研究学习的路径探索,又有实践体验的深刻反思。

经验的总结与梳理旨在为进一步的研究性变革实践做好准备,相信青岛新昌路小学会走出一条独具特色的科研兴校之路。

青岛大学师范学院　王有升

2020 年 8 月

　　随着现代化学校建设的不断深入推进,以课题研究来促进学校的课堂变革与课程创新,受到越来越多教育管理者的重视。如何在学校文化的传承与发展中,进一步明晰发展方向,找准实施路径,需要每一位教育工作者思考、探索和实践。

　　《中共中央国务院关于深化教育改革,全面推进素质教育的决定》第17条指出:建设高质量的教师队伍,是全面推进素质教育的基本保证。教师要遵循教育规律,积极参与教学科研,在工作中勇于探索创新。学校要充分基于校情,基于教师、学生的情况,基于学校办学规模等来进行实践研究,才能真正调动教师参与教学科研的积极性,提升团队整体研究力,从而促进学校的可持续发展。

　　基于校情,传承学校文化基因,学校在整体构建"致教育"课程体系的基础上,以课题研究为引擎,深入推进国家课程的校本化实施,并积极探索校本课程的开发及实施路径。同时,学校持续依托"基于深度学习的课程资源整合研究"市级课题,将课堂作为开展课题研究的主阵地,坚持以科学理念为先导,以问题解决为核心,着眼于教师教学中需要解决的热点、重点、难点问题,依托"科研训一体化"的研修策略,从备课模板改革入手,从学科课程标准再研读切入,将"如何有效整合课程资源,促进学生深度学习"的研究贯穿于集备教研全过程,探索形成了"三次集备六步研"的校本研修路径,初步实现了课题研究与常态课堂的紧密对接。

历时三年的研究探索,全校干部教师躬耕于教学一线,用行动研究法开展了一系列的实践研究,合作完成了《点滴尽致——以课题研究推动课堂变革与课程创新》一书。

本书聚焦学校在课堂变革与课程创新等方面是如何通过"科研训一体化"而有效推动的,共分为两个部分。

第一部分为"以深度教研推动课堂变革"。学校科研课题的有效落地,归根到底在于能否推动教师课堂教学研究能力的提升,而课堂研究能力提升的基本方式是学校的校本教研。教师们围绕着学校科研课题,从课程资源的整合,学生深度学习能力的培养,课堂生成资源的有效利用等方面,把科研课题与教学实践有机融合,并通过科研论文的形成呈现出来,以课题研究促进课堂的变革,以教学研究促进课题的落实,真正体现了"教学即研究"。同时,我们基于学校课题,从教学目标的研究开始,通过教研组的不断探索与磨合,形成了"三次集备六步研"的校本研修路径,本书将通过"三次集备六步研"校本研修路径的来龙去脉,展示学校一线干部教师立足于课堂,深入学习课程标准,认真分析教材、学情,精心打磨研究课例,及时进行有效反思的全过程。扎实的研究足迹及阶段性成果,印证了教师在教育教学实践研究中的进步与发展。

第二部分为"以深度教研促进课程创新"。教师是课程的建设者,教师通过深入的教学研究,逐渐构建和完善校本课程,在此基础上促进学校课程体系的深度建构。本书所展示的就是英语、美术等学科教师,在不断进行深度教研的基础上,通过实践与反思,形成的具有学科特质的校本课程实践成果。这些实践成果不仅丰富了学校课程的内容,也生成了具有一定指向性的校本课程开发路径,为教师们后续的学习研究提供了很好的范例。同时,在教育教学常态管理中,学校坚持规范办学,以制度流程化实施的创新探索,有效推进了精致化管理,形成了对课程建设的有力保障。

在课程深度建构基础上,学校"十三五"课题"基于深度学习的课程资源整合研究"有效推动了由课程体系的整体建构向课堂教学的延伸。学校"三次集备六步研"校本研修路径的探索,让教师成为教学深度引领者;生发于新昌本土文化的"学生发展联盟"建设,引领学生在自主、合作、探究中充分跃动思维,这些都已经成为学校践行区域"悦动"课堂理念的行动研究特色。

打造"悦动"的课堂,构建"生动"的课程,我们一直为之不断努力着。建设"精致"的现代化学校虽不可能一蹴而就,但在研究实践中,我们深深感受到教师团队自主成长的积极性,看到他们因参与研究获得专业发展的喜悦,因专业发展而激发出的持续性职业幸福感。

在本书出版之际,我们愿将真挚的感谢奉献给为此付出时间和精力、倾注经验和智慧的人们。在此对青岛大学师范学院的王有升教授、中国海洋大学孙艳霞教授,积极参与教科研实践的干部教师们,为本书的出版提供强有力支持的市南区教育和体育局领导、市南区教育研究指导中心的领导老师们,一并表示感谢!

青岛新昌路小学　薛燕

2020 年 8 月

目 录

Contents ●●●

第一部分

以深度教研推动课堂变革

第一章

基于深度学习的课程资源整合研究

‖ 第一节　基于深度学习的课程资源整合研究初探 ‖

依据学校新一轮"五年发展规划"的要求,结合学校的研究基础,立足发展实际,学校申报的"十三五"课题"基于深度学习的课程资源整合研究"被成功立项为青岛市"十三五"规划课题。由此,学校开启了新的富有实效的研究之路。

一、问题的提出

21世纪是知识经济时代,也是一个崭新的信息时代,搜集、处理、利用各种信息成了现代社会人们不可缺少的能力。时代的要求促使我们的教学发生了根本的变革。当前,世界各国的课程改革都将课程功能的改变作为首要目标,力争使新一代的国民具有适应21世纪社会、科技、经济发展所必备的素质。在我国新一轮基础教育课程改革中,把课程资源作为一个重要部分提出来,它的提出打破了固有的"教科书是唯一的课程资源"的观念,而这一观念的转变对于转变学生的学习方式以及教师创造性地实施新课程等均具有非常重要的意义。而且,课程资源是课程实施的重要保证,没有课程资源的支持,再美好的改革设想也不能变成实际教育成果。

新课程改革的实施,给教育带来前所未有的机遇,也引发了巨大的变化,包括教师的教学观念、教学模式、教学评价以及创造性地使用教材等诸多方面。课改之前,传统的教学模式基本上是填鸭式的。教师将知识灌输给学生,学生在教师的要求下获得知识。教师教得累,学生学得更累。而课改以后,自主、合作、探究的学习方式成为课堂上的主流,学生逐渐成为学习的主体。各种教学法、教学改革也应运而生。如何才能让自主、合作、探究的学习方式不流于形式?三维目标、核心素养培养等目标该如何落地?通过哪些途径能够引发学生的深度学习?这一系列问题引发我们的思考。

就学校层面来说,学校的"十二五"市级规划课题"基于学习型团队建设的生态课堂研究"通过专家鉴定,圆满结题。在课题研究中,教师得到长足发展,专业能力不断提升,教育观念不断更新;教与学的方式不断改变,作用于生态课堂,在促进学生自主学习、探究学习、习惯养成等诸多方面起到关键的推动作用。随着学习与研究的不断深入,越来越多的教师也感觉到仅仅依靠教材已远远不能满足现代学生的学习需要。如何有效地利用课程资源促进学生的深度学习成了教学中的关键问题,更成了学校教师的自身发展需要。

通过综合分析,学校结合《国家中长期教育改革和发展规划纲要》中的相关要求,认识到要落实立德树人的根本任务,必须充分发挥课程在培养学生中的核心作用。通过对各种课程资源的分析,合理开发、重组、整合利用,使之成为改变教学方式的最好载体,以此促进学生的深度学习,从而将课题研究落到实处,推动学校教学变革。

基于以上原因,我们选择了"基于深度学习的课程资源整合研究"这个课题。

二、核心概念

(一)深度学习

深度学习是相对简单学习而言的。简单学习是指学习者可以一次学会的,不需要反馈或纠错,很少或没有歧义的学习。而深度学习,是指学习者需要经过多步和多方面的分析或加工,能够实现思维迁移的学习。深度学习包括知识再建、问题意识、学以创新、不懈批判、多维思辨、高阶思维等要素。深度学习关注知识的内在结构,关注学习者的体验,关注知识与学习者日常经验及知识基础之间的关联,侧重学习者高阶认知能力和批判性思维能力的培养。

(二)课程资源

课程资源是指课程要素来源以及实施课程的必要而直接的条件。课程资源的结构包括校内课程资源和校外课程资源。校内课程资源,除了教科书以外,还有教师、学生,师生本身不同的生活经验和不同的经历、学习方式、教学策略都是非常宝贵的课程资源,校内各种专用教室和校内各种活动也是重要的课程资源。校外课程资源,主要包括校外图书馆、科技馆、博物馆、网络资源、乡土资源、家庭资源等。

针对课程资源的概念，根据课程资源的功能特点，将其分为素材性课程资源与条件性课程资源，并对课程资源的概念进行了广义与狭义区分：广义的课程资源是指有利于实现课程目标的各种因素，狭义的课程资源仅指教学内容的直接来源。按空间分布和支配权限可将课程资源分为校内课程资源与校外课程资源，凡是学校范围内的课程资源就是校内课程资源，超出学校范围的就是校外课程资源。

三、研究目标

（1）通过课程资源的整合研究实现学科课程观的转变，创新学科课程实施方案，提高学科课程的质量。

（2）探索整合课程资源促进学生深度学习的实施策略。

（3）依托课题研究，探索实施"科研训一体化"策略，实现资源共享，促进教师教育科研、学习培训与实际教学工作的紧密结合，持续促进教师专业发展。

四、实施路径

为适应新的要求，给每个学生提供"公平、优质、多样"的教育，学校努力探索以课题为引领，"科研训一体化"的实施策略，使学校立项的青岛市"十三五"课题"基于深度学习的课程资源整合研究"真正扎实落地课堂，持续提升教师的专业素养。

（一）反复论证，明晰研究方向

课程是一所学校的核心竞争力，是实现学校培养目标的载体。多元整合的课程才能适应并促进学生的发展。因此，学校"五年发展规划"提出聚焦课程整合研究。我们的初衷一是实现国家课程、地方课程、校本课程的整合，改变以往课程实施中零散、重叠、碎片化的弊端；二是推动学科特色发展。学科建设是课程研究的核心所在。我们希望通过课程资源的整合研究实现学科课程观的转变，创新学科课程实施，提高学科课程的质量。

课程资源观的转变，将改变课程开发者和教师对课程性质的看法，使课程由狭变广、由静转动。课程不再只是学科的总和，而是学科、儿童、生活、社会的有机整合。学生的生活及其个人知识、直接经验都将成为课程开发的基础和依据。课程资源由课堂延伸到课外，由学校延伸到社区和所在的地区，学生所处的社会环境和自然环境都开始成为探究的对象，成为学习的"课堂"。对课程资源的开发利用，是新课程改革的重要内容之一，也是实现新课改的必要条件。开发出优秀的课程资源,有利于培养学生自主、合作、探究的学习方式,转变学生被动的学习地位,有利于培育学生的核心素养。开发出适合学生并受到他们欢迎的课程资源,将更有利于教学目标的实现。

综合各种因素,立足学校发展实际,经专家论证,学校将市级"十三五"课题的研究方向进一步明晰为"基于深度学习的课程资源整合研究"。在这一课题的引领下,我们把教研组、集备组作为学科研训基地,研究触角直接伸向教师的课堂教学实践,聚焦科研主题,指导教师做基于自身教学实践改进的常态研究。

(二)立足课堂,扎实推进研究

课堂是课题实践的主阵地。在"科研训一体化"的研修策略探索中,学校各学科以对深度学习的理解与把握为主线,以课程资源的开发利用与整合为抓手,立足课堂,实实在在地从教学实践中获取经验,探索规律。

1. 进行备课模板改革。

通过对"基于深度学习的课程资源整合研究"这一课题的反复学习与斟酌,在一次次共同研讨课题落地的实施路径和具体策略的过程中,学校认识到,要想将研究真正落实于课堂,必须先从备课改革开始。备课模板的改革与试用也是持续推进"科研训一体化"实施策略、持续推进课题研究的基本载体。于是,在增加"资源包""过程中资源运用策略""课后资源运用有效度分析"等板块的基础上,学校将对备课模板的改革做实做细,持续推进。

学期初,各教研组结合假期备课模板试用情况,进行典型案例分享与剖析,组内推选出优秀备课案例进行校内分享,请课题组专家进行现场点评;学期中,针对出现的困惑进行案例式培训,再次完善备课模板;学期末,进行优秀备课案例展评。

2. 分层推进学科教研和级部集备。

将课题研究落实在课堂上是我们的追求。学校探索实施"科研训一体化"策略,着力分层推进级部教研和集备,依据教师需求,寻求专业支持,整合团队资源,以此促进教师专业成长,促进教学质量提升。

(1)依据备课模板重新设计集备记录。各教研组以研究课题为主题,将"通过课程资源的整合利用以促进学生深度学习"作为研究重点,结合新修订的备课模板重新设计集备记录,将集备的集体智慧与个人的二次备课密切结合,提高备课的有效性。

(2)依据需求做到"四定"。学期初,分管干部依据教师需求和各年级教材特点与教研、集备组长共同科学制订集备计划,做到定时间、定地点、定内容、定形式,提倡形式的多样化、灵活化、有效化;开展"组长一分钟谈计划"活动,阐述集备内容和开展的形式策略。

（3）加强过程性指导。各教研、集备组可以根据自身发展需求,申请分管干部、专家资源的智力支持,由学校进行统筹安排。分管干部和专家将根据需求参与教研、集备全过程,既加强过程监控与管理,也有针对性地开展教材分析、课程资源有效度的分析等指导工作。

（4）分层推进级部教研、集备活动的落实。开展集备展示活动,拟定集备展示方案,从展示内容、形式、课题在课堂中的落实等几个维度进行集备活动展示与评价。

3. 落实课题与课堂的融合。

学校坚持以科学理念为先导,以问题解决为核心,着眼于教师教学中需要解决的热点、重点、难点问题,采用以研代训、以训促研、研训一体的工作方式,形成"提供课例—课堂观课—研讨交流—丰富认知"的研讨流程,将研训落实在课堂上。

学校成立了"教师专业发展专家团"。教研员、专家教授们走进教师们的课堂,结合市级"十三五"课题研究,开展了形式多样的听、评课活动。课后点评的过程也是一种培训,专家的指导、同伴的思维碰撞也成为一种宝贵的培训资源。

同时,在课题研究的推进过程中,学校语文、数学、英语学科组,围绕"如何更好地进行课程资源整合,以此促进学生深度发展"的研究目标,设计了课堂观察表。分管干部、教师们运用课堂观察技术,探索以课题研究为引领,教科研结合,提升课堂教学质量的新路径,梳理出"'情境表演式'学习在故事类文章整合学习中的运用""方法迁移式学习在不同文体整合学习中的运用""问题导向式学习在写人记事类学习中的整合运用""英语学科基于深度学习的单元统整策略研究"等学习方式和策略,均关注到通过课程资源的开发与整合,培养学生的阅读、表达能力以及高阶思维。教师们的研究在课堂实践中不断深化。

在学校举行的教学节中,梁丽老师执教了苏教版六年级语文"詹天佑"一课。课堂上,梁老师将课内外资源进行有机整合,充分发挥学生们学习的主动性,借助文本、视频、图文资料等相关资源解决历史背景、设计线路等难点,有效整合多元课程资源,促进了学生深度学习。课堂上,语文团队运用课堂观察技术从多个维度进行了分工观课。课后,语文团队的成员们从课标解读、课内外资源的运用、课堂教学策略、学生发言面、作业及课后观测等几个维度就"通过课程资源整合促进学生深度学习"的学习目标达成度进行了深入的交流和研讨。

赵文静老师结合课标要求谈道:"学生搜集的资料不在于多,而在于有效,既

发现吗？"在学生思维碰撞后引导他们发现：原来成语就是相对固定的词组或句子，字数并不仅限于4个字，教学至此都非常顺利，学生们被成语深深吸引，紧跟我的节奏。按照我的预设，接下来是让学生朗读成语，讨论成语，辨析成语来源，扩展故事内容，在讨论"讲给谁听，怎么讲清楚"中，慢慢说出故事中蕴含的道理。但此时我们班思维最活跃的小傅同学提出了一个问题："老师，成语故事和寓言故事到底有什么区别呢？"接着学生们窃窃私语起来，这是一个课堂生成的新问题，我可以把它留到课下解决，但本册书的"我读书我快乐"就是《伊索寓言》阅读，何不借着这个宝贵机会，引出后面要学习的寓言故事呢？于是我把第二课时安排的拓展内容，放到了导入环节之后，出示一组四字成语：望梅止渴、画蛇添足、嫦娥奔月、学而不厌。我进而告诉学生们成语来源很广，有的来自历史故事，有的来自寓言故事，有的来自神话或其他传说，还有的来自古典文学作品，再让学生们通过图文结合辨析它们的来源。学生们一下子就搞明白了它们之间的联系和区别。接下来的课堂异常顺利，在拓展阅读环节除了为学生推荐了几则中国成语故事的小古文外，还为他们推荐了外国寓言故事，并且也准备了寓言故事阅读方法小锦囊：① 应该边读边思考，边读边画出关键词句，帮助自己理解；② 大部分寓言都分为故事和教训两部分，教训就是寓言故事的寓意；③ 寓言的寓意，多半藏在角色的对话中，或者作者在篇末有所说明；④ 能够举一反三，联系生活实际，深入体会它的深刻道理。本单元的三篇课文，被一个随机生成的小问题串联了起来，单元阅读整合也因这个随机生成的小问题找到了切入点。

著名教育家叶澜教授曾经说过："课堂应是向未知方向挺进的旅程，随时都有可能发生意外的通道和美丽的图案，而不是一切都必经遵循固定的路线而没有激情的行程。"我们的课堂教学不可能完美无瑕，滴水不漏。在课堂上，常常会出现教师事先难以精确预料的问题情境与偶发事件，会和教师的课前预设不一致，甚至相矛盾。面对这种情况，我们只要静下心来，抓住这种生成性的资源，就可以将"意外"转化为不曾预料的精彩，让学生的学习更加深入，那我们的语文课堂将会更加精彩。

二、情感体验让教学"高效"起来

情感体验是语文学科核心素养的重要组成部分。情感虽然不是学生掌握知识的认知活动本身，但它弥漫在整个教学空间，贯穿于教学过程的始终，它对学生认知活动起着激发、调节、维持作用，对学习过程有着强化作用。

在学习"第一次抱母亲"一课时，由于学生年龄的原因，很难感受到作者那种细腻的情感，特别是课文中几处细节描写的语句含义深刻，学生在情感把握上有一定的难度。为了突破这一难点,教学中我只抓住两次抱母亲的句段和"我"回忆的部分引导学生展开深度学习。围绕一个主线问题引导学生深入阅读文本,在阅读交流的过程中丰富自己的阅读体验,发觉本课写法中的独到之处:① 慢镜头似的细节描写;② 意犹未尽的文章结尾;③ 巧用故事中的配角。在此环节之后出示生活中母亲点滴关爱的镜头,音乐的渲染,生活中真实体验的重现让学生们眼含热泪,虽然教室里出现了短暂的寂静,但我想此时此刻学生们的内心一定是汹涌澎湃的。此时,适时地补充名家作品——梁晓声的《慈母情深》和史铁生的《秋天的怀念》,这两篇感人至深的散文将学生们深深地吸引住,专注的阅读,不时的批注,渴望交流的眼神……母爱这个原本抽象的词汇,在学生们心中变得立体而丰满,每天心安理得地享受着它的关照的学生们,此时此刻有话想要表达。在课内学习了写法,感受了情感之后,本周的循环日记就布置了《我妈妈的秘密》,全班没有一个学生是送伞、去医院这类老套的选材,而是着眼于生活中细微的小事,用细腻的文笔刻画妈妈的爱,尝试使用意犹未尽的结尾去发现母爱,表达母爱。

童年的阅读经验是一个人的生命底色,要使生命底色变得丰厚润美、光彩照人,我们要与学生一起进入有情感温度的语言情境中,共同深入体验语言背后所蕴含的世态人情,这是仅凭一篇课内文本阅读无法达到的高度。此时除了要研读课内文本外,更需要将学到的阅读方法运用于大量的课外文本研读之中。以课外阅读文本的积累回补并丰富课内阅读,形成课内外阅读相互补充、相互促进、有效融合的良性循环。此时学生对文学作品思想情感的共鸣,对文本中人物喜怒哀乐的感受就会格外深刻,教语文便成为一种享受。

三、学以致用让学生"发展"起来

诗歌饱含着作者的思想感情与丰富的想象,朱光潜说:"诗是培养趣味的最好媒介,能够欣赏诗的人们不但对于其他种类文学可有真确的了解,而且也决不会觉到人生是干枯的。"学生是最富有想象力的,他们接触周围世界时,头脑中会产生许多新鲜、奇异的想法,会创造出许多生动、鲜活的形象。儿童诗是儿童奇特想象和他们真情实感的载体,是他们最喜欢的一种语言表达形式。引导学生们写诗,是一件非常美妙且很有意义的事。

学校读书节期间,为了让学生们体会诗歌之美,我精心组织了一系列以"诗"为载体的读书活动。第一阶段读诗,感受诗歌之美:每天,从北岛选编的《给孩子们的诗》中挑几首带着学生们朗读,同时,也鼓励学生们带着感情读自己写的诗,体味诗歌之美;周末,鼓励学生们自愿完成诗朗诵的录制,学生们参加的热情都很高。无论是音频还是录像,学生们的情感都很到位,有的还读出了专业水准。通过读诗,学生们更深刻地体会到了作者想表达的情感,对理解诗意起到了很重要的促进作用。第二阶段写诗,表达"我"心中的歌:通过前期的积累,学生们开始尝试写诗,第一次写诗,学生们的表现大大超出了预期,让老师和家长对他们刮目相看,小小的身体里都蕴含着大大的能量,每一个学生都是情感丰富的"诗人"。第三阶段"出版发行",付出就有收获:学生们精心写出的诗,当然要"出版发表"才完美,于是,学生们给自己写的诗配上精美的图画并打印出来,一张张凝结着学生们内涵与智慧的诗页,汇集成了第一本爱的诗集。

学写儿童诗,是为了引导学生们拥有一颗"诗心",融入生活,放飞想象,乐于表达,从而让心灵丰富,让生活灵动,让情感细腻起来。一次学以致用,诗文整合的尝试,让我看到了童心的美好,也看到了学生们的巨大潜力。诗集的诞生使每个学生都能阅读到其他同伴的作品,架起了一座通往课内外阅读有效融合的桥梁,也成为我的语文教学不断更新、与时俱进、永不枯竭的鲜活的校本教材。

语文课程资源整合如同打开了语文教学的一扇窗,充满了惊喜与希望。通过多种有效途径,让我们的文本真正"活"起来,让我们的学生真正"发展"起来,让我们的教学真正"高效"起来,这是我们共同的追求!课程资源整合,既是保留也是延伸,还原最纯真的语文味……

案例二:深度学习构建语文核心素养的思考

陈文盈

从人类文明开始,教育就无时无刻不存在于我们生活的每个细节当中,而语文学科作为五千年博大文化的根基和传承,其重要性不言而喻。《语文课程标准》对于语文课程性质是这样定义的:语文课程是一门学习语言文字运用的综合性、实践性课程。义务教育阶段的语文课程,应使学生初步学会运用祖国语言文字进行交流沟通,吸收古今中外优秀文化,提高思想文化修养,促进自身精神成长。工具性与人文性的统一,是语文课程的基本特点。也就是说,语文学科不仅仅是一种学习的工具,更是一种思想修养的提升和精神层面的成长,它承载的不仅仅是基础教育学科简单的听说读写,更重要的是看不见的语文学科核心素养的提高。

那么,如何才能让学生既基础掌握扎实,又能提高自身的修养呢?本文将从深度学习入手,就如何整合课程资源构建学生语文学科核心素养,为终身发展奠定基础进行讨论,以期能够为进一步深入研究深度学习提供一些参考。

一、深度学习，提高学生自我学习的意识

要提高学生自我学习的意识，其实就是要提高学习兴趣。但难就难在如何对这门学科产生兴趣。事实摆在我们面前，现在有很多学生懒于动笔，一提语文先想到作文难写，而并没有静下心来思考自己到底要写什么。五、六年级以后，阅读的难度一提高，更是胡子眉毛一把抓，却什么也抓不到。久而久之，进入了恶性循环，对语文的兴趣完全消失。

随着部编本教材开始使用，网络上铺天盖地的都是"部编版语文教材'专治不读书'！这份开学书单，再不看就'惨'了！"这样的信息，让学生、老师、家长谈语文色变，毕竟"明知山有虎，偏向虎山行"的人只是少数，我想，这些网络博文的初衷是提醒大家要多读书，但更多的是引发了人们对语文学习的焦虑。焦虑之下学习语文，怎么可能学得好呢？

这时候，深度学习的优势就展现出来了。威廉和弗洛拉·休利特基金会（The William and Flora Hewlett Foundation, WFHF）通过对相关领域专家的深度访谈和详细的文献综述，将深度学习阐释为学生核心学业内容知识的掌握、批判性思维与问题解决、有效沟通、协作能力、学会学习、学术心志这六项能力的发展。美国国家研究理事会（National Research Council, NRC）在全面分析不同学科领域的理论和研究的基础上，将深度学习定义为"学习者将某一情境下所学的内容应用于新情境的过程"，并将学习者在深度学习中发展的能力具体划分为三个领域：认知领域（cognitive domain）、人际领域（interpersonal domain）和自我领域（intrapersonal domain）。美国研究学会（America Institutes for Research, AIR）发起的深度学习研究将 WFHF 所界定的六维深度学习能力与 NRC 划分的认知、人际和自我三个领域加以匹配，由此得到了一个关于深度学习的研究和实践的兼容性框架。

这一理论提出，深度学习是学习者将某一情境下所学的内容应用于新情境的过程，也就是在体验中探究，在体验中学习。学生只有自己乐于参与到学习的过程中才能发现学习的乐趣，才能体会到知识的奇妙之处。他们成为深度学习者，为了满足自身发展的需要，不仅要积极主动地去学习知识技能并用来解决实际问题，还要自觉地对自己的学习过程、学习方法、知识理解程度、问题解决能力等进行评价和反思，发现自身学习方面存在的问题并加以改善。

在学习苏教版语文第十一册"麋鹿"一课时，我就采用了翻转课堂和语文实践活动结合的方法，引导学生提高自我学习意识，乐于探究，找到语文课堂的魅力。课前学生根据学习单提示在小组中学习文章，充分了解麋鹿的特点和它充满传奇色彩的经历,再进行语文实践活动"我做麋鹿自然保护区导游",让学生根据课文和自己所查找的有关资料,编写导游词,并在课堂上进行现场表演。学习要求一布置下去,学生马上表现出积极参与的兴趣,有查找课外有关资料的,有在文中找重点句段归纳的,小组分工合作,把课文重组为自己所用,一节课下来,不仅完成了理解文章的内容、激发学生保护动物和自然环境的思想感情的传统目标,轻松解决了教学的难点;而且在学习中,我们看到了学生深度学习的乐趣和自我学习意识的提升,以及比较、概括、归纳、分析、评价和创造等思维的发展和在团队中集体学习、合作学习能力的提升,可谓一举多得。

二、课程资源整合,促进深度学习的开展

深度学习的开展不仅需要观念的转变,更需要课堂的践行,如何在有限的课堂教学中让学生更多地参与到学习中去,就需要我们合理整合课程资源,把更多的时间让给学生。

在学习"秦兵马俑""埃及的金字塔""音乐之都维也纳"几篇课文时,我就采用了单元内容整合的方法进行了学习。这三篇课文的结构相似,写作的方法也有相像之处,于是我将这三篇课文的写作方法放在"秦兵马俑"一课中进行教授。之后,我让学生通过后两课的学习,习得这种方法。原本需要六个课时才能讲完的课文,在短短的三个课时内就全部结束,不仅如此,学生对所学方法也有了更清晰的思路。剩下的三个课时,我们进行拓展阅读,增加学生的阅读量,让学生在拓展阅读中,巩固在这个单元学习的方法。

叶圣陶先生指出:"就教学而言,精读是主体,略读则是补充;就效果而言,精读是准备,略读才是应用。"精读课文担任着授之以"法"的角色,而略读课文则为用"法"服务。教师要善于寻找精读课文和略读课文之间的契合点,教学中"扶""放"结合,让学生把精读课文中习得的方法运用于略读课文的学习中,提高学生的阅读水平和能力。

课程资源整合的方法还有很多,除了上面提到的单元整合外,还可以根据课文的作者进行整合,比如我们在学习"安塞腰鼓"时,就将作者刘成章的其他散文与这篇课文整合阅读,让学生感受作者散文中浓浓的陕北味道,激发学生想要读下去的欲望。另外还可以从文章的结构、主题、内容、体裁或某个知识点入手进行整合,让阅读教学更精彩,让学生感受深度学习的魅力。

三、深度学习,奠定终身学习基础

教育不能停留在过去,要面向未来。这应当成为所有教育者牢记的信条。

我认为好的教育应该是指向未来的。

未来需要什么样的学生？学校教育能够为此做什么？我认为，学校教育必须给学生基本的知识与技能，让他们掌握一定的工具，毕业之后能够有基本的维持生存的能力，这应当没有疑问，也是语文学科的核心任务。除了工具与技能外，学校教育的一大功能就是要保持学生的兴趣。持久的动力一定源自内心的兴趣，最佳的生活状态就是兴趣与职业的统一。创新的必备条件有两个，一个是兴趣，另一个是闲暇。当学生有自己的兴趣和选择，同时又有自由支配的时间时，就一定能够在相应的领域得到充分的发展，达到一定的高度，形成自己的特长。而未来的个体，一定要依靠自身的特长方能立足于社会。

我们要做的就是在小学阶段，在语文学习中，种下一粒种子，一粒乐于阅读，乐于研究，乐于学习的种子。当学生长大后，可能不记得我们学的某个生字、某篇课文，但是他一定能回想起，习作课上，我们一起体验的趣味游戏；阅读课上，我们曾经排练的话剧；口语交际课上，演讲的精彩画面……这一粒小小的种子会随着学生的成长而慢慢长大，为学生的终身学习奠定基础，这就是深度学习对终身学习的影响力。

教育的另一大功能，是文化的传承。学校教育为民族的未来培养人才，而承担伟大民族复兴重任的年轻人必须深谙民族精神的精髓。习总书记在多个场合表达了对传统文化的推崇，传统文化也成为学校教育的一个重要课题。中华传统文化的核心内涵到底是什么？学校教育该如何通过课程和教学将传统文化的精华传承给下一代？这是我们在语文教学中需要关注的重点。

我们在《羊想云彩》和《青草湾》的对比阅读中感受中国不同地域文化的魅力；我们在《长江之歌》《三亚落日》里找寻祖国大好河山的壮美；我们在《水浒传》《西游记》的导读中体悟古典文学的多姿；我们在《闻官军收河南河北》和《夏日绝句》中感受中华诗词的情怀……这不仅是语文的学习，而且是深度学习带给我们的终身学习，让我们把中华传统文化，一代一代地传承下去。

强调文化传统的传承，更重要的是文化的生命力，我们想要学生能更好地创新与融合，就要培养学生更开阔的视野和更高的境界。要了解外面的世界，知道世界上其他民族的文化，明白其他国家的同龄人的思维方式。通过深度学习的语文实践活动开阔视野，境界也会获得提升。比如学校里大力提倡和鼓励学生参与各种社团的活动，一大批学生在社团活动中脱颖而出，不仅领导力出众，公益心与全球视野也得到凸显。

在国际竞争日益激烈的知识经济时代背景下，无论是国家还是个人都面临着前所未有的挑战,教育也面临着巨大的挑战并呈现出一系列新的变革趋势。因此,如何培养具有终身学习能力、知识创新能力及自主学习能力的高素质人才并以此增强本国的国际竞争力已经成为21世纪教育改革的核心问题。我希望通过我们的思考和改变,让每个学习者以深度学习为基础,爱上语文,并将我们中华民族的优秀文化传承下去。

案例三:巧用资源,激发深度思维

王振涛

数学课堂上培养学生的思维能力是主要任务。在新课标的理念下,学生的数学学习不能局限于浅层次的思考,教师应该结合教学实际,精选和巧用教学资源,将学生的思维不断地激发和扩展,理解数学知识的本质和内涵,从而实现深度学习。

一、巧用生活资源,激发深度思维

皮亚杰的儿童认知发展阶段论认为,处于小学阶段的学生形成的逻辑思维直接与具体事物相联系。因此,借助生活中学生乐见的玩具等材料作为教具或学具,组织有趣的探索活动,引导学生进行深度思考是一个有效的渠道。

例如执教"测量不规则物体的体积"一课。课堂的第一个教学环节就是理解什么是规则物体和不规则物体。我让学生带来了他们喜欢玩的魔方,设计了这样的教学活动:首先我用多媒体课件展示了一些生活中的物体,有的是规则的,如纸箱、完整的砖头等;也出示了一些不规则物体,如橡皮泥、破损的砖块等。学生们很容易就区分出了哪些是规则物体,哪些是不规则物体。如果教学止步于此,学生们不但思维能力得不到锻炼和提高,也不能理解"规则物体"的真正意义。

这个时候,我让学生们拿出了魔方,并旋转,问他们魔方现在的样子是规则的还是不规则的呢?学生们异口同声地说是规则的,一个标准的正方体,没有分歧。接着我又让学生们把魔方旋转,再问,现在魔方是规则的还是不规则的呢?这个时候学生们的意见就不一致了,有的说是规则的,有的说是不规则的。这个时候,我让小组展开讨论,发表自己不同的想法,学生们进入了思考和辩论阶段。最后,经过一番争论和辨析,学生们慢慢发现,虽然魔方形状改变了,看起来不那么"规整"了,但是它依然是由三个规则的长方体组合而成的,数据是可以直接测量计算的,因此,变形后的魔方依然可以视为规则物体。

这样的操作活动,让学生们全身心地体验,不但加深了对"规则"本质和内涵的理解,更是锻炼了思维,实现了深度的思考和学习。

二、巧用思维导图,引领深度思维

思维导图是表达发射性思维、激发想象力的有效工具。运用图文并茂的形式,激发人左右脑的机能,有助于人们对所研究的问题进行深刻和创造性的思考。把思维导图应用到数学教学中,特别是在单元或者模块知识的整理和复习中,不但能提高学习的效率,更有助于学生找到知识之间的内部联系和规律,引领学生把所学知识条理化、系统化,促使思维更加清晰、深刻。

在学完"圆柱和圆锥"这一单元后,我让学生们学习利用思维导图整理小学阶段的立体图形的相关知识。学生们表现出极大的积极性,把学过的长方体、正方体、圆柱和圆锥等立体图形的相关知识做成了精美的思维导图。在制作的过程中,学生们不但复习了相关的知识点,还发现了相关知识之间的联系。展示交流的时候有的学生就说出了长方体、正方体、圆柱体的体积都和底面积和高有关,它们的体积都可以用底面积乘高来计算。这时,我追问了一个问题,还有哪些形状的物体体积可以用底面积乘高来计算呢?有的学生就想到以后将要学习的三棱体、五棱体等和长方体相似,是不是它们的体积也可以这样计算呢?这样,通过思维导图的引领,学生们探究了知识内部的本质联系,思维得到了深化和升华。

三、巧用生成资源,促进深度思维

课堂教学,有教师的预设,同时在师生互动过程中,也会生成出一些火花,教师及时捕捉这些资源,并加以放大和利用,有时候也会收到意想不到的效果。

学习"分数连乘问题"一课时,需要解决的问题是:"一个红沙包需要玉米60克,一个绿沙包所需的是红沙包的 $\frac{3}{4}$,一个黄沙包所需的是绿沙包的 $\frac{7}{9}$,做一个黄沙包需要多少克玉米?"课堂上我引导学生们通过画线段图,分析数量关系,独立思考解答。学生们很快找到了解答方法,并列出了算式:$60 \times \frac{3}{4} \times \frac{7}{9} = 35$ 克,一切都进行得很顺畅。

就在学生们完成解答,全班交流订正完,准备解决第二个例题的时候,一个叫小潘的同学站了起来,说:"老师,虽然我的结果和大家一样,但是我感觉自己做错了。""你把你的方法讲一讲,感觉自己哪里做错了,说出来让大家看看。"小潘说,"按照计算顺序,应该先算出绿沙包的质量,再算黄沙包的,我的列式没错,但是计算的过程中我先算了 $\frac{3}{4} \times \frac{7}{9}$,感觉没有道理"。被他这么一说,其他学生也都愣住了,对啊,按照题意应该先算 $60 \times \frac{3}{4}$,求绿沙包的,那么先算 $\frac{3}{4} \times \frac{7}{9}$ 可以吗?如果可以又是求的什么呢?

我没有急于解答他的疑问,而是让全班同学展开讨论。有的学生说从计算的角度,按照乘法结合律是可以先计算后两个的。可以这样理解,但是我没有就此作罢,又问,那么这样算出来的结果是什么呢?学生们陷入深深的思考。于是我就引导学生们从理解 $\frac{3}{4} \times \frac{7}{9}$ 这个算式的意义入手,学生们说就是求 $\frac{3}{4}$ 的 $\frac{7}{9}$ 是多少?那么计算出的结果表示什么意义呢?和题目中的数量又是什么关系?我又让学生们结合线段图来分析,慢慢地学生们发现 $\frac{3}{4} \times \frac{7}{9}$ 计算出的结果就是制作黄沙包用的玉米占红沙包的几分之几,用 60 再去乘这个分数,得出的就是黄沙包的质量,$\frac{3}{4} \times \frac{7}{9}$ 的过程实际就是转化单位"1"的过程。

因为这个问题比较难理解,教材上也没有呈现,我备课时没有设计这个环节,小潘同学这样提出来,说明他的思考比别的同学深入,如果我一带而过,可能让大家都失去了一个深度思考的过程和机会。问题解决了,我说让我们一起用掌声感谢小潘同学给我们大家提供的学习机会,小潘同学脸上的疑惑变成了自豪的微笑。及时捕捉课堂上的一个小插曲,作为课堂上的教学资源,让课堂锦上添花。

罗丹曾说:"生活中并不缺少美,缺少的是发现美的眼睛。"教学亦然。小学数学教学中并不缺少资源,缺少的是发现和利用资源的眼睛。善于发现生活中和课堂中的有效资源,进行开发和利用,促进学生深度思考和学习,才能让我们的课堂有滋有味有深度。

案例四:浅谈基于深度学习的学生课前有效资料搜集整理的方法路径

毕凌玉

为全面落实党的十九大中"建设海洋强国"的国家发展战略,积极贯彻建设海洋强国的战略目标,以培养"经略海洋"的未来高能人才为目标,市南区积极推进"海洋＋"教育,努力提高学生的核心素养和关键能力,打造市南区海洋教育生态圈。以"海洋课程"为基础，以"多元探究"为策略，以"研学机制"为途径，选择适合学生发展的教育模式，努力提高学生的核心素养和关键能力。

结合区域教育形势，如何上好海洋课，如何充实课堂内容、提高课堂效率、提升学生的海洋素养、培养学生的综合能力，都是非常值得思考的问题。结合学校"整合课内外资源""运用生成性资源""促进学生深度学习"等几大研究主题，我从课前预习、查阅资料切入，做了些相关研究。

想要上好一节课，除了课本上的内容外，通常教师会在备课中以资料包等形式，搜集、准备补充资料以备学生参考。此外，想要更好地了解所学内容，或更好地进行交流展示，通常需要学生在课前进行相关内容的搜集与整理。在没有指导的情况下，学生要么漫无目的，不知从何下手，拿不出多少可用资料；要么照搬资料，下载打印一大堆，却并不切合主题，学生所做的也仅是照本宣读，甚至有的字都读不准。展示交流时，有资料的低头照读，没资料的一脸茫然。这种情况下，学生搜集到的有效资料少之又少，既花费了精力又浪费了时间，久而久之，学生对搜集资料也失去了兴趣。个人认为，有效资料的搜集整理应是在具备方法指导的前提下，学生有目的性地进行搜集整理，以统一模式给予归纳整理，整合课内外资源，运用生成性资源，着眼于更加有效的搜集整理，从而促进学生深度学习呢？那么，如何让学生课前搜集的资料变得有效，如何整合课内外资源、利用生成性资源，如何促进学生深度学习呢？我从以下几个方面进行了尝试，通过实践，学生对于资料的搜集整理能力有了明显提升，所搜集到的资料的有效性大幅提高。

一、资料搜集需有方法策略指导，目的明确路径明了

搜集资料本身就是一种学习，必须讲究方式方法，才能保证有效、高效。所以，学生课前搜集资料需要教师事先给予指导，学生清楚要做什么，可以通过哪些方法实施，最后达成怎样的目标，这样开展起来才能真正提升学生的实际能力，保证学生搜集资料的有效性，促进学生深度学习。

讲明具体要求。根据教学需要，讲清资料搜集的要求，让学生明确提前查阅资料的目的，做到有的放矢。人们日常的生活、工作、学习都是围绕一定的目的展开的，这也是人们精神意志能够进入实践运转的主要依据。恩格斯在《路德维希·费尔巴哈和德国古典哲学的终结》中指出，"任何事情的发生都不是没有自觉意图，没有预期目的的。"在教育教学中，目的性就是一种对教学思想、任务结果的追求。目的性是搜集资料的主要依据。例如，在海洋教育五年级"守卫蓝色

家园"一课,教师在布置学生搜集资料前要根据教学目标提示学生,资料搜集的内容是中国历史上的海战,选择其中一场战役,以英雄榜的形式进行整理,了解他们的事迹,感受其爱国精神。资料形式可以是相关的图片、文字、视频等资料。搜集资料时重点关注战役、时间、参战方、战斗英雄、海战简况、我的分析等几个方面,避免长篇概述。这样学生搜集起来就有了明确调查目标。

另外,搜集资料的目的并不单单指向课内教学任务,同时,它还由课内学习引向课外学习。学生在搜集资料的过程中,一方面可以促使学生思考;另一方面通过进一步的搜集,又会给学生带来更深一步的理解,这样就形成了深度学习的雏形。因此,搜集资料的目的是超越资料本身的,指向学习方法的获得和情感、态度、习惯的养成,以及提高学生的交际、沟通、合作等能力。

指明方法途径。给学生指明查阅资料的具体路径,使其清楚调查过程,掌握调查方法。不论做任何事情,都要先明确方向,遵循一些规律方法,有了方向,再有方法,往往事半功倍,若没有方法,盲目去做,则往往事倍功半,甚至南辕北辙。古人云:"工欲善其事,必先利其器。""器"指的就是方法、工具、手段等。针对不同的问题,由于涉及领域不同,所需资源不同,调查方法也不尽相同,要根据实际问题选择合适的方法。所以,教师在布置搜集相关资料的任务时,不能只强调任务,要求学生回家查找,这样的布置过于空泛,多数学生所做的也仅限于上网查找。其实,教师的方法指导也非常重要。例如,海洋教育五年级"守卫蓝色家园"一课,学生可以运用网络搜集相关海战文字及图片资料。视频资料可以通过硕鼠、维棠等视频下载工具进行下载,或用录屏软件进行复制录制。还可以通过借阅图书搜集所需资料,在学校图书馆中进行查阅时,多数海洋知识可在天文、海洋、地球分类中找到。此外,在海洋教学中,还可以到实地参观了解,比如博物馆、科技馆、海洋教育基地等。通过以上方法,结合具体要求完成信息搜集。

除了教师向学生介绍方法外,学生间也可以相互介绍分享自己资料的来源和查阅方法,搜集资料的方法应该在运用中逐渐习得、巩固和丰富。教学中教师应重视此部分生成性资源,善于运用生成性资源。

二、资料整理呈现方式规范多样,把握关键条理清晰

学生搜集到所需资料后,教师可以引导学生通过不同形式整理资料予以呈现。这一环节是对搜集活动质量的提升,通过资料的提炼与总结,学生驾驭材料的能力得以锻炼,逻辑思维与创造思维能力得到培养,也是促进学生深度学习的一种体现。

　　表格式任务单。用表格整理资料的优势是容量大、直观性强、项目清晰、便于对材料做进一步的分析。例如，还是以刚才所讲的课为例，搜集中国历史上的海战，以中日甲午海战为例，围绕战役、时间、参战方、战斗英雄、海战简况、我的分析等方面搜集资料并进行整理，简要讲清事实，具体内容可观看电影《甲午大海战》进一步了解。填写表格时注意字迹清晰，做到中心突出、语言凝练。

战役	时间	参战方	战斗英雄	海战简况	我的分析	其他
中日甲午战争	1894 年 7 月 25 日～1895 年 4 月 17 日	中国、日本	丁汝昌，清朝海军北洋水师提督。威海卫之战中，在弹尽粮绝，援军来援的希望破灭之后，拒绝了伊东祐亨的劝降，服鸦片自尽以谢国人	中国战败、北洋水师全军覆没。清朝政府签订《马关条约》	因当时中日双方的实力差距，以及清政府缺乏预见、装备上的劣势和战略失策，最终导致了战役的失败，但战斗英雄誓死守卫家园的精神值得国人敬仰	电影《甲午大海战》

　　问题式任务单。以问题为导向引导学生整理资料的优势是针对性强、范围具体、便于提高效率。例如，可以将调查任务设计为"在苹果手机的地图中，美国将钓鱼岛划在日本版图内，请从历史、法律、情感三方面说说你的看法"。通过问题的形式引导学生进行搜集整理，便于学生把握关键信息，从历史、法律、情感三方面着手搜集整理。根据问题整理资料时注意把握关键问题，论据真实充分、条理清晰。

　　思维导图。以思维导图的形式整理资料的优势是条理性强、发散面广，能够激发学习兴趣。例如，中国历史上涌现出许多海战英雄，可以以海战英雄为题，梳理每个英雄所参加的海战时间、地点、规模、参战方、战况、胜败关键、英雄事迹等。通过思维导图的形式引导学生整理归纳海战英雄信息，便于学生加深对知识的理解深度，打开思路，突破思维的局限。选用思维导图整理资料时注意明确主题、主支的分列标准，分支语言概括、突出重点、清晰明了。

三、搜集整理过程教师参与跟进，及时点拨答疑解惑

　　学生在搜集整理的过程中，教师要及时指导跟进，帮助学生答疑解惑，共同参与，引导学生掌握搜集资料的过程与方法，进行行之有效的课前搜集，促进学生深度学习。在这里，我们可以将深度学习理解为一种基于理解的学习，一种学

生教学主体地位的体现。例如,我们在搜集海马的信息时,就海马是否属于鱼类这一问题,学生通过上网搜索或观看视频得知海马属于鱼类,但究其原因时,却沉默不语。这时,教师要结合学生的已有知识经验进一步提问点拨,请学生回忆一下鱼类的三大特征,结合鱼类特征对海马是否属于鱼类进行判断。通过观察,学生得出海马和鱼类一样,用鳃呼吸、用鳍游泳、有脊椎骨,因为海马符合鱼类的三大特征,所以属于鱼类。通过这样一个例子引导学生在搜集资料时不能只关注结果,更要关注过程,注重方法的提炼运用,将新知识与已有知识经验联系结合,引导学生多思考"为什么",并落实于行动,实现深度学习。在搜集整理信息的过程中,应注重培养学生的问题意识和知识的实际应用能力。帮助学生"亲身"经历知识的发现与建构过程,使学生真正成为教学的主体。

四、建立学生小组合作联盟机制,集思广益统筹安排

在搜集资料时,可以以小组为单位合作开展,促进生生间的合作,建立小组合作收集资料的模式,通过以点带面,生生间相互学习,取长补短,带动部分不会的学生进行资料搜集,以此提高课前资料搜集的有效性。合作学习作为一种学习策略,具有结构化、系统化的特点,小组成员按照不同能力进行分工,通过合作、互助,从而开展学习活动,共同达成组内学习任务,以提高每个成员的学习能力为前提,促进整体水平的提升。教师可以根据不同学生的能力、特长,把任务细化,将不同任务分工到不同的个人,这样既可以加强能力的落实,又可以减轻学生的任务负担,培养合作探究的能力。例如,在教授"海洋不是'垃圾箱'"一课时,可以根据不同的海洋污染分类进行小组合作,由不同的组员从垃圾倾倒、石油污染、核泄漏、污水排放等方面各自进行搜集,再进行资料汇总,在分享资料的同时,还可以分享搜集整理资料的方法,在收获知识的同时,获得学习方法。组内成员围绕不同方面进行科学分工,明确各自的职责,小组长负责主持活动,统筹安排,按要求分发任务、组织交流讨论等。其他成员负责按分工搜集记录所需知识内容,进行整理交流。统一汇总,完善搜集的资料,提高搜集的有效性。也可以就"介绍一下你了解的海洋污染有哪些"为题,共同搜集,集思广益,取长补短。组内成员在独立搜集、独立思考、形成自己见解的基础上,与大家一起各抒己见,进行思维碰撞,选出切合实际的、有用的资料,进行归纳总结。通过建立学生小组合作联盟机制,发挥个人所长,带动组内合作互助,集思广益,促进学生深度学习。

五、挖掘家长专业资源，拓宽深度，加强沟通，合理运用

苏霍姆林斯基曾说过："教育的效果取决于学校家庭的一致性。"在这里，我们可以从两方面来理解"一致性"一词。一方面，在课前资料搜集过程中，除了教师的引导、学生的尝试外，许多家长拥有专业性知识及相关领域资源，家长的职业、阅历、特长对教育而言本身就是一笔丰富的资源，是不可多得的财富，若能充分运用此部分资源作为学生搜集整理信息的一种途径，定能得到可观的收获。善于运用、整合家长资源，不是一味地给家长"布置作业"，而是需要获得家长的理解与配合，并且给予专业性、针对性的指导，在这一方面，家长的鼓励与支持也是促进学生提高效率的有效手段。例如，在教授"海洋不是'垃圾箱'"一课时，课前，我就青岛海域常见的海洋污染等相关知识咨询了学生家长黄海水产研究所环境室研究员崔正国，他向我介绍了青岛海域常见的污染现象及可能引发的污染问题。在征得对方同意后，我将电话录音作为学习资料在交流补充环节予以播放。对于这种形式，学生觉得既新鲜又亲切，崔叔叔的介绍不但解决了学生对于知识的困惑，还激发了学生的探究欲望。作为家长，也为能够运用自己的专业知识为孩子们答疑解惑而感到非常高兴。通过家长资源的合理运用，为学生提供了专业领域的知识，搭建了家长与课堂之间的桥梁，丰富了教育资源。通过这样一个例子能够体现出绝大多数家长对于运用自身资源帮助孩子开展学习研究是十分支持的，但在整合家长资源时应注意及时与家长进行沟通，了解家长实际情况，考虑家长工作之便，有选择地开发和利用家长资源，更大限度地挖掘家长的积极性、主动性、能动性，取得家长的理解，获得家长的支持。对于寻求家长支持，我们一方面可以发挥家委会的组织作用，群策群力；另一方面可以利用家访、家长开放日等活动契机，让家长更多地了解学校动态，做好家校间的沟通，形成教育合力。

综上所述，对于学生进行资料搜集不能只要求结果，更要注重方法过程的指导。教师应当把对学生搜集资料、处理信息的指导纳入教学，成为教学内容，让学生有法可循，促进学生深度学习。在平日教学中注重小组合作学习模式的培养，发挥学生个人优势，让学生能够真正参与进来，乐于参与进来，做到人人有事干、事事有人干，让不同能力的学生都能体会到成功的喜悦。而家长对资料搜集也不再是抱怨，甚至认为是增加课业负担，他们可以和孩子共同参与学习，利用自身资源帮助自己的孩子甚至更多的孩子提高学习效率，丰富课堂教学资源，将自身资源价值最大化。相信合三方之力，整合课内外教学资源，定能提高学生课前搜集资料的有效性，促进学生深度学习。

（三）基础性培训，丰厚研究积淀

随着课题的推进，学校将课题研究落实在课堂的同时，结合推进情况和教师需求，跟进教师全员基础性培训，以此厚实专业积淀。

案例式、对话式、读书分享式、论坛式……灵活多样的研训方式直击问题，解决困惑。而专家讲座式培训则是指导专家站在研究者的高度，将提炼出的研究成果与智慧精华倾囊相授，更加满足教师研究需要。

在学校课题推进过程中，青岛大学师范学院基础教育研究中心主任、教育学博士王有升教授多次来到学校，论证课题研究方向，就研究中存在的困惑进行答疑，参与学校教学节活动并进行点评与指导。更关键的是，在教师自学的基础上，王教授面向全体教师进行了系统而专业的课题培训，对于课题的背景、概念进行了详细地阐释和界定，帮助教师们进一步认识参与此课题研究的意义和推进点。适切的、高位的培训引领，为课题的顺利实施提供了坚实的专业支持。

‖ 第二节　基于深度学习的课程资源整合研究课例与反思 ‖

一、"我不是最弱小的"

课时备课					
课题	我不是最弱小的	课型	新授	课时	2—1
学情分析	本课教学内容贴近学生生活实际，学习时学生会产生认同感，这能帮助学生更容易理解课文。学生已经初步养成了预习的习惯，能在熟练朗读课文的基础上，借助工具书，联系自己已有的生活经验，自学生字并按预习单提示来归类积累描写雨景的四字成语。在课堂学习中，四年级学生掌握了一定的理解课文的方法，能够找到课文中的关键词、句，并通过反复品读课文重点句段，感受人物美好的心灵和品质。但如何让学生认识到在生活中我们也可以保护弱小者，课堂上教师可以采取图片提示、音乐渲染和问题引导等方式让学生说说"我能做什么"，深化对课文的理解并将自觉保护弱小的行为落到实处				
学习目标	1. 能正确、流利、有感情地朗读课文，做到不添字、不落字、不读错、不重复。 2. 能借助字典，正确认读"娇嫩纤弱""闷热"等词语，基于自主学习规范书写"滴"字。 3. 通过练习运用几个词语说一段描写雨景的话，培养学生良好的积累习惯。 4. 在反复品读课文的基础上，抓住人物的语言和动作理解课文内容，感悟人物品质。教育学生向萨沙一家人学习，自觉保护弱小者				
课程资源包	课件、视频资源、推荐阅读《大江保卫战》《曹操自刑》《黄香温席》《永远的白衣战士》				

续表

教与学的活动过程	
师生活动设计	课程资源整合利用
一、导入 1. 同学们,今天我们来学习一篇新的课文——我不是最弱小的。请大家伸出手指,跟我一起写写课题。(板书:我不是最弱小的) 2.(出示图片)萨沙一家(教师读:假日里,天气闷热,一家人到森林里去)。 在这一家人中,你认为谁是最弱小的?说说你的理由?(我认为……因为……) 师:在大家的眼中,萨沙的年龄小、个子小、力气小,是全家人关心和爱护的对象。(板书:弱小) 二、初读 1. 课文讲了一件什么事?让我们来读读这个故事吧,请同学们打开课本的第 73 页。 听好朗读要求:自由朗读课文,做到不添字、不落字、不读错、不重复。 先摆好读书姿势,如果你读完了,请用坐姿告诉我。 2. 字词。 师:通过预习,你发现哪些字音容易读错,哪些字形容易写错,请你结合预习单来提醒大家。 A. 蔷薇、芳香扑鼻、低垂、一丛丛、娇嫩纤弱 B. 滂沱大雨、雷声大作、大雨如注 C. 闷热(是一个多音字) 你能根据字典中的解释,给词语选择正确的读音吗?(应该读……因为……) 3. 写字。 "滴"在所有需要写的生字中,出错率最高。怎么样记,谁有好方法? 范写(学生在田字格中描一个,仿写一个)。 先摆好写字姿势:头正、肩平、腰挺直。三个一,要做到。 三、品读 1. 把词语放到课文中,我们来读读课文吧!(一个小组"开火车"轮流分段读课文) 对于其他听的同学,我有两个要求: (1)仔细听,他们是否做到了不添字、不落字、不读错、不重复? (2)思考课文讲了一件什么事?	出示图片资源 借助图片,引导学生进行说话练习 借助预习单,引导学生利用字典、网络等资源,初步掌握生字的字音、字形、字义,并启发学生归类积累词语

师生活动设计	课程资源整合利用
评：哪些同学做到了这"四不"？正确、流利地朗读课文，要做到不添字、不落字、不读错、不重复，只要加强练习每个人都能做到。 2. 课文中主要讲了谁的故事？做了什么事？你能用简要的语言概括吗？ （一家人在森林里遇到了一场大雨，爸爸把雨衣让给妈妈，妈妈把雨衣让给萨沙，萨沙用雨衣保护了蔷薇花。） 师：抓住主要人物和关键事件，概括文章主要内容，能让你的语言更简洁、表达更完整。 3. "弱小"在课文中出现了几次？你有什么发现？ 生：它们全部出现在人物的对话（语言）当中。（板书：语言） 师：哦，他们都藏在人物的语言中。那让我们先来读读这段对话。 4. 指定学生朗读对话。（分段读） 5. 让我们来读读妈妈说的话。 6. 妈妈是在什么情况下说的这句话？你能结合前面的课文说说吗？（1 人读） 预设：下雨后，爸爸把雨衣让给了妈妈，妈妈又让给了萨沙。从对话中我们能感受到爸爸妈妈对萨沙的关心。（板书：感受真情） 7. 我发现你关注到了，描写雨的句子。这是一场什么样的雨？ 预设：雨大，下得急。他们在旷地，无处可躲。（从……我知道……） 8. 平日里，你还见过什么样的雨景？（毛毛细雨、小雨、大雨） 师：这是课文中提供的一组描写雨景的词语，你还知道哪些描写雨的词语。 生：…… 9. 师：雨滋润万物，给人以美好的想象。请你选用下面的词语或者平日积累的词语，说一段描述雨景的句子。（如果有困难，可以参考积累卡） 小组交流。 评：在你的描述中，用上了许多好的词语，由此可见，课外积累是多么的重要！ 评：为同学们点赞，你看，我们抓住了大雨（小雨）不同的特点，用上好的词语和诗句，就能让我们的描写非常生动。 10. 师：大雨中见真情，于是母子之间有了这样一段对话。分角色对话。 11. 师：对于"弱小"，每个人有不同的理解。妈妈认为……萨沙认为…… 萨沙做了什么？（生答） 师：萨沙是这样想的，也是这样做的，你能找到描写萨沙动作的词吗？	联系生活经验理解课文、积累描写雨景的成语

续表

师生活动设计	课程资源整合利用
（板书：动作描写　走 掀 盖） 萨沙只是一个4岁的孩子,从这一掀一盖,你看出了什么? 评:作者用了一组连续动词,写出了萨沙对花儿的保护。谁再来读读这句话? 评:简单的几个动作,就能看出萨沙美好的品质。（板书:突出品质） 12. 需要4岁的萨沙去保护的是一朵什么样的蔷薇花? 预设:从"娇嫩纤弱",我知道了这朵花在大雨中非常脆弱。 13. 课文对蔷薇花的描写还有哪些?（指读、对比读）通过前后对比,你有哪些发现? 预设:最初蔷薇花美丽娇艳、芳香扑鼻,而在大雨中花儿低垂着头,花瓣也掉了几片,二者形成了鲜明的对比。更能体现出雨后的蔷薇花的纤弱无力,更需要萨沙的保护。 师:这是一段对景物的描写,它的存在,成就了萨沙的不甘弱小,更能突出人物品质。 14. 结合当时的情景,合理想象,在萨沙的保护下,这朵蔷薇花又会发生什么变化? 15. 采访: 引:小萨沙,在你的保护下,花儿避开了大雨的冲击,重新绽放笑颜,此时此刻,你的心情如何? 引:在你雨衣的遮盖下,花儿又昂起了头,此时此刻,你是什么心情?（读出快乐） 引:看到花儿努力向上生长,此时你感觉如何?（读出自豪） 评:助人为乐,助人乃快乐之本。 尽管萨沙年龄小、身体弱,但是也有能力保护比他更弱小的花。 师:此情此景,让人感动。萨沙用自己的行动告诉大家我不是最弱小的。 16. 我们在生活中,是否应保护弱小者? 17. 配乐出示（图片）。 我们并不强大,但只要你愿意,总会带给别人帮助和快乐。就像这世界上,有人偷偷爱着你,生活中总有一抹阳光,足够温暖整个世界。人人奉献出一点爱,世界将变得更加美好!（板书:画爱心） 18. 师生合作,深化主题。 师:我不是最弱小的。（全班齐读课题） 师:中华民族是礼仪之邦,一方有难八方支援。我们虽然年纪小,但只要有心,我们也不是最弱小的。（全班再读课题）	结合课文,合理想象 借助图片和音乐,唤醒学生内心的真善美,直观感受到这世间的美好品质

师生活动设计	课程资源整合利用
小结:这节课,我们通过品读人物的语言和动作,感受到萨沙一家人都有一颗保护弱小者的美好心灵。语言、动作描写对于"理解人物的品质,刻画人物形象"起到非常重要的作用。 四、拓展 1. 阅读超市。 师:现在进入阅读超市,读你手中的文章,看看能从语言、动作描写中感受到什么? 2. 小组合作来读。 3. 小结:今天我们学习了抓住人物的语言和动作描写,来理解课文、了解人物品质的学习方法。在今后的习作中,我们也可以进行语言、动作的描写,以突出我们要表达的人物性格、品质等特点	提供拓展阅读材料,巩固本课所学的"抓关键词体会人物品质"的方法

板书设计	我不是最弱小的 小妙招 语言描写——感受真情 动作描写——突出品质 主动保护弱小者
分层作业设计	分层作业: A 类:仿写人物片断,尝试进行语言、动作描写,来突出你要表达的人物性格和品质。 B 类:读几篇写人的文章,抓住语言、动作描写,了解人物的性格或品质

有效整合资源,促进学生深度学习的发生

丁　瀚

　　语文核心素养发展指导下的课堂教学,越来越关注每个学生学习的真实发生,每个学生深度学习的真实获得,以及各种资源的有效整合,始终让学生站在课堂中央成为教育者的共识。

　　而在课堂教学中,我们发现好多学生的学习停留于表面,甚至于习惯了听教师的灌输而缺乏学习的积极主动性,更遑论深度学习了。有效整合资源,激发学生的主动性和内驱力,加深学习的程度,从而提升每个学生的实际获得是在每堂课备课之前,教师所应该深思的。

　　在执教苏教版语文四年级下册"我不是最弱小的"一课时,我仔细研读了教

材,这是一篇记叙文,叙事有序、结构明晰、语言浅近却喻理深刻,讲述了萨沙在父母的影响下,把父母让给他的雨衣盖在了"比自己弱小的"蔷薇花上的故事,赞扬了萨沙一家人自觉保护弱小者的高尚品质。课文内容浅显易懂,在课堂教学中想要让学生学有所得,就要以"目标"为出发点,获取更多与课文相关的信息和资源,促进学生深度学习的发生。

一、养成预习习惯,整合课内外学习,突破识字关

古人云:"凡事预则立,不预则废。"工人建房要备料,农民耕作要备耕,学语文也是如此。预习是学好知识的一个重要环节,其主要任务是复习、巩固有关的旧知识,初步感知新教材,找出新教材的疑难点,为学习新知识扫清障碍、做好准备。

上课之前,我布置学生进行了预习,通过"预习单"引导学生初步自学生字词,借助字典、词典和网络,找出易错字音、字形,并在课文中做好标注,如"闷热""抵抗""摘"等词语。圈画出不理解的词语并查出词义,在书中做好批注,如"滂沱"一词。课堂中,让学生当小老师来提醒同学,充分发挥学生的主动性,调动学习的兴趣和热情,让生字的学习更省时、高效、有针对性。"娇嫩纤弱"一词既容易读错又不好理解,学生们最容易忽视它。在课堂上教师补充提出,让学生由字面意思入手先谈自己的理解,发现问题后,再亲自让学生动手查字典了解词语的正确意思,让学生认识到工具书是我们学习中必不可少的伙伴。最后,引导学生归类积累词语,便于记忆和运用,加深学习程度。

二、整合生活资源,让语文焕发生机

教材中的每一篇课文都来自生活,我们应当以课堂为起点来实施生活化的教学,把课堂教学与学生已有生活经验相整合,为学生深入理解课文服务,让学生真正受到启迪,更好地理解课文中人物主动帮助弱小者的美好品质,从而提高学生的语文素养。

在本课教学设计中,有这样一条目标:"通过练习运用几个词语说一段描写雨景的话,培养学生良好的积累习惯。"四年级的学生有了一定的写作基础,但要达成这一目标,让学生能正确、流利地表达,仍需要给学生"搭梯子",一步一步来引导。课文中是这样描写这场突如其来的大雨的,"突然雷声大作,先是飘下几滴雨点,接着大雨如注"。在充分的朗读之后让学生抓住关键词"突然"理解雨来得很迅猛;"雷声大作""大雨如注"等词语理解雨势的猛烈,学会抓关键词联系课文谈出自己的理解。接下来,让学生联系已有生活经验说说自己在平时还

见过什么样的雨景。教师适时辅以雨景图做补充和拓展思路之用，唤醒学生对雨的记忆。以此为铺垫，再引导学生交流平日积累的描写雨的成语，呈现在黑板上，以备后用。最后出示课文中提供的一组词语，结合学生积累的词语，让学生仿说一段描写雨景的句段，环环相扣，给学生一个抓手，让学生模仿课文、借助已有经验和平日积累来进行说话练习。让教学贴近生活，走进生活，再现生活，引导学生在一个熟知的天地中，充分发掘、整合生活中的经验和资源，积极自主地探索，让学习层层深入、螺旋上升。

三、巧妙整合图片资源，深化理解主题

在一堂动态生成的课堂中，由于课堂的生成性而充满了不确定性，讨论的走向、学生认识的偏向、意见分歧的出现，往往会与教师的备课大相径庭。这就需要教师适时调动"备用资源"，巧妙地删枝别叶，把这些不确定因素转化为课程资源，使课堂之绿树健康地成长。

本课的重点是达成这一目标："在反复品读课文的基础上，抓住人物的语言和动作理解课文内容，感悟人物品质。教育学生向萨沙一家人学习，自觉保护弱小者。"在这条目标中，既包含了阅读理解的方法，又涉及了对课文中心思想的理解。

为达成这一目标，我设计了"抓描写语言和动作的关键词，结合课文来谈体会"这一方法引导学生理解课文。先让他们谈谈对于"弱小"的理解，圈画出描写动作的词，谈感受，通过多种形式朗读人物对话，深入领会妈妈的话，"每个人都要保护比自己弱小的人""要是你谁也保护不了，那你不就是最弱小的了吗"，以及揣摩萨沙的反问，"妈妈，爸爸把雨衣给您，您又把雨衣给了我。你们干吗这样做呢""这么说我就是最弱小的了"。最后萨沙把身上的雨衣盖在蔷薇花上之后再次反问妈妈："现在我该不是最弱小的了吧，妈妈？"一番交流和讨论之后，学生的思维始终停留在萨沙保护了弱小者这一层面，为了引起学生更深入的思考，我给学生播放了一组风靡网络的感人图片"有人偷偷爱着你"，并配着轻柔的音乐：学生们看到最可爱的军人坐在冰冷的地面上把候车厅座位留给其他乘客，看到那位用倾斜的雨伞遮住了孩子却淋湿了的父亲，看到稚龄儿童用自己的微薄之力帮助拾荒者推动上坡的三轮车……学生们纷纷认识到，虽然我们的年龄小，但只要有心，我们仍能去帮助周围的弱小者。

对学生学习来说，丰富的教学资源无疑是"源头活水"，唯有对教学内容进行合理的取舍与重组，充分整合各种资源，引发学生深入学习，才能让课堂既简约又充实，让学生得到长足的发展。

（本课曾获区级语文优质课评比一等奖）

二、"李清照"

课时备课					
课题	李清照	课型	新授	课时	1—1
学情分析	六年级学生对于"李清照"这个名字还是很熟悉的,因为曾经学习过她写的词《如梦令》,但是对于李清照的写作背景、一生的经历了解得不是很深入,尤其是对于李清照的词前后期风格的变化没有感性认识。同时,对于从赏析诗词到走近作者的内心世界,全面了解作者还有一定的距离,有待进一步引导				
学习目标	通过观看微课、诗词赏析、梳理历史脉络等,学生能够了解当时的历史背景和创作背景,感受李清照的一生以及不同时期作品的特点,感受她蕴含在作品中的感情,体会她的爱国情怀,全面感知李清照这个著名的女词人				
课程资源包	微课《走进李清照》、《百家讲坛》介绍、不同时期的词、《经典咏流传》的点评				
教与学的活动过程					
师生活动设计			课程资源整合利用		

师生活动设计	课程资源整合利用
一、揭示课题,板书 谈话:你对李清照有哪些了解?(学生依据已有基础回答问题,教师总结) 二、从别人的评价中初步感知人物形象 1. 谈话:李清照作为宋朝的女词人,在她所生活的宋朝就非常有名了。后世对于她的评价也很多。在有关宋、元、明、清等朝代的历史评论家、文学评论家以及文人墨客对她的评价里(逐页出示课件,指读),你对哪条评价印象最深刻?(学生说,教师板书,如婉约派代表、一代才女、巾帼不让须眉等) 2. 引导观察:同学们,看看这些评价,你有什么感觉?(预设发言:评价很高。李清照在文坛具有很高的声誉,是著名的女词人等) 3. 以上都是别人的评价,是我们从别人的口中了解的李清照。如果我们自己去深入地感受李清照这个人物的风格与特点,可以有哪些途径?(预设发言:可以借助人物经历、背景;可以品读她的诗词) 4. 专家引领,出示《经典咏流传》中康震老师的点评,提炼关键信息。 5. 谈话:那我们就通过了解她一生的经历,感知历史背景,赏析诗词,走进李清照的内心世界。 三、通过学习与赏析,深入了解李清照 (一)观看微课,梳理历史时间轴 1. 谈话:同学们,那就让我们从了解李清照的经历开始,先来看一段微课。(学生观看)	通过对历代评论家评论的搜集与提炼,初步感知人物形象 引出央视文化栏目《经典咏流传》,既学方法,又知道可以用多种形式探知历史,感受经典 微课是一个重要的资源,通过图片、视频、讲解使学生全面了解李清照的一生

师生活动设计	课程资源整合利用
2. 看后交流:同学们,看了微课,我们了解到,李清照所处的时代发生了什么事?它对于李清照的一生又产生了哪些影响?让我们用手势来表示一下她一生的经历走向。造成她的这种经历的根本原因是什么?(当时的社会背景)	用手势这种形象的表现形式可以看出学生们对李清照一生经历的大体了解
3. 随着学生发言,教师出示历史时间轴,讲述历史事件和李清照的生活经历。	
4. 过渡:以金兵入侵,南宋建立为时间分割点,李清照的词作也分为前后两个时期。李清照将自己的经历、所有的情感都融入诗词的创作中,尽管存世不多(只有72首),却篇篇是精品,句句是佳作。下面我们来共同赏析,体会她的情感。	通过时间轴,除了感知李清照的变化外,还为学生理解"李清照的命运与国家的命运紧紧联系在一起"打下铺垫
(二)自主赏析李清照经典诗词7首	
1. 出示学习任务:同桌二人为一组进行合作学习,从学习单里自主选择你们喜欢的一首词,联系译文和时代背景进行自主赏析,看看你读懂了一个什么样的李清照,是从哪个词里读出来的,并尝试读出情感。	
2. 学生自学。	
3. 交流。	
(1)刚才咱们赏析的诗词,我们看看分别属于哪个时期的作品?(学生回答,课件演示)	
(2)不同时期的词又有怎样的特点呢?你又是怎么感受到的?	丰富的诗词资源,帮助学生们打开探知李清照内心世界的大门
(学生分别交流:《如梦令·知否知否》《武陵春》《永遇乐》,一人分析,另一人上台板书自己通过读词感知的人物特点)	
(3)你能通过朗读表达出这种感情吗?(学生分析一首之后诵读,因为《永遇乐》有难度,先自己练习,再配乐指定学生诵读)	有感情地诵读,对指导学生朗读、感受人物特点有帮助
(三)诵读《夏日绝句》	
1. 谈话:就是这么一个晚年"凄凄惨惨戚戚"的弱女子,却写下这样一首充满豪情的诗,谁来读一下?(指定学生1人诵读)	
2. 激发感情:联系背景推测一下,当时李清照写这首诗的心情如何?为什么?(引导学生分析历史背景,感知李清照的愤慨)读出她的愤慨。(指定学生2人诵读)	通过历史背景的重现,感受李清照的爱国形象,深化主题
3. 再次激发:当时国家是那样的状况,谁还对他们"家"的故事略知一二?赵明诚身为建康知府,有兵叛乱,不去平叛却弃城逃跑。李清照耻于这种行为,这首诗也是对丈夫的痛斥)	
4. 联系这些内容,你怎样评价李清照?(板书:爱国)一颗爱国心,满腔报国志,一起读。	通过对比分析,感受李清照的高尚情怀和民族气节
四、总结全文,升华感情	
1. 谈话:现在,我们再来看,为什么李清照会赢得这么高的评价?(学生结合实际谈,才气高、爱国情怀等)	

续表

师生活动设计	课程资源整合利用
2. 再现历史时间轴,谈话:同学们,学到这里,我们再来看这根历史时间轴,有国家的背景事件,有李清照的人生经历,你有何发现?（学生发言)总结升华:她的命运与国家的命运紧紧地联系在了一起,有国才有家,有了强大的国才有幸福的家。 　3. 配乐总结,拓展资源。 　同学们,今天我们通过了解历史背景,了解李清照一生的经历,赏析她的作品,使李清照的形象变得更加立体而丰满。其实我们还可以去读《李清照传》,读她写的《漱玉词》,探访她位于山东济南章丘的故居,她作的词还谱成了好听的歌曲。这样全方位地去感知与了解,李清照的形象会在我们心中更加熠熠生辉	

板书设计	著　名　　　　　　　热爱生活 婉约派代表　　　　　生活幸福　　前 一代词宗————李清照———忧愁苦闷 千古才女　　　　　　心情悲苦　　后 高尚气节　　　爱国　晚年凄凉
分层作业设计	A. 进一步赏析李清照的作品。 B. 通过多种途径搜集李清照的信息,制作人物卡片

运用课程资源,实现传统文化课的课程价值

——以"李清照"一课为例

张　琳

　　李清照,婉约派的创始人,被誉为"一代词宗"。她的词以抒情为主,前期多写自然风光和离别相思,清丽明快;后期则多写身世不幸和家国之思,悲凉沉郁。要真正读懂这个人物,需要大量的背景资料作为支撑。在执教这一课时,我大量地搜集并运用课内外资源,从人物生平及时代背景入手,将其创作的诗词与当时的时代背景相联系,使学生不仅读懂了她的词,还了解了她这个人。引导学生在细细地品读、赏析、交流中,感受到了传统文化课的课程价值和人文魅力。

一、理清人物单元的学习目标,提炼学习方法

　　六年级传统文化课的第二单元为人物单元,"李清照"是其中的一课。如何教授这一类的内容,仅仅赏析其作品是远远不够的。经过充分研读教材,我认为,传统文化课与语文课的最大区别在于,语文课侧重于"学文",在于品词析句,学习写作方法;而传统文化课更多的是"学人",通过诗词的赏析去读懂人物背后的

故事,同时也借助历史背景加强对诗词创作的理解,二者相辅相成,从而实现传统文化课的课程目标。

于是,我将"李清照"一课的学习目标定为:通过观看微课、赏析诗词、梳理历史脉络等,使学生了解当时的历史背景和创作背景,感受李清照的一生以及不同时期作品的特点,感受她蕴含在作品中的感情,体会她的爱国情怀,全面了解李清照这个著名的女词人。同时提炼出学习方法,即通过历史背景、人物经历和创作的作品,全面感知人物形象。

课堂上,学生有了初步感悟后,我引出央视著名栏目《经典咏流传》中康震老师的点评:"了解写作背景是理解文学作品的金钥匙。文史不分家,学习一首古诗词时,多了解作者所处的时代,以及时代背景下诗人的生活经历,既能帮助我们很好地学习和鉴赏这首古诗词,还能更全面地了解作者。"这既是对学习方法的总结与提炼,也是对传统文化栏目的一种推介。

二、借助历史时间轴,了解创作背景

"了解写作背景、感知生活经历、赏析创作作品"是理解文学作品、全面了解作者的三把金钥匙。这三者中,关于生活经历,我通过制作微课的形式将其呈现,并在娓娓的讲述中,配合着生动的画面,学生不难理解:"李清照出身官宦之家,曾拥有美满的前半生。但是随着金兵入侵,李清照淹没在了国破家亡的历史中,后半生遭遇了数不清的劫难,颠沛流离,境遇孤苦。生活经历的不同使她的作品也呈现出不同的风格。"但是对于李清照所处的北宋、南宋交替的那段历史,因为年代久远,学生并不能完全理解。所以我精心制作了"历史时间轴",将重要的国家大事节点和李清照的个人经历转折点一一对应着呈现。

学生显而易见地总结出"李清照的命运与家国命运紧紧地联系在一起",自然而然地抒发出"有国才有家,有了强大的国才有幸福的家"的心声,这也实现了传统文化课承载的"帮助学生学习历史、了解历史"的课程目标。

三、拓展诗词作品,感受爱国情怀

在课本中,出现了4首李清照创作的诗词,但是对于全面感知这个人物是远远不够的。

于是,我搜集了李清照最为有名的7首诗词,由学生自主点击学习,在交流、赏析中感受她的创作风格和诗词魅力。其中,大家最为熟悉的《夏日绝句》,成为学习的重点。尽管学生们早就能够熟练地背诵了,但是它背后有着鲜为人知的故事。学生们借助前期的微课和历史时间轴了解了李清照创作时的"国"的背景,感受到她因为当朝皇帝软弱无能、不思进取、偏安一隅而产生的愤慨。李清照与丈夫赵明诚夫妻恩爱,但是因为赵明诚身为建康知府,不思平叛却弃城逃跑;李清照耻于丈夫的行径,创作这首诗以痛斥,赵明诚一年后羞愤而亡,这个关于"家"的故事被揭示,李清照的形象更加高大起来,学生们不由地感慨:"李清照爱国胜过爱自己的丈夫!"就这样,一个有着高尚气节和爱国情操的奇女子的形象便立在学生面前,也为她赢得后世如此高的评价找到最恰当的解释。学生的朗诵也变得有声有色,充满豪情。

四、提供丰富资源,课后拓展学习

一节课,通过微课的人物介绍、时间轴的历史背景、家与国的故事、拓展的诗词、推介的《经典咏流传》点评等课程资源的整合利用,使学生不仅读懂了李清照的词,还使她的形象在大家心目中更加鲜活与立体。在教学环节的最后,配着李清照的词《一剪梅》改编的歌曲,我随即出示了李清照故居图片、《夏日绝句》创作地图片、书籍《李清照传》《漱玉词》等资源,引导学生课下继续探索,充分了解这个著名词人的生平,追寻她的足迹,感悟其不平凡的一生。

课程资源的整合运用与课后推荐,使这节课充分达成了学习目标,实现了传统文化课"加强对青少年学生的中华优秀传统文化教育,要以弘扬爱国主义精神为核心,以家国情怀教育、社会关爱教育和人格修养教育为重点,着力完善青少年学生的道德品质,培育理想人格,提升政治素养"的课程目标和价值取向。

三、"7 的乘法口诀"

课时备课				
课题	7 的乘法口诀	课型	新授	课时	1—1
学情分析	本节课是在学生学习了 1～6 乘法口诀的基础上对乘法口诀的进一步学习。学生在前面的学习过程中,对乘法意义有了一定的理解,并且也有了一定创编口诀的基础				
学习目标	1. 在具体情境中引导学生通过自主探索、合作交流,进一步理解乘法的意义,独立创编 7 的乘法口诀。 2. 在数学学习活动中引导学生通过观察、比较、类比、迁移等,掌握 7 的乘法口诀的内在规律,熟记 7 的乘法口诀,会用 7 的乘法口诀解决简单的实际问题。 3. 在创编口诀、运用口诀的过程中,提高学生的自主学习能力,积累数学学习情感,享受成功的喜悦。 4. 在运用 7 的乘法口诀解决问题过程中,进行适当的学科整合,感受数学与生活的联系,进行思想品德教育				
课程资源包	两个学习表格、不同学科知识内容及图片、日历牌				

续表

教与学的活动过程	
师生活动设计	课程资源整合利用

一、创设情境，导入新课

上节课，凯蒂和小朋友一起做了沙包，这次她又会和小朋友们一起制作什么作品呢？我们一起来看看吧！

1. 出示情境图，你找到了哪些数学信息？根据这几组数学信息，你能提出哪些与数学有关的问题？

每人叠 7 个，有 7 人，一共能叠多少纸牌？

跳舞的有 4 组，每组 7 人，一共有多少人跳舞？

玩老鹰捉小鸡游戏的有 2 组，每组 7 人，玩老鹰捉小鸡的一共有多少人？

2. 先解决第一个问题。每人叠 7 个，有 7 人，一共能叠多少纸牌？

师：如何列算式？为什么用乘法？要想算出得数必须知道什么？引出课题：7 的乘法口诀。

【设计意图】通过情境的创设，引导学生有序找出信息，并能根据信息提出相关数学问题。并把第一个问题的初步解决，当作学生探究问题的开始，让所学知识成为学生解决问题所需，既激发兴趣又自然引入新授，一举两得。

二、自主思考，合作探究

1. 通过表 1 进一步理解乘法意义，初步理解 7 的乘法口诀的形成过程。

表1

纸牌的个数	1	2	3	4	5	6	7
几个7	1个7	2个7	3个7	4个7	5个7	6个7	7个7
总个数		14	21	28	35	42	49

师：1 个人叠 7 个纸牌，也就是 1 个 7。2 个人叠几个纸牌呢？几个 7？也就是 2 个 7 是 14。

师：谁还能提出类似的问题呢？

生：3 个人叠几个纸牌？4 个人，5 个人，6 个人，7 个人呢？教师依次出示。

师：我们把刚才的问题用表格的形式代替，这也是一种整理信息的好方法。那 3 个人叠几个纸牌呢？你是怎样算的？还有不同方法吗？

引导学生说出 14 + 7 = 21，后一个结果比前一个多 7。按照这种方式填写完表格。

生齐读：1 个 7 是 7，2 个 7 是 14……

课程资源整合利用栏：

从学生生活经验出发，引导学生根据情境提出数学问题，把生活问题转化成数学问题

优化教学内容，通过表 1 的形式，把相关信息进行有序梳理，促进学生找到口诀之间的内容规律，进行知识迁移与思考

师生活动设计	课程资源整合利用
小结:通过表1不仅知道了7个同学一共叠了49个纸牌,还知道相邻的两个结果之间相差7这个规律,真了不起! 　　师:回到我们解决的第一个问题,7×7=49中,就要用到我们今天学的什么知识?这节课我们一起学习的就是"7的乘法口诀"。(板书课题) 　　【设计意图】表格的形式利于学生进行观察,让学生模仿问题的提出过程,也是初步让学生感受7的乘法口诀的内在规律,通过课件规律的再呈现,帮助学生有序地梳理出7的乘法口诀内在规律,让7的乘法口诀创编有了坚实的基础。 　　2. 通过表2,完成7的乘法口诀的创编。 　　师:1个7是7,怎样列乘法算式呢? 　　师:你能按照这样的方式对应着意义先写出其他乘法算式,并根据所写的乘法算式创编出7的乘法口诀吗?想一想,试一试。	表2的自主学习中,充分利用学生原有的1~6乘法口诀的学习经验,在类比与归纳中进一步理解乘法的意义及7的口诀的内在规律,引发学生的深度学习,为熟记口诀打下基础

表2

意义	乘法算式		乘法口诀
1个7	1×7=7	7×1=7	一　七　得　七
2个7相加	2×7=14	7×2=14	二　七　十　四
3个7相加	3×7=21	7×3=21	三　七　二　十　一
4个7相加	4×7=28	7×4=28	四　七　二　十　八
5个7相加	5×7=35	7×5=35	五　七　三　十　五
6个7相加	6×7=42	6×7=42	六　七　四　十　二
7个7相加	7×7=49		七　七　四　十　九

　　教师说学习要求:先自主在答题纸上完成,再与小组同学交流。
　　学生先独立完成,再小组交流,教师巡视。
　　学生全班汇报交流,教师课件随机出示完成表2的内容。
　　师:大家自主创编的口诀与数学书上是一样的。我们一起自豪地读一遍吧。(学生齐读口诀)
　　师:请你仔细观察,对于7的乘法口诀,你发现什么规律了吗?
　　生1:每句的第一个按顺序从1~7,7的乘法口诀有7句。
　　生2:每句的第二个都是7,这是7的乘法口诀。
　　生3:从上往下看,每句口诀的结果依次多7,从下往上看,每句口诀的结果依次少7。
　　小结:7的乘法口诀有7句,每相邻的两句口诀相差7。
　　师:有这么多规律,那么我们一起快速背一背吧。(男生背,女生背,学生背教师板书写口诀)

师生活动设计	课程资源整合利用
师:当一个口诀忘记了,你有什么办法回忆起它吗?再次巩固口诀。善于观察,找到事物的规律,会产生事半功倍的效果。 【设计意图】7的乘法口诀创编是本节课的重点难点,通过给学生大量的自主学习时间,让学生充分依据知识经验和生活经验,通过自主探索、合作交流,在观察、比较、类比的过程中,找到7的乘法口诀的内在规律,创编出7的乘法口诀,掌握7的乘法口诀记忆方法,体现了课程标准中提倡的:学生应当有足够的时间和空间经历观察、实验、猜测、计算、推理、验证等活动过程。 3. 解决前面提出的另外两个问题。 学生尝试解决,交流算式和计算结果,并说出用到了哪句口诀。 三、巩固练习,拓展延伸 1. 把口诀填完整。(抢答) 三(七)二十一　　(七)七四十九　　(二七)十四 六七(四十二)　　四(七)二十八　　(五七)三十五 2. 根据乘法口诀写算式。 四七二十八　　二七十四　　六七四十二 $4 \times 7 = 28$　　$2 \times 7 = 14$　　$6 \times 7 = 42$ $7 \times 4 = 28$　　$7 \times 2 = 14$　　$7 \times 6 = 42$ 3. "我会想"。 每行(7)棵, 有(3)行, 一共有多少棵? $7 \otimes 3 = 21$(棵) $3 \otimes 7 = 21$(棵) 口诀:三七二十一 4. 学科整合,解决生活中的实际问题。 七言绝句 《望庐山瀑布》 唐·李白 日照香炉生紫烟,遥看瀑布挂前川。 飞流直下三千尺,疑是银河落九天。 这首诗一共有多少个字? $4 \times 7 = 28$	充分利用各学科资源,通过多种形式让学生熟记7的乘法口诀,并能正确运用口诀解决生活中的实际问题。在解决问题过程中,培养学生的问题意识和解题能力,建立起数学与生活的联系,学以致用

师生活动设计	课程资源整合利用

《白雪公主和七个小矮人》

1个小矮人戴一顶帽子，七个小矮人一共戴几顶帽子？

七星瓢虫

1只 🐞 7个点，2只 🐞 14个点，3只 🐞 21个点，4只 🐞 28个点，5只 🐞 35个点，6只 🐞 42个点，7只 🐞 49个点

美丽的七巧板

时间都去哪儿了？

1个星期有7天，2个星期有几天？
3个，4个，5个，6个，7个……

　　通过日历牌这一资源的有效利用，既进一步巩固本节所学，又在其中渗透了德育教育，引发学生的人生观、价值观的思考，丰富学科内容，提高学生素养

续表

师生活动设计	课程资源整合利用
师:这是日历牌,时间就是这样一天天,一个星期一个星期,周而复始地流走了,我们在父母、老师的关爱下,在同学们的陪伴下慢慢长大。收获知识,收获友谊。要学会感恩,更要学会珍惜时间。 　　【设计意图】通过富有层次性和趣味性的练习,通过与其他学科知识的有机整合,既让学生进一步熟练地掌握7的乘法口诀,又让学生充分感受到数学与生活的联系,把课后练习第1题进行了适当的创编放在这里进行思想教育和本节课的结束,与所学内容再次呼应,又是学生情感的升华,充分发挥了学科育人的作用。 　　四、总结收获,情感提升 　　今天是10月25日星期四,7天后又是一个星期四,这一周中同学们又会学到很多知识。希望同学们能够每天进步一点点,努力成为最好的自己。这节课,你有什么收获? 　　【设计意图】通过引导学生从知识、方法和情感来谈自己的收获,帮助学生进一步明确学习方法,掌握知识,及时进行回顾与总结,养成良好的学习习惯,提高学习数学的能力	
板书设计	<div align="center">7的乘法口诀 一七得七 二七十四 三七二十一 四七二十八 五七三十五 六七四十二 七七四十九</div>
分层作业设计	必做:熟记7的乘法口诀。 　　选做:与父母一起找找生活中,可以利用7的乘法口诀来解决的问题有哪些,交流一下

充分利用资源,引发学生用数学的思维解决问题

韩　敏

　　"7的乘法口诀"是在学生学习了1~6乘法口诀的基础上进行的,是后面学习乘法计算的基础。如何让学生熟练记住7的乘法口诀,正确运用口诀解决问题;如何能让二年级学生在40分钟的学习时间内保持一定的学习兴趣,并能较好完成教学目标,都是需要我在课前备课时进行深入思考的。

《义务教育数学课程标准》2011版在课程基本理念中指出：① 课程内容要选择贴近学生的实际，有利于学生体验与理解、思考与探索，课程内容的组织要重视过程，处理好过程与结果的关系。② 数学教学活动，特别是课堂教学应激发学生兴趣，调动学生积极性，引发学生的数学思考，鼓励学生创造性的思维；要注重培养学生良好的数学学习习惯，使学生掌握恰当的数学学习方法。③ 学生学习应当是一个生动活泼的、主动的和富有个性的过程。《义务教育数学课程标准（2011版）》在总目标中指出，体会数学知识之间，数学与其他学科之间，数学与生活之间的联系，运用数学的思维方式进行思考，增强发现和提出问题的能力、分析和解决问题的能力。

通过解决一共能叠多少个纸牌的探索，引导学生进一步理解乘法的意义，创编出7的乘法口诀，并在此基础上巩固运用7的乘法口诀解决问题。设计的两个表格，可引导学生在自主学习过程中发现规律，记住口诀，并解决生活中的一些问题。

由于学生有了前面学习口诀的基础，因此对于相关的形式和流程，学生应该没有太大问题。但由于结果相差比较大，因此学生掌握起来有一定的难度。所以本节课把教学重点定位在通过学生自主探究，合作交流，在发现相邻两个结果都相差7的基础上，自主试编口诀。加深对乘法意义和口诀之间关系的理解，从而更好地掌握口诀，并能灵活地应用口诀解决问题。在这一过程中，充分利用各种资源，引发学生的深度学习，在观察、比较、类比、迁移的过程中学会知识，自主应用。

本节课通过以下几个环节完成教学目标。

一、创设情境，导入新课

从生活情境中抽象数学问题，引导学生学会寻找信息，发现并提出问题，培养问题意识，激发兴趣，引入新知识的学习。

二、自主思考，合作探究

1. 通过表1初步理解7的乘法口诀的形成过程。

在这一过程中，我主要通过先引导学生得出1个7是7，2个7是14，3个7是21，并提问学生21是怎么计算出来的？发现相邻的两个口诀的结果都是相差7，从而为后面编制7的口诀及发现7的口诀规律打下基础。本环节学生完成较好。

2. 通过表2，完成7的乘法口诀的创编。

在表1的基础上,通过表2相应乘法算式的填写和口诀的自主探究,充分发挥学生自主学习与合作交流的能力,在自主完成乘法算式的基础上,写出相应的乘法口诀,学生的概括能力、创造能力得以体现,一一对应的数学思想得以渗透。在这一过程中,大多数学生能够在规定的时间内完成任务并进行交流,从而较好地理解并掌握7的乘法口诀。没有完成的小部分同学,在倾听其他同学交流的过程中,也能够得出7的乘法口诀。在这一过程中,如果用投影把学生现场学习成果进行展示,通过学生之间的相互点评,可以增加学生合作交流的机会。

在创编口诀的基础上,我通过形式多样的练习,引导学生掌握、记住7的乘法口诀。并引导学生自主解决提出的两个问题,学会应用口诀解决问题。

在这里,我充分运用学生的知识经验和年龄特点,让学生通过在自主学习中引发的深入思考,进行观察、对比、总结等,让学生的数学思维得到训练,掌握一定的学习方法。

三、巩固练习,拓展延伸

如果只单纯地练习7的乘法口诀,15分钟左右的练习时间会让二年级小学生感到乏味。因此,为进一步落实小学数学学科德育指导纲要的要求,体现数学与生活的联系,培养学生的核心素养。在这一环节中,除了有基础的口诀练习外,我还设计了大量不同学科的相关练习,通过学科知识资源的有效利用,把7的乘法口诀与语文、科学、美术、音乐等学科有机融合,通过七言绝句、《白雪公主和七个小矮人》的故事、七星瓢虫、美丽的七巧板、"时间都去哪儿了?"情境的创设等,巩固7的乘法口诀。并通过最后"时间都去哪儿了?"的相关练习,对学生进行感恩及珍惜时间的教育,让数学课充满情感。

在这里,既有对课程资源的有效利用,也有对资源的有机整合,让学生学会主动用数学知识解决生活,用数学思维来理解生活问题,进一步感受数学与生活的联系,逐步提高学生数学思维能力水平。

总之,本节课在规定的时间内教学目标基本完成,在充分利用学生现在知识经验及相关资源的基础上,学生的数学思维能力得以提升,学科德育目标较好渗透,在相互学习中,师生都有所收获。在今后的教学过程中,要进一步研究、学习,通过课程资源的有效融合,提高学生数学思维能力,实现高效愉悦的生本课堂,让课堂真正成为学生成长的乐园。

（本课曾获区级数学优质课二等奖）

四、"'智慧广场'排列问题"

课时备课					
课题	"智慧广场"排列问题	课型	新授	课时	1—1
学情分析	在一年级下册中,学生已经学习了一些图形和数的简单排列规律。本节课在学生已有经验和知识基础上,研究排列问题。本课重点内容在于,在学生动手拼、摆图形的过程中,探索发现 3 个人的排列规律,并初步培养学生有顺序地、全面地思考问题的意识。排列组合的思想方法不仅应用广泛,而且是高年级学习概率统计知识的基础,同时也是发展学生抽象能力和逻辑思维能力的好素材				
学习目标	1. 在 3 人排队照相,有几种排法的问题情境中,认识和了解简单的排列问题。掌握解决问题的方法,体会解决问题策略的多样性。 2. 通过写一写、说一说、想一想等活动,发展观察、分析及推理能力,训练思维的有序性,渗透数形结合的思想方法。在交流不同的排列方法的过程中,通过对比几种人物的不同表示方法,优化出简单明了的表示法,从而发展学生的符号意识。 3. 借助排队照相、猜手机解屏密码等生活情境,经历数学规律的形成过程,感受数学与生活的密切联系				
课程资源包	生活情境与数学问题整合				

教与学的活动过程	
师生活动设计	课程资源整合利用
一、情境导入 师:今天我们要学习的知识是排列,关于排列你们想了解学习什么知识呢? 生 1:排列是什么? 生 2:怎么做排列题? 生 3:排列的用处是什么? 师:这三个问题提得很好,相信通过这节课的学习,我们能解决这三个问题。出去旅游,为了给自己留下一个美好的回忆,那我们要做点什么呢?照相…… 通过课件出示情境图:照相也包含了很多的数学知识。 二、探究新知识 (一)基本的排列问题 1. 通过课件出示情境图:小冬、小华、小平,排成一行,有多少种不同的排列方法? 师:读懂题意了吗? 生:懂了。 师:你是怎样理解的?	在学生交流的过程中,抓住学生课堂生成资源。比如学生说一种方法好,教师就要启发学生说出好在哪里?引导学生说将一个人固定在第一位,排出所有的排法后,再固定另一个人在第一位,以此类推。从而发展学生的有序思维

师生活动设计	课程资源整合利用
生：就是 3 个人站成一行，一共有几种排法。 师：你分析得很准确。现在请同学们在题纸上独立完成。 2. 汇报交流。 师：我将 6 位同学的排列结果展示在黑板上。请同学们先看第一种排法。谁来评价一下？ 生：第一种比较乱，看起来没有规律。 师：那你对比一下第二种，有什么感觉？ 生：第二种先把小冬排在第一个位置，然后是小华、小平得到一种方法；还是把小冬排第一个位置，接着是小平、小华是第二种方法；把小华放在第一个位置，然后是小冬、小平得到第三种方法；还是小华放在第一个位置上，然后是小平、小冬得到第四种方法；把小平放在第一个位置上，然后是小冬、小华得到第五种方法；把小平放在第一个位置上，然后是小华、小冬得到第六种方法。这样共有 6 种排法。 师：你说得非常清楚，有条理。我们再看看后面几种方法，与前面这种方法是不是一样的？ 生：不一样。 师：哪里不一样？ 生：前面是写字，后面是画图形、字母还有数字。 师：他们的表示方式不同，后面用了符号表示。符号表示更简洁。我们继续看后面的方法，解题的思路和前面一样吗？ 生 1：不一样。 生 2：一样。 师：说一样的同学说说哪里一样？ 生：都是先让一个人打头，然后后面的两个同学交换位置，这样依次类推。 师：刚才解决方法不一样的同学，听完这个同学的回答还觉得不一样吗？ 生：是一样的。 师：你们喜欢哪种排法呢？ 生：第二种。 师：为什么？ 生：他写得整齐，字好看。 师：我们都喜欢书写工整、漂亮的字。希望每个同学都能够认真书写。 生：我喜欢第二种还因为他写得清楚。 师：借助字母也能很清楚地排列。 师：你看这里有一个算式 $2 \times 3 = 6$，你们理解这个算式的意义吗？谁能结合图解释算式的意义？	抓住课堂生成资源，让学生对比反思写汉字的方法，感受符号的特点 学生在整个交流过程，经历了由杂乱无序到有序、有逻辑，从文字描述到应用数学符号。在拍照这个常见的生活情境中，学生发表了见解，听取其他同学不同的思维，自我反思哪种更好，好在哪里，加深对排列的认识

师生活动设计	课程资源整合利用
生:把小冬放在第一位,后面的人交换位置就有 2 种排法,一共有 3 个人排第一位,所以是 3 个 2。 师:你结合图解释了这个算式,其实在数学上这是一个很重要的思想,即数形结合。 3. 小结。 师:刚才解决这个问题我们用了什么方法,谁再来说一说。 生 1:先让小冬排第一位,后面是小华、小平。小冬排第一位,后面是小平、小华。再把小华排第一位,后面是小冬、小平。小华排第一位,后面是小平、小冬。最后把小平排第一位,后面是小冬、小平。小平放第一位,后面是小平、小冬。 生 2:让小冬排第一位,然后小华、小平交换位置就是两种方法。再让小华排第一位,然后是小冬、小平交换位置就有两种方法。最后是小平排第一位,然后把小华、小冬交换位置就又有两种方法。 师:你们听出两个同学的总结哪里不一样吗? 生:他刚才是说一个人打头,另外两个人交换位置是两种方法。 师:你觉得这种表述怎么样? 生:他表述得更好,更清楚。 师:对,更清楚更简洁。 师:我们把刚才学到的知识梳理一下。(播放课件)	
 先确定第一个人的位置,其他两人自由排列,数出有几种排列方法,依次类推,这样可以不重复、不遗漏地数出一共有多少种排法	练习题由易到难,逐步引导学生将所学的知识应用到实际生活中
师:接下来应用我们学到的知识解决几个问题。 4. 练习。 (1)基本练习课本第 1 题。 3个同学排成一行跳舞,可以有多少种不同的排法? 小云　小雨　小雪	

师生活动设计	课程资源整合利用
（学生独立解答,全班交流） 师:这道题为什么和例题一样都是6种方法。 生:因为都是3人排列。 师:情境变了,但是最后的问题还是研究3个人排列。 (2)变式排列问题。 师:刚才的问题难度怎么样? 生:简单啊。 师:再来一道难题。 　　用1、2、3组成不同的三位数,然后按从小到大的顺序排列起来,第5个数是多少? 　　（学生独立解答,全班交流） 　　生:我先排1开头的是123、132,然后2开头的是213、231,最后3开头的是312、321。第五个是312。 　　师:你说得很完整。解决这个问题是不是一定要把所有的排列都写出来?有没有更加快速、简洁的方法? 　　生:我排312和321,所以第五个是312。 　　师:为什么不排1开头和2开头的数? 　　生:因为它们只能排出4个数。 　　师:你的方法很灵活。我们可以根据实际情况进行排列。 　　要在酒店大门的上方挂6只大灯笼,如果把形状相同的灯笼挨在一起,可以有多少种不同的挂法? 　　（学生独立完成,全班交流） 　　师:这里有6个灯笼排列,为什么还是6种排列方法? 　　生:因为2个相同的灯笼要排在一块儿。 　　师:相同的灯笼在一块儿就是说在排几组? 　　生:实际上就是在排3组,所以也是6种。 　　4位同学排一行表演小合唱,丁刚同学担任领唱。固定在左起第二个位置上,其余同学任意排。有多少种不同的排法? 　　（学生独立完成,全班交流） 　　生:丁刚固定在左起第二位置上,然后1个人排第一位,剩下的2个人可以交换位置就是2种方法,这样依次排列一共有6种排法。 　　师:这里有4个人排列,为什么还是6种排法? 　　生:因为有一个人固定了位置,所以剩下3人排列,3人排列就是6种排法。 　　师:你分析得很有道理。如果把小丁固定在左起第一个位置上呢?	

师生活动设计	课程资源整合利用
生:6种。 师:如果把小丁固定在最后一个位置上呢? 生:还是6种。 师:固定在任意一个位置上呢? 生:还是6种。 师:为什么? 生:因为还是3人排列。 师:那我固定两头两个位置呢? 生1:2种。 生2:4种。 师:我们看看固定两头还剩几个人排列? (拿4个磁扣演示) 生:2人。 师:你们看两头固定后,剩下2人可以怎么排? 生:只能交换一次位置,只有2种排法。(教师交换两个磁扣的位置演示) 师:如果再来一个人,固定两头的位置。一共有几种排法呢? 生:6种。 师:为什么? 生:5个人固定了2个位置,就剩下3个人排列,所以是6种排法。 (3)拓展排列问题。 ① 师:同学们都回答得非常好,我们学完了本节课课本上的知识。想一想课外还有哪种解决排列问题的知识? 师:3人排列除了刚才这种方法外,还有一种方法。 板书演示:解决这个问题分3步,第一步确定第一位上有几个人可以选择,第二位上剩下几人,最后第三位只有几人。 师:第一个位置上有几个人可以选择? 生:3人。 师:第二个位置上有几个人可以选择? 生:2人。 师:为什么只有2人可以选择? 生:因为有1个人已经占了第一个位置,所以只剩下2人。 师:那么第三个位置呢? 生:1人。 师:第一个位置上的第一个人与第二个位置上的2个人就是2种排法,表示有1个2。第一个位置上的第二个人与第二个位置上的2个人又有1个2。第一个位置上的第三个人与第二个位置上的2个人又有1个2,一共有3个2	

续表

师生活动设计	课程资源整合利用

师：然后看第二个位置与第三个位置一共有 2 个 1 种排法。

师：一共可以分为 3 个、2 个、1 个的三类排法。列算式应该如何写？

生：3 × 2 × 1 = 6

师：为什么是乘法算式？

生：因为这里表示有几个几相加。

师：你的分析有道理。

② 师：生活中不仅仅只有 3 个数排列的问题，我们还会遇到其他多个数的排列。比如这个问题：

看老师的手机屏幕，解锁需要 4 个数的密码。这 4 个数有 0、3、6、8，你们猜猜老师的解锁密码是什么？最多需要猜多少次？

生：一共 24 种解法。

师：你是怎么想的？

生：4 个位置上分别是 4、3、2、1，它们乘起来就是 24 种。

师：你做到了活学活用。

③ 师：如果我的密码首位不是 0 呢？

生 1：12 种。

生 2：18 种。

师：你是怎么想的？

生：第一个位置有 3 个数可选，第二个位置也有 3 个数可选，第三个位置有 2 个数可选，最后一个位置就剩下 1 个数可选。所以是 3 × 3 × 2 × 1 = 18 种。

师：为什么有两个位置都是 3 个数可选？

生：第一个位置上不能为 0，有 3 个数可选。第二个位置上可以选 0，去掉第一个位置占了一个数，所以也是 3 个数可选。

师：你的思路很清晰，说得也明白。

师：对比这个算式法和刚才的方法有什么不一样？

引导发现：一种是排列出所有的可能，一种是算出排列结果。

师：如果我不告诉你们这 4 个数字，那解锁密码会有多少种排列？有兴趣的同学可以课后算算看。

三、生活中的应用

师：运用课件展示生活中的应用：车牌、开机密码、彩票。

师：猜一猜彩票中奖的概率。有什么感受？

生：我不买彩票，因为中奖率太低了

师生活动设计	课程资源整合利用
师:从彩票的中奖概率说明投机不可取。我们还是应该脚踏实地,用勤奋换取成功。 四、反思总结 师:回顾课堂上的三个问题,什么是排列? 即如何排列? 怎样解决生活中的排列问题? 请用自己的语言表述学到的知识	

| 板书设计 | "智慧广场"排列问题

第一位　　第二位　第三位

冬 〈 华　平
　　　平　华

华 〈 冬　平
　　　平　冬

平 〈 冬　华
　　　华　冬

先确定第一个人的位置,其他两人自由排列,数出有几种排列方法,依次类推,这样可以不重复、不遗漏地数出一共有多少种排法 |
| 分层作业设计 | 必做:配套练习册。
选做:查找生活中的排列问题 |

挖掘知识本质,促进学生深度学习

黄　琴

深度学习需要创设问题情境,引发认知冲突,引领学生思维碰撞。教育学和心理学的研究表明,当教学内容与学生的现实生活密切结合时,教学才是活的、富有生命力的,才能激发学生学习和解决问题的兴趣。可见,我们只有还原知识的生活本原,从学生的生活情境中发现并创造出课程资源,使其与教学内容紧密结合,才能使学生乐于学习,才能使课堂充满活力。因此,我们要找到生活与知识的契合点,并以它为切入点来进行教学。

一、创设情境,让深度学习有热度

以本节课中的一个环节举例:出去旅游,是为了给自己留下一个美好的回忆,那我们要做点什么呢? 该情境贴近学生的生活实践,能使学生一开始就处于一种主动、积极的问题情境氛围中。我从生活实际出发,通过恰当的问题,抛出教学目标,激发学生学习动机,学生自然跃跃欲试,兴趣十足,迫不及待地想要一探究竟。这样的设计符合新课程所倡导的注重与现实生活的联系。学生自主探究3个人拍照有几种不同的排法。这个问题看似简单，每个学生都能解决，但是在交流的过程中，学生们就发现原来其他同学还有那么多种不同的做法。整个交流过程，由找不齐全的排列到6种齐全的无序排列，再到6种有序的排列，最后交流到6种有序且简洁的符号描述。课堂上学生们各抒己见，气氛看似轻松，实则数学思维层层递进，学生对解决排列这个问题逐步加深了理解。

二、引导思辨，让深度学习有深度

深度学习首先是一种主动学习，是学生在内部动机驱动下的积极学习。"问题乃通向理解之门"，问题能激发学生的学习兴趣，引起学生的高级思维，促进深度学习。在本节课的巩固练习环节，我利用课本资源，在提出"6个同学排成一排跳舞，有几种不同的排法"这个问题后，接着提问"这道题为什么和例题一样都是6种方法"，这个问题的提出，将学生由解决3个人跳舞有几种排法的简单思维，引到甩开情境看到问题本质——3个人排队照相、跳舞、唱歌、说相声等，都是研究3人排队的问题，弄清楚信息下所包含的内在含义，发展高阶思维能力。

紧接着我出示第二道题"用1、2、3组成不同的三位数，然后按从小到大的顺序排列起来，第五个数是多少？"我提问"有没有更简单的方法找到第五个数"。这个问题将本节课学得的排列知识与低年级"比较数的大小"的知识进行有机整合，引发学生更深入的思考如何快捷排序。

第三题是"6个灯笼的排列"，我追问学生"这里有6个灯笼排列，为什么还是6种排列方法"。第四题是"4位同学固定一个位置合唱"，如果把小丁固定在左起第一个位置上呢？固定在最后一个位置上呢？固定在任意一个位置呢？固定两头的位置呢？如果是5人唱歌，固定两头呢？

这4道题从题目的设计，到我的提问，每一个问题的设置都具有鲜明的针对性和目的性，引发学生认知冲突。学生经历了学习活动的思辨，从而达到这一类问题的有效解决和迁移，这将有利于探究数学知识本质，使学生从感性认识向理性认识提升，让学习有深度。

三、回归生活，让深度学习有宽度

课堂教学的最后一个环节，即探讨生活中不仅仅有3个数排列的问题，我们还会遇到其他多个数的排列。比如，"看老师的手机屏幕，解锁需要4个数的密码。这4个数有0、3、6、8，你们猜猜老师的解锁密码是多少？最多需要猜多少次？"

这个环节也用到了生活中非常常见的情境，以课外拓展的方式向学生揭示了解决排列问题的一般规律。生活中的排列问题是引发学生认知冲突的重点、难点问题,也是影响学生数学知识建构的关键问题,利用这些问题驱动学生学习,让深度学习有宽度。

五、"带小括号的三步混合运算"

<table>
<tr><td colspan="6" align="center">课时备课</td></tr>
<tr><td>课题</td><td>带小括号的三步混合运算</td><td>课型</td><td>新授</td><td>课时</td><td>1—1</td></tr>
<tr><td>学情
分析</td><td colspan="5">学生已经初步理解掌握整数的四则混合运算的意义和方法,会解答不含括号的三步混合运算和带小括号的两步运算</td></tr>
<tr><td>学
习
目
标</td><td colspan="5">1. 结合具体情境,学会列带有小括号的综合算式解决实际问题,掌握带小括号的混合运算的运算顺序,并会正确计算。
2. 经历探索带有小括号的混合运算的运算顺序的过程,培养归纳、概括能力,发展学生的数学思维,促进学生的深度学习。
3. 在解决问题的过程中,进一步体会数学思维的严密性和数学符号的简洁性,培养学生对数学学习的兴趣</td></tr>
<tr><td>课程资源包</td><td colspan="5">生活情境资源、三年级数学知识资源、课外视频资源</td></tr>
<tr><td colspan="6" align="center">教与学的活动过程</td></tr>
<tr><td colspan="4" align="center">师生活动设计</td><td colspan="2" align="center">课程资源整合利用</td></tr>
<tr><td colspan="4">
一、创设情境,提供素材
(一)创设情境,呈现信息
谈话:同学们,圣诞节快要到了,红领巾志愿者们想去看望福利院的小朋友们。周六他们相约来到了超市准备给小朋友们买礼物。

(二)梳理信息
谈话:仔细观察,从图中你知道了哪些数学信息?
预设:每箱牛奶 58 元,每袋饼干 4 元,每包面包 8 元,每包蛋黄派 12 元。巧克力的单价是面包和蛋黄派单价和的 2 倍
</td><td colspan="2">
通过创设志愿者为福利院儿童购买食品的情境,将生活情境资源与所学知识内容相整合,一方面向学生渗透思想教育,培养学生初步的社会责任感;另一方面借助学生熟悉的购物情境,可以让学生结合自己的生活经验经历知识探究的过程,调动学生的积极性,同时为后面综合算式中每一步算式的实际意义理解做好铺垫
</td></tr>
</table>

师生活动设计	课程资源整合利用
（三）提出数学问题 谈话：根据这些数学信息，你能提出什么数学问题？ 预设1：巧克力的单价是多少？（学生口答解决板书算式） 预设2：200元钱买1箱牛奶和20包饼干，还剩多少钱？ 谈话：要想解决这个问题需要哪些数学信息？ 预设：每箱牛奶58元，每袋饼干4元。 谈话：你真棒！信息挑选得很准确！大家也要学会根据要求的问题筛选有用的数学信息。 二、合作探索，学习新知 （一）自主尝试，解决问题 　出示问题：牛奶58元1箱，饼干4元1包，200元钱买1箱牛奶和20包饼干，还剩多少钱？ 　谈话：谁能大声完整地读一下信息和问题？请同学们独立思考并在老师下发的白纸上列式解答，做完之后把你的解题思路说给同桌听。 　（二）全班交流，探索方法 　谈话：我们交流一下你是怎么想的，怎样计算的？ 　1. 汇报交流。 　谈话：刚才张老师在巡视的时候主要发现了这几种做法，我们一起来交流一下。 　预设1： 　我这样计算：$4 \times 20 = 80$（元）　$58 + 80 = 138$（元）　$200 - 138 = 62$（元） 　谈话：谁跟他的做法是一样的？你能说说你是怎么想的吗？ 　预设：求剩下多少钱，需要用总钱数减去花掉的钱数。总钱数已经知道了，要先求出花掉的钱数。 　谈话：你跟他的想法是一样的吗？嗯，看来你俩很有默契！ 　预设2： 　我这样计算：　$58 + 4 \times 20$ 　$\qquad\qquad = 58 + 80$ 　$\qquad\qquad = 138$（元） 　$\qquad 200 - 138 = 62$（元） 　谈话：这位同学，你是怎么想的？可以说给大家听吗？ 　预设3： 　我采用综合算式计算：　$200 - (58 + 4 \times 20)$ 　$\qquad\qquad\qquad\qquad = 200 - (58 + 80)$ 　$\qquad\qquad\qquad\qquad = 200 - 138$ 　$\qquad\qquad\qquad\qquad = 62$（元） 　谈话：这种做法谁看懂了？能帮他给大家解释一下吗？	学生已经有小括号的学习经验。本环节，教师给予学生充分的自主学习权利，让学生自主探究带括号的四则混合运算的运算顺序。在探究运算顺序时，将问题解决与四则混合运算顺序紧密结合，将学生认知结构中的旧知识与新知识相整合，让学生经历从分步到综合的过程，促进学生深度学习

师生活动设计	课程资源整合利用
预设 4: 我采用综合算式计算:　$200 - 58 - 4 \times 20$ 　　　　　　　$= 200 - 58 - 80$ 　　　　　　　$= 142 - 80$ 　　　　　　　$= 62(元)$ 谈话:这位同学的解题思路大家能看懂吗?请看懂的同学给大家讲讲。 　　2. 对比分析,构建算理模型。 　　谈话:同学们想到了这么多种方法来解决这个问题,让我们知道了同一个问题可以有多种不同的解题方法。下面我们来观察这四种解题方法,分析一下:这几种方法有什么相同点?对比算式又有什么不同点?先独立思考,再在小组内交流一下。 　　谈话:谁谈谈自己的看法? 　　预设:相同点是他们的计算结果都是一样的。 　　不同点是有两种解题思路,前三种都是先求出花掉的钱数,再求剩下多少钱。(学生边说边板书解题思路:先求、再求、最后求)第四种是用总钱数依次减掉牛奶的价钱和20包饼干的价钱。算式不同,有的是分步计算,有的是综合算式。 　　谈话:同学们分析得真到位!这一道综合算式与以前学的有什么不一样? 　　预设:这个算式有小括号,算式复杂了,需要三步计算,小括号里面还是混合运算。 　　谈话:没错,这就是我们今天要学习的带小括号的三步混合运算。(板书课题) 　　谈话:我们今天就重点来研究一下这种方法,如何把分步列成一个综合算式? 　　结合分步计算板书综合算式并追问:为什么要加小括号? 　　谈话:谁能结合算式中每一步的实际意义,说一说黑板上这个综合算式的运算顺序? 　　预设:先求 20 包饼干的价钱,就是先算 4×20。再求 1 箱牛奶和 20 包饼干的价钱之和,就是再算 $58 + 4 \times 20$。最后求还剩多少钱,就是算 $200 - (58 + 4 \times 20)$。 　　小结:也就是说我们先求什么就先算什么,这道题我们就要先算小括号里面的乘法,再算小括号里面的加法,最后算小括号外面的减法。(板书画出运算顺序) 　　谈话:下面老师给大家 1 分钟时间,自己检查一下,刚才列分步解决的同学试着列一下综合算式并完成题目。找同学到黑板上把这道题完成	基础练习:分别对应本节课所学的知识点,全面巩固了本节课所学知识,而且通过练习可以了解学生掌握情况,为作业布置提供依据 　　提高练习:同一道算式,加小括号后,位置不同,结果不一样。通过习题创编对比让学生直观感受算式中小括号的作用,更好地掌握带括号的四则混合运算的顺序 　　解决问题:运用所学知识解决实际问题,让学生感受数学知识学习的价值,培养学生的应用意识和解决问题的能力

师生活动设计	课程资源整合利用
3. 总结方法,归纳提升。 谈话:这两道题目的运算顺序你知道吗?请试着向老师这样标出这两道题的运算顺序。(课件"小电脑练习") $25 \times (44 + 288 \div 16)$　　　$270 \div (15 \times 30 \div 90)$ 谈话:你能试着总结出带小括号的三步混合运算的运算顺序吗? 　　预设:先算小括号里面的,再算小括号外面的;再按照以前学习的运算顺序进行计算。师生一起总结出混合运算的运算顺序:在混合运算中,先算小括号里面的,再算小括号外面的。小括号里面有两级运算的先算乘除再算加减。 三、巩固练习,运用新知识 谈话:大家有信心运用所学知识来解决几个生活中的问题吗? 　　1. 超市新进 8 箱鸭蛋,每箱 120 只。搬运时不小心打破了 24 只,剩下的每 12 只装一盒,可以装成多少盒? 　　2. 比一比这两道算式有什么特点,猜一猜结果是否一样? $$60 \div 4 + 2 \times 3$$ $$60 \div (4 + 2) \times 3$$ 请你根据运算顺序添上小括号,再计算。 　① 先除再加最后乘:　　　② 先乘再加最后除: 　　$60 \div 4 + 2 \times 3$　　　　　$60 \div 4 + 2 \times 3$ 　　先让学生观察算式有什么相同的地方,有什么不同的地方,然后进行计算验证。 　　最后,比较计算结果,体会算式中小括号的作用:小括号在算式中位置不同,运算顺序也不同,导致结果不同。第二小题作为拓展题让学生深入理解小括号的作用,并熟练运算顺序。 四、课堂回顾,总结提升 谈话:同学们,这节课马上就要结束了,回想一下,你有什么收获? 　　预设:我学会了如何计算带小括号的三步混合运算。 谈话:看来同学们的收获都不少!其实除了小括号外,还有许多其他的运算符号,在今后的学习中我们再来慢慢了解!带着满满的收获,这节课我们就上到这儿吧!	通过学生谈收获进行回顾梳理,帮助学生积累一些基本的数学活动经验,养成全面回顾的习惯,培养自我反思、全面概括的能力。最后出示小括号的由来,让学生感受数学中的奥秘,激发学生学习数学的兴趣

续表

板书设计	**带小括号的三步混合运算** 牛奶 58 元 1 箱　饼干 4 元 1 包 200 元钱买 1 箱牛奶和 20 包饼干,还剩多少钱? 先求 20 包饼干的价钱　　　　　　　　　$200-(58+4\times20)$ 再求 1 箱牛奶和 20 包饼干的价钱之和　$=200-(58+80)$ 最后求还剩多少钱　　　　　　　　　　$=200-138$ 　　　　　　　　　　　　　　　　　　$=62$(元) 答:还剩 62 元
分层作业设计	必做:练习册相关练习。 选择:聪明小屋

抓住学生课堂生成,促进学生深度学习

张慧敏

"带小括号的三步混合运算"这节课,是在学生已经初步理解掌握整数的四则混合运算的意义和方法,会解答不含括号的三步混合运算和带小括号的两步计算的基础上学习的,是计算教学的一个重要内容。它既是进一步发展学生计算能力的需要,又是进一步学习小数、分数混合运算的基础。

本节课的教学目标是结合具体的情境,学会列综合算式,解决三步计算的实际问题,掌握混合运算的顺序;在解决问题的过程中,进一步体会数学思维的严密性和数学符号的普遍性,培养学生对数学的积极情感。教学重、难点是理解并掌握带小括号的三步混合运算的运算顺序。下面就本节课的教学设计以及课堂生成谈几点感受。

一、探寻学生已有认知与生成点的关系

首先我通过创设志愿者为福利院儿童购买礼物的情境,将课本知识与现实生活情境资源相整合,一方面向学生渗透思想教育,培养学生初步的社会责任感;另一方面借助学生熟悉的购物情境,可以让学生结合自己的实际经验经历探究知识的过程,调动学生的积极性,同时为后面综合算式中每一步算式的实际意义的理解做好铺垫。根据信息窗中的数学信息提数学问题的环节,有一个学生提了这样一个问题:"巧克力的单价是多少元?"课堂上我不仅让学生解答了这个问题,还将算式$(8+12)\times2$板书出来。在后面学生列出带有小括号的三步混合运算的算式$200-(58+4\times20)$后,让学生对比两个算式,学生发现今天的

学习是在两步混合运算的基础上进行的。再深入地研究发现区别在于小括号里面由原来的一步运算变为两步运算。这就是我们要重点研究的问题。通过让学生对比算式"什么相同,什么不同"很好地抓住了这节课的知识生长点,将三年级下册的知识与四年级上册的知识进行了整合,引导学生研究运算顺序,促进学生的深度学习。

《义务教育数学课程标准》指出:"让学生主体获得发展,需要教师找到知识的生长点,激发学生的认知兴趣,使其积极投入数学课堂,演绎课堂精彩。"数学知识的形成,是一个旧知识不断积累、不断丰富并由此获得生长的过程。我抓住了学生知识的基点,从生长的角度导入课堂教学,引导学生发挥主体作用进行自主探究,我觉得这也是本堂课中比较成功的一点。

二、探求解题思路与理解运算顺序的有机结合

我以购物情境为载体,在探究环节呈现了知识探究的整个过程。课上我将学生们不同的解题方法进行展示交流,让学生从解题思路分析算式,接着对比四种方法的异同,引导学生发现其中三种方法都是同一解题思路,这三个算式只是分步列式和综合列式的区别。我在这个环节的处理上不仅仅是让学生说一说,还将学生的解题思路具体是哪三步板书到黑板上,先求什么,再求什么,最后求什么。有了非常直观清楚的解决问题的思路支撑,学生就可以更加明确:先求20包饼干的价钱就先算20乘4,再求1箱牛奶和20包饼干一共的价钱就是算58加20乘4的积,最后求剩下多少钱就是算200减58加80的和。接下来如何正确地列综合算式、小括号产生的必要性以及运算顺序的探究都变得顺理成章。

自主探究环节,给予学生充分的自主学习权利,让学生尝试独立解决问题。通过对不同方法的交流和分析,培养学生的发散思维,让学生自主探究带括号的四则混合运算的运算顺序,并在探究过程中,将问题解决与四则混合运算顺序紧密结合,让学生经历从分步到综合的过程。

为了让学生进一步体会小括号的作用,理解运算顺序在计算中的重要性,我在习题中设计了一个对比环节,让学生观察、思考、理解、领悟。"这几道算式中的数、运算符号以及它们的排列顺序都一样,而且都只加了一个括号,怎么计算的结果都不一样呢?"学生在对比辨析的过程中,清晰地认识到"要想正确、合理地计算这些混合运算,首先得看清题意,理清运算顺序,然后再去计算"的重要性,抓住核心对比,使得思维更加有序,从而促进学生的深度学习。

在小结中通过跟小括号"交朋友"这一环节设计,我将课外的视频资源与本节课所学内容进行资源整合,让学生了解了小括号的由来并且感受到了数学学习的乐趣,在轻松愉快的氛围中让学生加深对小括号作用的理解。最后通过学生谈收获进行回顾整理,帮助学生积累一些基本的数学活动经验,养成全面回顾的习惯,培养自我反思、全面概括的能力。

（本课曾获"区级数学研究课"称号）

六、"My father flew into space in Shenzhou Ⅴ."

课时备课					
课题	My father flew into space in Shenzhou Ⅴ.	课型	New	课时	1—1
学情分析	六年级的学生学习英语已经近六年,有了一定的英语语言表达能力,对英语已经培养了浓厚的兴趣。本课运用学生们更为熟知的中国第一位女航天员刘洋的访谈视频引发学生们的共鸣。教师与学生开展自然交流,通过谈论刘洋——我国第一位女航天员的身份,继而引出我国第一位航天员——杨利伟。学生对我国的航天事业也有一定的了解,对此接受起来比较自然				
学习目标	Knowledge Targets: Key words：spent proud famous. Key sentences：my father flew into space in Shenzhou Ⅴ. He spent about twenty-one hours in space. Function Targets： Students are able to describe the space travel of Yang Liwei and Shenzhou Ⅴ. Students are able to talk about other taikonauts，such as Liu Yang and Jing Haipeng. Students are able to introduce characters and describe events in simple past tense. Emotion Targets： Students enjoy this space travel and experience the sense of national pride				
课程资源包	flash 动画、PPT 准备、卡片				
教与学的活动过程					
师生活动设计			课程资源整合利用		
Teaching Procedure: Ⅰ. Warmer T：Before class，we know a lot about space travel.（火箭图片）Look!（太空图片）Do you like it?					

师生活动设计	课程资源整合利用
Today we'll talk about "space travel". （刘洋视频）Now let's watch a video. I believe you will like it! Do you know her?（S：Liu Yang！） → Yeah! Liu Yang was China's first woman in space. And who was China's second woman in space? Wang Yaping （杨利伟图片）Do you know this man?（S：Yang Liwei！） → He was China's first man in space. （杨利伟图片） Can you talk about him?（学生介绍杨利伟） T：Wow, you know a lot! He's our hero, right? Ⅱ. Presentation 1. T：Watch the video and think over: Who is telling the story of Yang Liwei? → His son：Yang Ningkang. （看 part1）In his mind, how does he think of his father? → famous T：Let's read part Ⅱ and think over: Why is Yang Liwei very famous? → flew into space in Shenzhou Ⅴ. （板书词组） spent about 21 hours in space. （板书词组） did a lot of work. （板书词组） made a video. （板书词组） T：That's amazing, right? Are you excited? Drill： T：Now let's enjoy the video first and then try to read aloud like this "In October 2003, My father flew into space in Shenzhou Ⅴ. ！" OK? First let's enjoy! T：Who can be the reporter? Who will try? Now let's go!（看课件，师生共同有感情地朗读） Look at the picture. Yang Liwei came back to the earth, right? This is Yang Ningkang and his mother. What did they do? Let's read part 3 quickly and underline the answers. S：My mother and I went to the airport to meet my father. T：So what do they feel at that moment? → He says： We were very happy. It was a great day！	导课环节中，利用到了太空的图片、刘洋的视频等网络资源，并与学生开展自然交流，通过谈论刘洋——我国第一位女航天员的身份，继而引出我国第一位航天员——杨利伟。并通过学生自主介绍杨利伟的情况，自然而然地把文本主题与学生的生活经验相联系，为新课做铺垫 学生们在这一部分首先通过阅读文本了解杨利伟的个人信息，了解到杨利伟都做了什么。借此联系了学生们实际生活，开阔了思路，引发了兴趣。如果这一部分能够让学生们简单说一说对于杨利伟有什么想知道的信息，再进行学习，将会是一个更好的尝试 在学习这一部分时，运用基于文本材料和真实资料的神舟五号飞船升空视频资源，让学生从生动的画面中感知那激动人心的时刻，形成对事件的整体感知，从而实现初步理解语境的目标，引发强烈的民族自豪感

师生活动设计	课程资源整合利用
I was very proud of him.（词卡） T：Now what do you feel? S：I'm happy/excited/proud… Drill： T：Can you describe them? S：They were very <u>happy</u>. 　It was a <u>great</u> day! 　They were very <u>proud</u> of our … T：So, we're proud, too! Let's read together, OK?（齐读最后一段） T：He still tells me about his space travel now. 　I want to go into space someday, too. T：Do you want to go into space? 　If you can work extra hard, maybe one day, your dream will come true! T：Children, any questions about this space travel? 　If you have, you can ask me after class. … 4. T：Let's listen and repeat, please pay attention to the past tense verbs. 　T：Can you retell the story using the pictures, words and sentences on the blackboard?（现场画圈圈） Ⅲ. Practice 1. Our Space Dream： T：Children, there were lots of moments for our dreams coming true. Let's recall those moments. T：How do you feel? （S：…） T：Good thinking! Are you proud of our nation? T：This year, Shenzhou Ⅻ. is going to fly into space. And at that time, maybe you will be in the middle school, right? We're looking forward to it! 2. Write about your favourite heros. T：Now let's talk about our heros. We've talked about Yang Liwei today with the past tense verbs, right? T：Please choose one of your favourite heros in Shenzhou Ⅶ., Ⅷ., Ⅹ. or Ⅺ.. First discuss in groups! Here we go!（学生反馈） Now let's write about your heros on your spaceship.（找一组反馈）	本部分通过让学生看图感知人物当时的感受，进而体悟我们阅读到此刻的感受，引发了学生深层次的共鸣 本部分通过小组共同阅读、寻找信息、互相朗读与评价，培养了学生的合作意识和团队精神，让学生可以互相学习、分享智慧 通过学生们观看神舟五号至神舟十一号飞船升空及宇航员简介的课外视频资源，进行资源的整合，使学生们在增长见闻的同时，也受到了震撼，并拓宽了学生们的思路，引发了学生们对航天的浓厚兴趣 输出环节意在让学生们能够仿照杨利伟的文本介绍，在提供的语言支架的前提下写一篇他们所熟知的其他宇航员的简介，从而完成语言的输出 学生们自主说一说今天所学所获，让学生经历一个自主思考、自主回顾、梳理知识的过程

续表

板书设计	**My father flew into space in Shenzhou Ⅴ.** My father flew into space in Shenzhou Ⅴ. He spent about twenty-one hours in space
分层作业设计	1. Listen and retell the story. 2. Talk about your favourite hero with your parents

整合视频资源　促进深度学习

高　婕

本课的教学内容是一篇人物传记，Unit 1 的课文情境是介绍杨利伟的事迹：杨利伟是中国的航天员，2003 年 10 月，他乘坐神舟五号飞船进入太空，在太空飞行约 21 小时。它是我国第一个进入太空的宇航员，每个中国人都倍感骄傲，杨利伟也因此家喻户晓。杨利伟来自辽宁省，他小时候的梦想就是进入太空，通过他的努力学习，最后梦想成真。在太空中，杨利伟还通过视频与地面通话，我们都能从电视上看到他，他说的第一句话就是："我感觉很好。"当时，杨利伟 8 岁的儿子小宁康通过电视看到了太空中的爸爸，并为爸爸感到自豪。

《义务教育英语课程标准》中要求学生能借助图片、图像、手势等听懂话语、录音材料等；能在图片的帮助下读懂简单的小故事，并能养成按照意群阅读的习惯；能就日常生活话题进行简短叙述，并能表达简单的情感和感觉。六年级的学生已经有了一定的英语语言表达能力和综合运用能力，并且大部分学生对我国航天事业有一定的关注和了解，还有相当一部分学生是小小航天迷，对杨利伟和刘洋等航天员的事迹也是耳熟能详。所以，学生们应该对本课的话题非常感兴趣，通过课外资源的整合，真实视频的课堂资源运用，引导学生去真切地感受，并在心中树立良好的榜样，今后多向他人学习，形成正确的人生观、价值观，并能为自己的梦想而努力。将这样的情感用英语表达出来，可以提升学生的综合语言运用能力和人文素养，同时促进了学生的深度学习，突破了本文的重、难点。

本课的教学目标达成情况还是比较令人满意的。除却在黑板上以思维导图的形式呈现的 key words and key sentences 等知识目标达成之外，学生还能够借助思维导图进行语言的输出：描述杨利伟和神舟五号飞船的太空之行，并且能谈论、书写其他航天英雄，像刘洋、景海鹏等的经历，最终能灵活运用一般过去时态介绍人物、事件，并继而能学会写出人物传记，在语言运用中复习一般过去时态，形成综合的语言能力——把听说读写的能力与语言理解的能力相结合。另外,本课达成的情感目标则是激发学生对于航天事业的兴趣,培养学生的爱国主义精神和民族自豪感,祖国文化认同与理解、文化自信油然而生。看着学生们课堂上自信与激动的脸庞,就会感到这都是我们在课内外资源整合的基础上,在课堂上所收获的生成性资源。

本课的教学过程脉络比较清晰,分为读前、读中、读后三个部分。本课的特色就是课外资源的使用比较多,视频插入、图片环游、航空知识与人物知识简介穿插其中;问题链环环相扣,问题内容促进学生思考,课堂上不时有教师的追问——学生的即时生成,思维的火花不时迸发,在这一过程中启发学生的逻辑思维、创造性思维、批判性思维,促进学生深度学习,培养学生的终身学习能力。

另外,本课中我力求让学生在阅读和影像的双重帮助下自主体会文本的含义,培养学生在阅读中抓信息的能力,把难点都解决在课堂上,把教知识变为教方法,所谓"授人以鱼不如授人以渔",以培养学生良好的阅读技巧。

本课的 warmer 环节,主要通过学生比较熟悉的人物刘洋、王亚平来引入杨利伟,并让学生通过课前自主查找资料了解杨利伟、了解中国的航天事业,这样比较容易在一开课就引发学生的学习兴趣。同时运用学生们更为熟知的中国第一位女航天员刘洋的访谈视频资源引发学生们的共鸣,在最短的时间内激发了学生们的学习兴趣,为后面的深度学习做好准备。教师与学生开展自然交流,通过谈论刘洋——我国第一位女航天员的身份,继而引出我国第一位航天员——杨利伟。并通过学生自主介绍杨利伟的情况,自然而然地把文本主题与学生的生活经验相联系,为新课做铺垫。

在 presentation 环节,我力图通过 famous 一词为引领,提出问题:Why is Yang Liwei very famous? 让学生自主阅读、寻找关键信息,完成对故事的理解与学习。在这其中,通过课外资源整合、欣赏真实视频、感受当时的一些现场场景、学生有感情地朗读等方式,在习得语言的同时,培养学生的爱国主义精神与民族自豪感,自然而然地达成本课的情感目标。学生能够通过视频引领,对文本有直观的感知,并重温神舟五号飞船升空的画面,通过资源的整合将"引发学生们对航天事业的兴趣"这一课的重点解决,达成了良好的效果。运用基于文本材料的神舟五号飞船升空视频,让学生在自然输入文本材料的情况下又从生动的画面中感知了那激动人心的时刻,形成对事件的整体感知,从而实现初步理解语境的目标。

最后,通过学生们观看神舟五号至神舟十一号飞船升空及宇航员简介的视频资源,把我国自 2003 年神舟五号载人航天飞船升空至今,我们国家航天事业的不断进步在一分多钟的视频中展露无遗。学生们在增长见闻的同时,也受到了震撼,突出了学生们在英语学习中的情感体验,并拓宽了学生的思路,引发了学生们对航天的浓厚兴趣。学生自主选择最喜欢的航天英雄,在小组里畅所欲言,说一说写一写。最终把听说的能力最大限度地转化为读写能力,最终提升学生的英文书写水平,提升写作能力,进行写作的语言输出。

另外,本节课也有一些不足,主要有以下五个方面。

1. 对于重点句型、单词的练习密度不够,学生的熟练程度没有完全达到预想的效果。

2. 在课堂评价语上应当再下功夫,如学生当堂生成的回答:"He's excited! They were crazy!"等精彩的回答老师应当马上跟上适时的评价,如"You use the new words!"这样会更好地调动学生的积极性。

3. 本课当中,可以在结课前加上总结的环节,也可以让学生进行自主总结,以理顺本课所学知识的脉络,学生学习会自主总结,培养自主学习的能力。

4. 在最后的 practice 环节,对于学生描述航天员的反馈形式有待推敲。本课所使用的是小组每个成员一人一句进行反馈,今后可以改为一人主要反馈,其余成员进行补充,思路应该会更加清楚与明晰。

5. 本课在时间把握上不是很精准。

总之,本课中运用到了多种资源来丰富课堂、拓宽学生的视野,达到了比较好的效果。如运用访谈节目中神舟九号飞船升空的视频和学生熟知的女航天员刘洋的简介,真实再现其场景,激发学生的爱国主义情感和表达情感的欲望;运用真实的神舟五号飞船升空的课文再造视频,重现杨利伟升空的画面,激发学生的民族自豪感,促使师生、生生之间进行真实的信息和情感交流;运用神舟五号至神舟十一号飞船航天英雄的总结视频,带领学生回顾我国太空探索的光辉历程,拓展了学生的知识面,在学生心中种下一颗热爱太空探索的种子。各种课内外资源汇聚一堂,将更好地服务于我们的课堂,促进学生们的深度学习,提升学生们的英语学科核心素养。

(本课曾为"青岛市城乡交流课")

七、"牧场上的家"

课时备课				
课题	牧场上的家	课型	歌曲综合课	课时	1—1

学情分析	甘肃省陇南市宕昌县五年级的孩子们活泼可爱,求知欲望强烈,他们对音乐课的兴趣浓厚,渴望音乐,但是因为从来没有上过正规的音乐课,也没有专职的音乐教师,所以没有音乐知识教学的连续性,对音乐感知力较弱。需要教师从音乐聆听习惯、正确歌唱方法和音乐基础知识等方面耐心引导
学习目标	1. 学习歌曲《牧场上的家》,从中感受音乐的人文性,感受"家"的可爱,"家"的乐趣,体验对家乡的依恋以及对美好生活的憧憬。 2. 能用优美、流畅的声音演唱歌曲,抒发内心对牧场的赞美之情,提高学生的审美能力。 3. 熟悉 $\frac{3}{4}$ 拍强弱规律,感受曲调的起伏,能根据旋律线分析曲式结构
课程资源包	图片,音频

教与学的活动过程	
师生活动设计	课程资源整合利用
一、组织教学,创设情境 1. 情境导入。 师:同学们请欣赏一下这是哪里的景色?(欣赏牧场图片) 2. 谈谈对家的感受。 师:从图片上找到自己的家,和大家一起分享对家的感受。 二、歌曲新授 (一)完整聆听歌曲 1. 初听歌曲。 师:同学们生活在牧场上自由自在,今天我给大家带来一首歌曲《牧场上的家》,这首歌曲介绍了一位美国小朋友牧场上的家,让我们通过歌曲的情绪感受一下他生活在那里的心情是怎样的? 生:亲切、快乐、温暖…… 2. 再听歌曲,画出旋律线。 师:瞧,我们的眼前出现了什么?(老师边唱边画旋律线,构成起伏的山峦和围栏,出现牧场的轮廓) 3. 感受歌曲旋律。 师:这幅图画正是根据旋律走势变化产生的。请同学们和老师一起画出旋律	学生拍摄牧场上的家的照片,并介绍自己的家

63

师生活动设计	课程资源整合利用
4. 感受歌曲节拍。 师：歌曲描写了美国小朋友的家乡，我们每个人都有家，家是我们每一个人的港湾，是我们生活的依托。请再次感受歌曲是几拍子的？有什么特点？ 生：$\frac{3}{4}$ 拍子，强弱弱。 师：介绍弱起，播放音乐。示范 $\frac{3}{4}$ 拍子指挥图示。 生：随教师练习指挥。 （二）学习歌曲第一段 1. 聆听歌曲第一段。 师：这位美国小朋友生活在牧场上，和我们一样自由快乐，请听这位小朋友是怎样介绍自己牧场上的家的，那里有什么？ 生：那里有水牛、小鹿和羚羊。 2. 初唱第一段。 师：这位小朋友的家和我们一样也充满了生机，让我们和这位小朋友一起歌唱美丽的家。 3. 再唱第一段。 师：歌曲一共有几个乐句？让我们边歌唱边寻找。 4. 三唱第一段。 师：请同学们找出歌曲中相似和相同的乐句。 生：第一乐句和第二乐句旋律相似，第二和第四乐句旋律相同。 5. 感受相同和相似的乐句。 师：我们一起来演唱这几个乐句。（教师弹奏旋律与学生一起演唱） （三）学唱歌曲第二段 1. 聆听歌曲第二段。 师：我们和美国小朋友一起感受了他们牧场上的家的美景，让我们再来感受一下，他们的家到了晚上是怎样的？ 生：星空闪耀，令人向往。 2. 初唱第二段。 师：让我们用美妙的歌声来感受美国牧场的夜晚。 （四）完整演唱歌曲 1. 随伴奏演唱。 师：同学们的歌声让老师感到了家的温暖和牧场的自由，让我们怀着对家的爱完整演唱歌曲。 2. 加入指挥演唱歌曲。 师：我们感受了 $\frac{3}{4}$ 拍的起伏荡漾，让我们边指挥边歌唱	绘画是凝固的音乐，音乐是绘画的芳姿倩影。音乐与美术相融合，用旋律线勾画出牧场上的家

续表

师生活动设计	课程资源整合利用
三、拓展 　1. 朗诵。 　师: 每个人都爱自己的家,相信学了这首歌曲同学们更能感受家的亲切和温暖,谁能用诗歌表达自己对家的爱? 　2. 欣赏《回家》。 　师: 从古到今无数的文学家、音乐家、画家都用不同的形式来表达对家的爱与思念,现在我们就来欣赏一首经典乐曲《回家》。 四、小结 　无论是演唱《牧场上的家》,还是聆听《回家》,虽然形式不同,但都表达了一个主题——"家",让我们把今天学习的歌曲带到你温暖的家里和家人一起分享吧	诗文濡养,艺术熏陶,音乐与诗文相结合,让学生感受"家"的温暖
板书设计	牧场上的家 $\frac{3}{4}$ 拍指挥图式 ❸ ❶　　❷
分层作业设计	1. 练习歌曲《牧场上的家》。 2. 边指挥边练习歌曲《牧场上的家》

浸润在音乐课堂

伊 薇

　　《牧场上的家》是我在甘肃省陇南市宕昌县支教期间执教的一首五年级的歌曲,之所以选择这首歌曲,是因为歌曲中描述的情景与宕昌县学生的生活环境相符合,大部分学生都有在草原牧场生活的经历,学生演唱起来容易理解歌曲中的含义,更能从内心深处表达自己的情感。

　　这是一首广泛流传的美国田园牧童歌曲。$\frac{3}{4}$ 拍,大调式,旋律优美、流畅。歌曲为再现的单二部曲式结构。第一部分由两个重复变化的乐句构成,舒展的节奏,曲调在平稳中带着起伏,使旋律优美而又有荡漾之感,描绘了绿草茵茵的宽阔牧场,水牛、小鹿、羚羊的欢跳及夜幕下星星闪烁,牧场在宁静的夜晚中的美丽景象,富有诗意。第二部分在上移五度跳进后,以宽松的节奏展开,使得曲调更加优美而抒情,它不仅表现了开阔空旷的家园意境,而且还纵情地抒发了人们对可爱家园的赞美之情。最后的乐句再现了歌曲第二乐句的旋律,曲调又趋于平稳,使人们完全沉浸在这美丽的家园情景之中,感受和表达了对家园幸福生活的热爱。

本课的情感目标:学习歌曲《牧场上的家》,从中感受音乐的人文性,感受"家"的可爱,"家"的乐趣,体验对家乡的依恋以及对美好生活的憧憬。

教学重点:能用优美、流畅的声音演唱歌曲,抒发内心对牧场的赞美之情,提高学生的审美能力。

教学难点:熟悉$\frac{3}{4}$拍强弱规律,感受曲调的起伏,能根据旋律线分析曲式结构。

宕昌县五年级的学生活泼可爱,求知欲望强烈,但是因为从来没有上过正规的音乐课,所以对音乐感知力较弱,整首歌曲如果一下子拿出来教唱,学生会觉得枯燥无味,难以掌握,所以在教授本课的时候我极力地将音乐与生活情景相融合。

音乐离不开生活,生活中处处有音乐。把现实生活引入课堂,丰富课堂的现实内容,使学生从生活经验和客观事实出发,不知不觉中获得音乐的情感体验,加深对歌曲的理解。如在本课的导入部分,我让学生拍摄了自己牧场的家的照片,大大提高了学生的观察兴趣。学生很兴奋地介绍着照片中牧场的家,就连平时不太爱讲话的学生,在介绍自己家的时候都流露出对家的"爱",激发了学生对"家"的喜爱,感受到了"家"的温暖,由此引出要学习的歌曲《牧场上的家》。聆听歌曲时,学生注意力高度集中,从亮亮的眼睛中仿佛感受到歌曲里唱的就是他们自己的家,拉近了学生与歌曲的亲近感,可他们知道,这不是自己的家,是谁的家呢? 学生在聆听的时候全神贯注地去寻找,挖掘了学生对歌曲的自主发现能力,通过音乐与生活情景相结合,学生在音乐中亲身体验情感,以情感体验来学习感知歌曲,成功地解决了歌曲的情感目标。

对于教学重难点的解决,我在对《中小学音乐课程标准》学习与理解的基础上,通过实施音乐学科综合性整合的课堂教学模式,突出音乐学科与其他学科的有机整合。如在歌曲新授环节,我将音乐与美术相结合,音乐是听觉艺术,美术是视觉艺术。绘画是凝固的音乐,音乐是绘画的芳姿倩影。这些足以说明美术与音乐间是有着一种必然的联系的。我根据旋律线画出了连绵起伏的山峦和围栏,勾画出牧场的轮廓,学生们总结出这幅图画正是根据旋律走势变化产生的,不由自主地和我一起画出了歌曲的旋律,柔美动听的歌声为眼前的图画渲染了绚丽的色彩。感受旋律起伏,用优美的歌声抒发内心对牧场的赞美之情,不再是难点,而是学生们心中的美图,美妙的歌声证实了学生们对歌曲的理解。

最后拓展阶段,让学生朗诵与"家"相关的诗歌,将诗歌的朗读浸润在《牧场上的家》背景音乐中,更加深了歌曲、诗情的意境。"言为心声,音为心语",学生们也在这环环相扣中进入音乐艺术的境界,音乐与诗文的完美融合,让学生既得到了诗文的濡养,也享受到了艺术的熏陶,使学生的审美能力得到了进一步提高。

在这节课中,我根据甘肃省当地学生的特点,运用了音乐与其他学科相融合的教学策略,成功地让学生感受到了音乐的魅力。在以后的教学中,我也要多多探索和尝试不同的教学策略,提高课堂效率。

（本课曾为"甘肃省陇南市宕昌县公开课"）

八、"运水游戏"

课时备课					
课题	运水游戏	课型	新授	课时	1—1
学情分析	学生在生活中时时处处都会接触到水,自认为对水比较了解,有一定节约用水的意识,但是对于水的性质没有办法进行科学的表述,独立设计实验方案的能力有待加强				
学习目标	1. 通过探究,知道水会流动,具有流动性。 2. 通过设计运水方案,知道科学探究要围绕已提出和聚焦的问题设计研究方案。初步了解水的流动性在生活中的应用。 3. 在探究过程中培养学生主动与他人合作,积极参与讨论,尊重他人的情感和态度。树立节约用水的意识				
课程资源包	图片				
教与学的活动过程					
师生活动设计				课程资源整合利用	
一、观察图片导入 　同学们,上课前我们先来欣赏几张图片,仔细观察,看看它们有什么共同的地方?（展示水龙头里的自来水、轮渡的船在海上行驶、人们在海边钓鱼、迪士尼的喷泉、水上乐园的图片） 　你们在哪里见到过水?对,水存在在我们身边,随处可见。 　今天我们就和它一起做游戏,板书课题				生活中学生能在身边随处见到水,生活中也离不开水,通过观察生活中熟悉的场景,来了解水是我们的好朋友	

续表

师生活动设计	课程资源整合利用
二、探究活动 （一）我是运水小能手 1. 同学们看桌子上有什么？你能把水槽里的水运到另外一个空水槽里吗？你会怎么做？ 不能用水槽直接倒，同学们又有什么好的办法呢？（小组讨论） 2. 同学们的想法真棒！要想成功地把水运走，我们需要借助一些工具。今天还有很多的小工具要来当我们的"小助手"，我们来认识一下它们。海绵、勺子、漏斗、滴管、漏勺。 大家猜一猜这些工具里哪些能运水，哪些不能运水呢？同学们的猜测对不对呢？ 让我们一起通过动手来验证一下吧！ 3. 做游戏之前，我们应该先做什么？ （1）我们每个组的人数相同，水槽里的水量一样，材料也都一样，看看哪个小组能用最短的时间把第一个水槽里的水运到第二个水槽里，限时10分钟。	通过小组合作提高学生解决问题的能力，促进学生深度学习
（2）在运水的过程中，水槽之间要拉开距离，水不能洒出，如发现水洒出，小组将暂停运水一分钟。比赛结束后，看看哪个组水槽的水保留的最多。 （3）每种工具都要试一试，把能运水的与不能运水的工具分开放。 4. 下面我们进行小组合作，大家先商量一下你们打算采取什么样的好方法，让自己的小组既可以最快完成运水，又能保证水不洒出来。完成的小组举手示意。 5. 讨论好了吗？那我们就开始动手操作吧。 6. 时间到。现在大家放下手中的材料，静下心来回顾刚才运水的过程，我们是怎样运用手里的工具运水的？ 7. 哪些工具可以运水？哪些不能运水？有什么办法能让漏斗也能运水？	通过设立游戏规则，规范学生操作的流程，帮助学生树立规范的实验操作意识
8. 水是会流动的，一些工具有缝隙，水会从缝隙流出来，所以不能盛水。像漏斗这样的工具，虽在一般情况下不能运水，但如果肯动脑筋，也是有办法用来运水的。 9. 刚才同学们运用了各种工具完成了运水，每个组多多少少都会有水洒出来，老师有个更厉害的办法，既省事，又不会让水洒出来，想知道吗？演示、介绍虹吸的操作方法。 你发现了什么？ 小结：水可以流动，从高处流向低处。 10. 同学们用不同的方法出色地完成了运水任务，其实，在我们的生活中还有许多工具可以用来运水。请大家回家再试一试，看看哪些东西不仅能运水，而且运得多、运得快	通过教师演示，引发学生思考，促进学生深度学习

师生活动设计	课程资源整合利用
（二）想一想，生活中还有哪些水流动的现象 　1. 大家在运水游戏中知道了水有流动性，你们还在哪里见到过水流动的现象？ 　2. 这些流淌的水有什么用处？开始上课时咱们欣赏的那些图片，也都是利用了水的流动为人们的生活提供便利。请大家逐一说一说。 　3. 水的用处可真大！洗脸、刷牙、洗衣、做饭都离不开水，轮船行驶离不开水，生活、生产也离不开水。假如没有水，动物、植物就无法生存，所以我们要节约用水。 三、拓展活动 　1. 大家看，老师今天还带来了一个小水轮，你能让小水轮转动起来吗？ 　2. 水流为什么会让小水轮转动起来？怎样让小水轮转得更快？	将课内所学知识与课外相结合，将所学知识带到课外解决实际问题，引发学生深度思考

板书设计	**运水游戏** 水具有流动性 水从高处流向低处
分层作业设计	1. 自己动作制作一个小水轮。 2. 阅读《小水滴旅行记》

以小组合作促课堂生成　打造"悦动"课堂

毕晓清

20世纪以来，科学与技术进入了有史以来发展最快的历史时期。科学与技术的发展推动社会的全面进步。本课是小学科学一年级上册的其中一课，对于一年级学生来说，科学课是一门实践性较强的课程。学生在玩中学，在学中玩。

《义务教育小学科学课程标准》指出，科学课程要从学生的认知特点和生活经验出发，让他们在熟悉的生活情景中感受科学的重要性，了解科学与日常生活的密切联系，逐步学会分析和解决与科学有关的一些简单的实际问题。在本节课中，我以学生熟悉的事物和场景导入，将学生已有的生活经验带入新授课中，充分调动学生的积极性。水是学生生活中必不可少的东西，学生天天接触，但对于水的性质没有办法科学地表述，所以通过设计一些游戏和活动，使学生在游戏中进行深度学习。

根据教材中的核心要素确定本次活动的重点是让学生在运水活动中充分感受不同工具、材料在运水时的不同，通过以小组为单位进行协作学习的集体研究方式,来实现培养创造性思维的教学目标。根据目标,我首先明确探究活动,把水从一个水槽中运到另一个水槽中。提出活动要求:一是不能用水槽直接倾倒,必须选用合适的工具。同时保证不要把水洒到水槽外面,保持运输前后的水量不减少。二是讨论运水方案,包括了解运水游戏规则,选用合适的工具等。

我主要采用小组合作的形式让学生参与学习活动,在小组合作中进行思维的碰撞,促进课堂生成的效果,打造"悦动"课堂。"运水游戏"这一活动很有趣,不仅能促使学生充分享受玩水的乐趣,而且能拓展学生的知识面。学生在玩的过程中体验到"用合适的工具来移动水",在讨论时,每个人会根据自己对工具的了解说出不同的意见和方案,学生之间进行思维的碰撞,彼此补充、了解这些工具的特性,为后面开展实验做好准备。学生不仅在运水的过程中想办法提高了运水的速率,还感知到"水是可以流动"的这一特点。这样的设计,符合"做中学"的教育理念。学生之间观点的碰撞就是本节课很好的课堂生成,学生在后面的环节中也会带着思考去验证之前的观点,提高学生实验的专注力和效果,达成了深度学习的效果。

在这节课中,还需要关注小组合作的有效性,要给学生提供足够的时间思考。在小组活动中,学生主动参与交流思想,达成协议,处理并使用已经获得的知识产生新的结果。在进行创造思考期间,他们需要充足的时间来分配角色并加强培训。这时候教师应该进行倾听以及指导,以确保团队的合作完成。不能布置任务之后就马上喊停,不然会打击学生的积极性,也无法获得讨论的真正成功。在讨论实验方案时,就需要保证学生有足够的时间交流,生成新问题,促进学生后面在实验中进行验证。

对于关键点的协作学习,学生的认知发展有两个层次:原始水平和要实现的发展水平。这两个级别之间存在差异,这就是学生最新获得认知的发展领域。这就要求教师及时找到教学的切入点,需要清楚地了解学生已有的知识,然后再对学生模糊、存在争议的知识点展开讨论探究,重点探究未知内容。在小组合作中,我们也能看到学生的知识层次存在差异,而小组合作很好地解决了这一问题,懂得多的学生会毫不保留地将自己所知、所想表达出来,而对这一领域并不了解的学生就可以从中了解到很多自己不知道的事情。而每个人都有自己擅长的方面,这也是小组内的成员彼此进行互相弥补的过程,将课堂还给学生,让生生之间产生互相学习的行为,比教师单方面的讲述效果要好很多。

合作学习最容易被忽视的还有合作后的评价。在学生学习之后,除了就探究的问题交换意见外,还应对小组的合作学习开展情况进行适当的评价。如在运水环节结束后,教师对于运水过程中各小组表现的评价,不能只是停留在"好或不好",要对具体的现象进行分析,提高小组合作的能力,以强化深度学习的效果。积极的、有针对性的评价会提高团队协作学习的水平,并激励团队有更高的学习积极性。

在本节课上,"虹吸现象"的实验操作较难,而学生通过教师演示,能够联想到生活中的一些现象是运用了这一原理,学生的思维被打开,生成了更多新的想法,如我们在哪些方面可以运用,怎样解决给班级鱼缸换水的难题等。接下来通过实际操作,学生能够掌握这一操作方法,课堂效率较高。

最后一环节中,小水轮的原理演示,可以让学生了解古代人民是如何利用水的性质来实现水在劳动、生活中的运用,将课外的知识引入课内,实现课内外知识的有机结合。

一节课的学习,学生在知识与技能,态度与方法上都有所提高,学生通过小组合作进行了深度学习,在交流合作中进行了思维的悦动,将课内与课外的知识相结合,收获较多。

(本课曾为"区级科学公开课")

九、"绚丽的大舞台"

课时备课					
课题	绚丽的大舞台	课型	新授	课时	1—1
学情分析	五年级学生刚刚开始 scratch 的学习,能够使用绿旗、停止、移动、广播等指令,可以改变背景。由于上课时间较早,学生没有学过改变角色造型的指令。本节课为初次学习外观类指令				
学习目标	1. 学会使用"将背景切换为""将背景切换为并等待""下一个背景"指令。 2. 区别"将背景切换为""将背景切换为并等待""下一个背景"指令的不同。 3. 学会使用"将特效增加"和"将特效设定为"指令。 4. 区别"将特效增加"和"将特效设定为"指令				
课程资源包	"绚丽的大舞台"人机交互的电子相册　青岛上合峰会宣传短片				

教与学的活动过程	
师生活动设计	课程资源整合利用
一、导入 　　同学们,青岛是一个美丽的海滨城市,我们一起来欣赏一下宣传片吧。看了这么漂亮的青岛,小猫尝试把青岛的景点制作成了一个电子相册,但是没有成功,大家一起来帮帮他吧。我们先来看看小猫的前期工作,小猫已经把照片导入到背景里了,还用广播将每个按钮的功能做上了,今天,我们需要帮小猫把舞台背景的切换效果做好。 二、新授 　　任务一:切换背景。 　　小猫想当按下绿旗和停止按钮时切换到相册封皮,同学们替他想一想应该怎样做? 　　想要做舞台背景的切换,第一步应该是什么?对,和我们做角色前需要先选中角色一样,我们做舞台之前要先选中舞台,看舞台和角色的模块有什么不同? 　　现在小猫想点击封皮上的按钮都跳转到对应的介绍上,按停止按钮就会跳转回封面。这应该怎么做? 　　谁来说说"将舞台切换为"指令的作用是什么? 　　任务二:连续播放。 　　小猫想按下连续播放按钮时背景可以连续地播放,应该怎样做? 　　你有什么办法?你发现了什么问题?为什么会出现这个问题?可以怎样改进? 　　同桌二人讨论一下什么时候用"将舞台切换为"指令,什么时候用"下一个背景"和"背景切换为并等待"指令? 　　任务三:为背景添加过度特效。 　　小猫是个完美主义者,想让自己做的相册更加绚丽,如果能添加点特效就好了,谁能帮帮小猫?找一找特效指令在哪里?你添加的是什么特效?谁来展示一下?大家看有没有什么问题? 　　运行"将特效增加"之后青岛美丽的风景被破坏了,可以怎样做既能有漂亮的转场又能不破坏下一张的照片呢? 　　我们做事情要有始有终,在特效增加后,一定要把特效变回去,要不然会影响作品的整体效果。那么怎样设定回去? 　　这里有两种特效指令,一种是"将特效增加",一种是"将特效设定为",谁会来说说这两种有什么区别? 三、总结 　　谁来总结一下今天我们学了什么?	通过青岛的宣传片激发学习兴趣 通过任务引导研究方向 通过不同任务对比引导学生研究三种指令的区别 通过观察理解特效增加后必须归零

续表

	绚丽的大舞台	
板书设计	将背景切换为	指定
	将背景切换为并等待	等待完成
	下一个背景	顺序
	将特效增加	在当前特效状态下将特效效果增加
	将特效设定为	将特效效果改变为具体值
分层作业设计	制作带特效的班级电子相册,学习能力强的学生要求相册功能更加全面,学习能力弱的学生只要求相册中使用恰当的切换效果	

任务驱动促进学生深度学习

孙佳琳

制作带特效的班级电子相册,学习能力强的学生要求相册功能更加全面,学习能力弱的学生只要求相册中使用恰当的切换效果。

在此次优质课比赛中,我抽到的课题是五年级上册第五课"绚丽的大舞台",课程的内容非常简单,就是背景的切换和特效的添加,浅显的知识点可以说学生看书自学也可以完成。但是如果想让学生有向更深层次研究的想法则需要教师有更加巧妙的引导。

一、基于需求促进学生深度学习

为了激发学生有向更深层次研究的想法,创设一个能吸引学生兴趣的情境是至关重要的。2018 年 6 月刚刚在青岛举办完上海合作组织青岛峰会。从年初起,青岛作为会议承办地制作了大量的宣传片,也举办了各种宣传青岛的活动。作为市南区的学生自然也参加了大量的宣传活动。借此契机,我通过带领学生观看有关青岛的宣传短片,邀请学生帮忙宣传青岛,制作一个可以人机交互的电子相册。这种可以人机交互的功能和四年级学习的 powerpoint 软件中展示类相册的功能完全不同,立刻将学生的目光吸引到课堂上,对本节课的教学内容有了强烈的学习欲望。在教学过程中,我也注重对学生学习需求的激发,每次任务设置都由需求引发,学生在完成任务的过程中会碰到一些困难,从而产生解决困难的需求,然后根据需求进行学习。在学习的最初达到学以致用,对所学的知识充满认同感。信息技术是为了更好的生活而服务的,学生在学习过程中逐渐认同这一观点,并为了更好的生活而积极地进行信息技术学习。

二、基于任务驱动促进学生深度学习

任务驱动是信息技术课堂上最常用的学习方式,在课堂上将知识点分解为一个个小任务,由学生自主探索研究。自己研究所得的知识才是记忆最深刻的,才是最能灵活运用的。

任务一是制作相册封皮。设计制作每次程序运行时都切换到封皮。这个操作可以在舞台上完成也可以在角色里完成,但是为了方便后期对程序的修改,这时,我为学生渗透的就是对谁下指令就要在谁里面编写指令。这样,当学生的目光都集中到舞台上时,顿时发现舞台的指令模块库和角色的指令模块库有着非常大的不同:舞台的指令模块库中无法使用移动类的指令。正好借此机会让学生分辨自己选中的是舞台还是角色,为后面的继续学习打下基础。任务要求当按下封皮上的按钮时切换到具体的某一个舞台,而这个任务只有两种指令可以完成:"将背景切换为"和"将背景切换为并等待"。这就强制引导学生使用这两个指令,进而体会这两个指令的效果。

任务二是一个简单的连续播放效果。在上一个任务的基础上,这个任务是学生很容易完成的,那就是直接使用下一个背景指令进行重复执行。我先询问学生为什么会选择使用"下一个背景"这个指令,大部分学生都会回答为了使制作更加便捷。但是当真正运行时学生就会发现这样做并不能达到我们想要的效果,因为这个指令有个很大的缺点就是不会自动等待,这就导致如果直接循环的话会造成直接改变到最后一页。这时学生通过运行程序,发现了这个问题,最好的方法就是添加"等待"指令。但是这时,有些多字的背景就会被很快地切换,这样并不符合我们制作程序的初衷。第二次运行,学生又发现了这个问题。怎样能让切换的时间不一样呢?这时再引导学生发现"将背景切换为并等待"指令的特殊功能:这个指令自带等待效果,而且等待的是切换背景后的所有指令都完成的时间。通过这样一步一步的引导,以任务为引领,学生在不自觉间将三个重要指令的作用及区别都进行了整理,远比教师总结要记忆深刻得多。

任务三则是添加特效。scratch 的特效不少,可以做出许多常见的电子相册特效,但是 scratch 也有一个很大的不同就是不会自动将特效删除,举个例子,如果第一个背景添加了马赛克特效,如果切换到第二个背景时,在第二个背景中就无法观看原始图片,这不符合我们制作相册的初衷。学生观看添加特效方法的微视频后,大部分学生不会想到需要特效归零,而在展示作品时,会导致相册无法观看。这时询问学生原因,学生可以直观地观察出第二个背景上的特效实际上是我们添加到第一个背景上的。大部分学生都可以理解做事情有始就有终,在加入了特效后一定要添加"取消特效"的指令。当添加了许多特效效果后,如果想取消除了原来的特效减运算外最直接的就是将特效设定为零。没有什么比直观观察更能使学生理解原理,亲身体会会让记忆更加深刻。

三、基于情感的学习

在小学阶段,学生的感性往往大于理性,许多学生学习的动力也仅仅局限于表扬、表演、兴趣。而在信息技术课上这一特点则更加突出。由于教学内容的难度加深,部分学生可能会存在着抵触心理,认为编程很难,自己一定学不会。在这节课,我以求助作为引导,让学生能够沉浸于一种帮助他人的光荣使命感中,而在小组及同桌交流展示中,提出问题给学生一种自己是与众不同的感觉,而提出不同解决方法的学生则会生出一种骄傲感,在课堂上让学生产生出不一样的情感,从而激发他们不同的学习热情,促使学生深入地挖掘知识。

（本课曾获区级信息技术优质课评比二等奖）

十、"小青蛙更专注"

课时备课					
课题	小青蛙更专注	课型	新授	课时	1—1
学情分析	学生在课堂上注意力不集中,学习兴趣不高。我们常常抱怨学生太爱玩电子游戏而荒废学业。其实,如果能静下心来好好对比一下我们的课堂和电子游戏就能发现学生在游戏里无法自拔的秘密				
学习目标	1. 通过课堂中的游戏和讨论分享,学生了解到注意力的特点,发现让自己更专心的方法,从而让自己更有信心应对学习中的困难。 　　2. 通过游戏发现自己的记忆方式,探索和寻找适合自己的学习方法,提高课堂学习效率,从而提高自己的学习自信心				
课程资源包	音频《小青蛙很专注》				

教与学的活动过程	
师生活动设计	课程资源整合利用
一、热身游戏 （一）找数字 谁能从下图中找到0～10这些数字？ （二）拍手数数 1. 教师请一位学生来拍手,大家听一听,他拍了多少下？ 2. 放钟表滴答声的音频,让学生感受到听觉的波动,意识到我们的注意力水平不会一直保持不变,而是有时强,有时弱。 （三）出示两个卡通人物 强的时候,"专注先生"和我们一起专心地做好每一件事。 弱的时候,"分神先生"就来影响我们做事的效果。 二、分享 1. "专注先生"和你在一起的时候你是什么样子？做事情的时候有什么感觉？ 2. "分神先生"又是怎么影响你的？ 3. 对付分神先生的小妙招——静心呼吸。 教师带领学生体验2分钟的静心呼吸。（用小青蛙静静地坐着为指导语） 想象你来到了碧绿的草地上,在清清的池塘边,你像一只小青蛙一样静静地坐着,感受着自己的呼吸,感到太阳的温暖,倾听着周围的声音,大大的眼睛观察着四周。 教师再拍手,让大家数一数,看看谁数对了	将叙事的原理植入数学学习中,将学生存在的问题与学生外化讨论,帮助学生重拾学习信心 学生自己形成经验之后到小组里、班级里分享自己的经验。相互交流,共同提高 使用音频来进行指导

师生活动设计	课程资源整合利用
三、大眼睛更专注 （一）闪视训练 你能准确写下来一闪而过的数字吗？ 1. 第一组：每组三位数。 请学生说说自己能准确写对的方法。 有视觉优势的学生会用图像记忆法,有听觉优势的学生可以用心读录音法。 2. 第二组：每组 6 个数字——学生采用分段记忆的方法。 3. 第三组：算式抄写——回溯检查的方法。 （二）曼陀罗瞬间记忆 （三）快解密码 PK 赛 1. 单个密码锁挑战：$5 + 9$ 4，3，7，□□□□。 $15 - 9$ 6，3，3，□□□□。 分享检查的方法,再算一遍,逆运算倒推法。 2. 同桌共同合作,挑战双密码,完成后同桌相互检查。 $7 + 4$，1，5，6，1，7，8，5，3，8，1，9，0，9 $7 - 4$，3，1，2，1，1，0，9，1，8，3，5，8，7 $3 + 8$，1，9，0，9，9，8，7，5，2，3，5，8，3 $3 - 8$，5，3，2，1，1，0，1，9，2，7，5，2，3 3. 小组合作挑战 4 位数密码,完成后交换检查。 $6 + 9$，5，4，9，3，2，5，7，2，9，1，0，1，1，2，3，5，8，3 $6 - 9$，7，2，5，7，8，9，9，0，9，1，8，3，5，8，7，1，6，5 $5 + 6$，1，7，8，5，3，8，1，9，0，9，9，8，7，5，2，7，9，6 $5 - 6$，9，7，2，5，7，8，9，9，0，9，1，8，3，5，8，7，1，6 四、分享自己在这节课的收获	教师总希望通过反复练习让学生自己去"悟",结果学习过程不可控,学习成效不可控,学习效率大大降低。尤其是现在教学强调"探究",似乎所有的问题都应该由学生自己获得答案,教师不敢提示和引领,这是从一个极端走向了另一个极端。要在课堂上给学生一个正确的示范,才能让他们更加明确应该怎样操作
板书设计	**小青蛙更专注**
分层作业设计	听《小青蛙更专注》的音频

来自电子游戏的启发

——用游戏策略引发学生主动走进深度学习

王 珺

一、反思——什么样的课堂设计才能引发学生深度探索的兴趣

"小青蛙更专注"一课采用了游戏设计的方式,巧妙地将注意力训练和学习方法指导融入一个个有趣的游戏环节中,让学生不知不觉地提升了自己的课堂注意力水平,还能对自己的学习方式有更新的认识,从而增强了学生课堂学习的信心,采用科学的方法真正投入到深度学习当中。

我们常常抱怨学生太爱玩电子游戏而荒废学业。其实,如果能静下心来好好对比一些我们的课堂和电子游戏就能发现学生在游戏里无法自拔的秘密。

每一个学生玩电子游戏的过程,似乎是一个比我们的课堂教学条件差了许多的过程:没有系统的教材,没有教辅材料,也没有系统的教学活动,甚至没有评估和考核,所有的学习都是依靠玩家的尝试与同伴的交流来完成的。

然而,就是这样恶劣的学习环境,游戏迷们依然以废寝忘食的精神与态度执着于这样一种学习行为。反观我们有计划、有组织的课堂教学,却常常让学生厌倦、恐惧。这究竟是怎么一回事呢?

我们需要思考的一个问题是,像游戏这么好的学习行为是怎样被设计出来的? 它对于我们的学校教育,尤其是课堂教学,有些什么启示? 我们不妨来看一看游戏设计的一些原则。

第一是情境体验。

为什么有人一遍遍玩"实况足球",永不厌倦? 因为在这样的游戏中,游戏者不断体会着盘带、过人、配合和射门的乐趣。有人执着于一个球队,让它变得越来越强大;有人则尝试不同风格不同组合的球队,体验不同的悲喜人生。

第二是过程奖励。

如果玩过最早的"红白机"的朋友,一定不会忘记那个不断吃蘑菇的管道工马里奥,他用脑袋撞来撞去,不断累积金钱,时不时收获神奇蘑菇,一会儿变大马里奥,一会儿开启无敌模式,这些都会让游戏者兴奋异常,而这种兴奋,正是维持游戏不断向前的重要动力。

第三是进阶设计。

游戏从题材上可以分成许多种,但是本质上大多还是用"闯关"作为基本设计的。关卡设计,其实就是构成一个挑战—反馈机制。这种任务导引是激发游

戏者不断游戏的动力。在游戏设计中,还有一个环节也很重要,那就是游戏难度的进阶设计。除了关卡这一维度外,还有难度这一维度,使得游戏的进阶设计呈现出多维提升的格局,游戏一旦玩起来就意趣无穷。

第四是被我称为"新手指南"的过程性示范。

游戏设计者在真实游戏之前,会设计一个示范性情境,在每一个需要学习者了解的地方都会有提示性标志,游戏者跟随这种示范完成游戏规定的情境,就基本熟悉了游戏的操作要求。

游戏开发者对于用户感受的关注,对于用户学习心理的把握,都是我们教育者应该学习的。在我们的课堂教学中,这种洞察力又恰恰是最容易被忽略的——学习行为设计一定是基于心理学的。

那么游戏玩家是怎样开展学习的呢?

从游戏的设计中,我们能不能看到自己的课堂教学离好的学习设计有多远?我根据电子游戏设计思想加上心理学的原理设计了"小青蛙更专注"这一节课。

给我们的课堂设计一个解决问题的"情境",让学习者能够在具体的场景中学习知识和技能。这恐怕是电子游戏给予我们最关键的启示了。一个具体可感的任务或者一个令人振奋的问题,都能够吊起学习者的"胃口"。这也是课堂教学艺术化呈现的关键。这节课,我采用解开越来越难的密码的题目,让学生更加专注地投入课堂。课堂起始的情境设计也能决定一堂课是否能够真正激发学生的学习热情。

课堂教学的情境设计应该体现对于学生心理的洞察,要能够"勾人",对学生提出适切的思维挑战,而且应该在整个教学过程中"一以贯之",让学生始终保持对于情境的热情。

当然,这样的情境不应该是脱离教学内容和教学目标的,而应该成为教学目标的情景化再现。

二、课堂教学环节中不可忽略"攻略"或者"示范教程",让课堂活动更高效

在游戏中,对于初学者的示范和提示一般出现在初级难度中,场景中的标志识别、装备使用都是提示点。而我们的课堂太注重结论的获得,几乎不关注对获得结论的过程的示范和指导。教师总希望通过反复练习让学生自己去"悟",结果学习过程不可控,学习成效不可控,学习效率大大降低。尤其是现在教学强调

"探究"，似乎所有的问题都应该由学生自己获得答案，教师不敢提示和引领，这是从一个极端走向了另一个极端。在这节课上，要寻找最后的密码数字需要一段耐心细心的计算，教师采用范例的形式帮助学生理解方法，避免学生在不了解游戏规则的情况下浪费时间。

三、重视课堂上生生互动"经验分享"的作用，引导学生在合作中走向深度思考

几乎所有的游戏玩家都是通过"经验分享"的方式完成从"初级玩家"到"骨灰级玩家"的转变的。在进入游戏情境之后，玩家首先采取"试错"的策略，在多次尝试未果的情况下，他们往往会通过 QQ 群、微博、BBS 等渠道寻求帮助。有些玩家会在自己形成经验之后到相应的平台上分享自己的经验。相互交流，共同提高，用来形容游戏人群一点都不过分。

同样的道理，在课堂教学中，如果我们更关注"经验分享"，或许能够更有效提升人群的学习质量，同时也更能激发其中优秀分子的学习热情，从而进一步提升他们的学习水平。

从一个游戏开始，教师不断地请学生起来分享自己的学习经验，说自己的记忆方法，在教师的鼓励下，每一位学生的注意力集中的方法都得到肯定，让分享的学生更有信心，听到分享的学生可以根据自己的情况来选择适合自己的学习方法。让自己的听讲真正有效。

本节课中无论是课堂教学中学生学习情绪的激发，还是学习兴趣维持以及学习支持系统的建立，都完成得特别好，课堂上形成良性互动，我们的课堂就会活起来，学生的学习热情也很高涨。学生在课堂上是真正有收获。

与会老师评课：

刘明环 给我留下最深刻印象的是王珺老师为提高儿童注意力而设计的几款活动。她将心理辅导技巧与学科学习相整合，有效地提高了学生学习的有效性，我认为是非常具有实践操作价值的。王珺老师瘦瘦小小的身体中似乎包含着无穷的力量和无限的热情，正是她对学生的那种关注和关爱，才使得她能够在平凡的教育教学中发现点点滴滴的闪光点和教育点，从而使心理健康教育与学生的学科发展相融合，我觉得非常了不起，让我钦佩不已。

杨青青 王珺老师为我们带来了一节数学和心理的整合课程，告诉大家当了解孩子错误背后的原因，我们就会变得更有耐心。记忆力是可以用多种方法来训练的，只要科学地运用，就会有效果。还有一点，对我启发很大，就是和孩子

一起玩,在玩中会有许多新发现,会摸索出许多好方法。

李慧　王珺老师给大家分享的数学和心理学科的融合案例令我惊叹。心理学可以深入浅出地讲给学生,并且指导其他学科教学。我们不应该和学生的态度纠缠,而是教会学生方法。在王琳老师沙盘游戏的环节,我更好地认识了自己,觉察到自己最近内心的状态,沙盘的每个角度都会有不同方面的反应,其实指向的是人的内心。

王彩君　王珺老师通过游戏体验和注意力训练活动,让我们感受到心理与学科教学相融合的魅力,接下来的热烈讨论,我们进一步认识到,游戏是孩子的天性,每个孩子都有巨大的潜力和创造力,我们要发现孩子的优势领域,以游戏陪伴孩子,激发孩子的学习能力,引领孩子健康发展。自我校的整合课题开展以来,许多老师都在自己的学科领域进行深度研读,大胆尝试。王珺老师的这节课也是我们课程资源整合研究中的一朵小花。相信随着我们课题的深入,会不断涌现出更多优秀的课例,让我们看到我校的课题研究始终是围绕学生的发展,真正落实到课堂中去。

（本节课曾在青岛市中小学心理健康学科基地"珍爱生命,我爱我"教学研讨会进行展示）

第二章

"三次集备六步研"校本研修路径探索

‖ 第一节 探索校本深度教研之路 ‖

学校持续依托市级科研课题"基于深度学习的课程资源整合研究",将课堂作为开展课题研究的主阵地,坚持以科学理念为先导,以问题解决为核心,着眼于教师教学中需要解决的热点、重点、难点问题,依托"科研训一体化"的研修策略,从备课模板改革入手,从学科课程标准再研读切入,将"如何有效整合课程资源,促进学生深度学习"的研究贯穿于集备教研全过程,探索形成了"三次集备六步研"的校本研修路径,初步实现了课题研究与常态课堂紧密对接的深度教研。

一、精心调整备课模板,实现课题与常态课堂紧密对接

深度教研是有效优化教学设计的过程。美国学者肯普给教学设计下的定义是:教学设计是运用系统方法分析研究教学过程中相互联系的各部分的问题和需求。在连续模式中确立解决它们的方法步骤,然后评价教学成果的系统计划过程。学校主要从教学设计入手,通过调整备课模板和深研学习目标的制定,初步实现课题与常态课堂的紧密对接,为深度教研奠定基础。

(一)基于研究需求,调整备课模板

指向于优化教学设计,从而达成深度教研目标,学校通过校务会讨论、教师意见征求、专家指导等环节,首先对备课模板进行了调整,结合科研课题在常态课堂中的落实,增加了"资源包""过程中资源运用""课后资源运用有效度分析"等板块。

在这一过程中,为了帮助教师们更好地理解与使用学校调整后的备课模板,学校邀请了科研专家连续举行了三次专题培训活动。在最初的模板使用解读后,专家根据教师们的前期备课模板研究使用情况,结合各学科的精品课例,又从学情的分析、学习目标的确立、学习资源包的使用等重点项目入手进行分析,使学习目标更具有可操作性和可观测性。

(二)深研"课标"要求,制定学习目标

在备课模板的改革中,其中最重要的一项改变是"教学目标—学习目标"的变化。学习目标是指预期学习者通过一段时间学习后的行为变化,也是完成某项学习任务后应达到的质量标准,它决定了教学活动的方向,并确定了教学评价的依据。在改革的过程中,行为主体—行为动词—行为条件—行为程度等都发生了变化,而对于课程标准的解读和分析,引领了这一变化。

专家的几次培训,都是围绕以上几个方面对"学习目标"的制定进行了详细的解读与指导。专家和干部教师们带领其他教师开展了头脑风暴,现场撰写学习目标,现场点评。教师在制定学习目标的过程中,也通过对课程标准的反复学习与体会,使学习目标的制定更加科学、规范、精准。

如三年级数学"用连乘、连除两步计算解决问题"这一课中,教师最初制定的学习目标是:

(1)经历从实际生活中发现、提出、分析、解决问题的过程,会用连乘、连除两步计算解决实际问题。

(2)在解决问题的过程中,体会解决问题策略的多样性,培养从多角度观察、思考问题的意识,提高分析问题和解决问题的能力。

(3)感受数学在日常生活中的作用,初步形成综合运用数学知识解决问题的能力。

通过研读《义务教育数学课程标准》中的相关要求:数学教学活动应激发学生兴趣,调动学生积极性,引发学生的数学思考,鼓励学生的创造性思维;要注重培养学生良好的数学学习习惯,使学生掌握恰当的数学学习方法。学生学习应当是一个生动活泼的、主动的和富有个性的过程。除接受学习外,动手实践、自主探索与合作交流同样是学习数学的重要方式。学生应当有足够的时间和空间经历观察、实验、猜测、计算、推理、验证等。教师们清晰地体会到:以上学习目标显然制定得不够具体、明确,达成目标的策略并没有较好体现出"课标"中的理念与要求。于是,再次通过教研组的集备、研磨,对学习目标进行了如下修改。

（1）通过实际情境，学生能自己发现并用数学语言提出连乘、连除需要两步计算的实际问题。通过观察分析这个问题中的数量之间的关系，能够找到正确解决这个实际问题的方法。

（2）在分析解决这个问题的过程中，先引导学生独立思考，找到解决问题的方法。再通过合作交流，引导学生从多角度观察、思考问题，并用自己的语言表达出解决问题的策略和方法，体会解决问题策略的多样性。

（3）通过自主探索、小组合作，体会同伴讨论的意义，以及如何进行反思、感悟。

通过目标明确、针对性强的备课模板系列培训，让教师有了学习参照的理论依据和方法，在推进备课模板改革的同时，促进教师学会有效地基于学习目标进行思考，学会如何整合课程资源促进学生深度学习。

二、精准设计研究流程，形成基于深度教研的研修路径

校本研修是立足学校实际，着眼于教师专业发展的以校为本的最常规的研究活动，重在发挥个人优势，形成团队合力。教师们在几轮的研磨过程中将教育理念转化为教学理念、活化为教学行为、深化为教学品质、内化为教学智慧，使教学研究成为高品位、高品质的教育教学实践活动。校本研修是提升教学质量，提升教师专业素养的一个有力的平台。

学校主要通过逐步形成的"三次集备六步研"校本研修路径，将"基于深度学习的课程资源整合研究"课题研究与教师教学设计的多轮研磨紧密结合，通过学科集备展示等从而使常态的校本研修走向"深入"。

（一）深入探索形成"三次集备六步研"研修路径

学校在改革教师个人备课模板的基础上，又着眼于提升集备和教研的实效性，重新设计了"常态集备记录"。基于学习目标的有效达成，从"整合课程资源促进学生深度学习"和"捕捉课堂生成性资源促进学生深度学习"两个维度展开深入研究，形成了"三次集备六步研"的研修路径。

"三次集备"是指：

第一次集备：年级集备组在教师个人备课基础上，按照"六步研"内容进行深度研讨。

第二次集备：集备组成员参与，由第一位教师执教，观课后按照"六步研"内容进行深度研讨，注意挖掘和梳理课堂生成性资源，并将其作为课程资源，研究进一步完善环节目标达成策略，促进学生深度学习，完善形成第二稿教案。

第三次集备：由集备组中第二位教师执教，可以邀请教研组全体教师、教学专家等参与，按照"六步研"内容进行深度研讨，将研讨过程性材料，特别是将如何整合课程资源促进深度学习的案例汇入学校课程资源库。学校课程资源库中的案例将为后续有效教学设计及"深度教研"提供课程资源，真正实现研究成果"反哺课堂"。

"六步研"是指：

第一步是教材分析。第二步是学情分析。第三步是基于学科课标、学段目标、本册教材目标和学情分析，研究单元、课时和环节学习目标的制定。第四步是研究环节目标达成策略，重点结合重、难点的突破过程，研究如何有效运用课程资源促进学生深度学习；在第二次集备过程中，也可研究将课堂生成性资源作为课程资源，进一步完善环节目标达成策略，促进学生深度学习。第五步是提炼表述，在突破本课重、难点过程中，教师如何整合课程资源，从而促进学生深度学习。第六步是研究分层作业设计。

学校的语文、数学、英语、音乐等八个集备组均进行了深度教研展示活动。每一次都有教研员或者教学专家参与指导。专家们结合教师课例对课题的实施与深化进行了细致的指导，"激发学生参与深度学习的实施策略""课程资源的运用有效度剖析"等内容，使参与集备展示的每一位教师都深深感受到每一次集备、研磨对于自己的影响和改变，"三次集备六步研"的扎实开展使常态的研修活动更具深度，让身处研究之中的教师感到成长的快乐。

在"三次集备六步研"研修活动中，结合科研课题在常态课中的落实，学校干部扎实进行了观课指导，帮助教师从备课、上课入手，有效整合课程资源，充分预设、智慧生成，促进学生深度学习，达成学习目标。学校干部们设计《课堂观察表》，运用课堂观察技术，关注教师目标设计是否准确、教学设计是否科学、课程资源整合运用是否有效促进学生深度学习等；下课后，第一时间结合相关数据就学习目标的达成、科研课题的落实与执教教师进行交流，同时提出建议，帮助教师了解、完善自己的教学设计。

附：

青岛新昌路小学"三次集备六步研"过程性记录

时间		地点		集备组长		参与教师	
集备课题							
第一次集备（预设）					二次集备		

续表

教材分析		
学情分析		
学习目标 （标注重难点）	单元学习目标	
	课时学习目标	
环节目标	活动设计（结合重难点的突破，如何 有效运用课程资源促进学生深度学习）	课堂生成后补充、修改的内容
如何整合课程资 源突破重难点，从而 促进学生深度学习		
分层作业设计		

课堂观察表：

青岛新昌路小学课堂观察评析表

学校		班级		人数	
执教人		课题		课型	
观察人		单位		时间	
本课时学习 目标					
环节目标及 师生活动	教材资源使用	课堂生成性资源	整合课内外资源	课程资源与 学习目标关联度， 促进学生深度学 习的效果

设计意图及说明:本表主要是记录教师整合教学资源促进学生深度学习的过程。教师应围绕学习目标,根据学生认知水平,筛选和整合有效课程资源,促进学生深度学习。同时教师能够合理地利用课堂中生成性资源为学习目标的达成服务。

(二)用心做好"三次集备六步研"研修路径的常态落实

学校在常态教学研究中,注重过程性指导,持续优化了"三次集备六步研"研修路径,引领教师通过深度教研,提升自身的专业素养。

1. 拟定流程,持续优化研修路径。

学校进一步总结"三次集备六步研"的研修路径,探索周期性规律,拟定了研修流程,进一步明确了"三次集备"的流程以及"六步研"的内容和需要完成的资源库,在使其更加规范的基础上,形成成果反哺课堂。

2. 做到"四定",注重过程性指导。

学期初,分管干部依据教师需求和各年级教材特点与教研、集备组长共同制订科学的集备计划,做到定时间、定地点、定内容、定形式,提倡形式的多样化、灵活化、有效化。开展"组长一分钟谈计划"活动,阐述集备内容和开展的形式策略。

在后面的实施过程中,各教研、集备组可以根据自身发展需求,申请干部、专家资源的智力支持,由学校进行统筹安排。分管干部和专家将根据需求参与教研、集备全过程,既加强过程监控与管理,也有针对性地开展教材分析、课程资源有效度的分析等指导工作。学校还开展了常态集备展示活动,从展示内容、形式,以及科研课题与课堂对接等几个维度进行集备活动的展示与评价。

三、成果特色与成效

基于深度教研的"三次集备六步研"的校本研修路径的探索和实施,对于提高学校整体教学研究效能、提升教师团队研究力起到很好的推动作用。贯穿"点滴尽致"核心文化的深度教研的开展,有效推动了课堂变革与课程创新,助力师生成就最好的自己。

‖ 第二节 "三次集备六步研"实践课例展示 ‖

一、"詹天佑"

个人教案第一稿

课时备课					
课题	詹天佑	课型	新授	课时	1—1
学情分析	学生对于詹天佑并没有太多了解,历史背景也比较复杂。学生通过课文可以体会人物的品质,尤其是坚持、爱国等精神。但是对人物细节的刻画和设计时的巧妙需要通过资料来进行学习				
学习目标	1. 认识3个生字,会写9个生字,理解"轻蔑""勘测""藐视"等由生字组成的词语,能用"争夺""争持"造句。 2. 正确、流利、有感情地朗读课文。理解课文内容,了解詹天佑主持修筑京张铁路的经过,认识詹天佑是一位杰出的爱国工程师。 3. 理解两种开凿隧道的方法的好处以及"人"字形线路设计的妙处。体会詹天佑的爱国热情和创新精神以及他不怕困难的坚强意志				
课程资源包	视频、预习单、资料包				
教与学的活动过程					
师生活动设计				课程资源整合利用	
一、初识人物 1. 今天我们来学习第20课"詹天佑"。跟老师一起写课题,齐读课题。 2. 学习生字。请你根据课前预习说说你认为哪个字最难写?或者要提醒同学注意什么? 师范写,生写。 读了课文,你认为詹天佑是一个什么样的人?(从课文中找找)					

师生活动设计	课程资源整合利用
那么詹天佑到底做了哪些事情让我们看出他非常杰出呢？ 请同学们读读书,找出答案。 (接受任务　勘测线路　开凿隧道　"人"字形线路) 　3. 我们发现,这些事情都跟修建铁路有关,你知道这是一条什么样的铁路吗?请你从课文中找出相关的句子(我认为……) 　(铁路对我国来说意义非凡啊　最快的高铁能达到每小时350公里,200公里只需要不到40分钟,虽然短但是非常重要　位置关键且充满危险　从哪里看出来的?读一读课文,你认为这条铁路是在什么样的地形环境下修建的?) 　在这种环境下修建铁路,难怪课文中说他杰出,读一读课文最后一句。	通过课堂对课文内容的把握,让学生根据课文内容了解这条铁路修筑的地形环境,为下文理解修筑不易打下基础
二、了解人物 　1. 他不仅杰出,而且爱国。请默读课文,画出能感受到他爱国的句子,并写写自己的感受。 　(1)信念。 　出示句子:遇到困难,他总是想……(学生读) 　这是他的信念,他的决心。 　谁再来读一读。 　(2)阻挠。 　出示句子,读后谈感受。 　我们来看看这句话中"争夺""争持"这两个词语,这两个词都有争的意思,能不能交换一下位置。(程度、时间)作者严谨的用词让我们感受到争的激烈,谁能结合你找的课外资源来说说他们是怎么争的? 　(板书:不怕嘲笑) 　(3)勘测线路。 　① 周密计算,不能出现一点马虎;② 亲自带着;③ 环境恶劣。 　是啊,正是因为他的信念,他的决心,才让他遇到任何危险和困难,都不畏惧。(板书:不畏艰难) 　是啊,同学们,让我们再来读读书,感受他的爱国情怀。 　引读,指名读。 　2. 在这种地形条件下,詹天佑又是如何开凿隧道和设计"人"字形线路的呢? 　(1)居庸关。 　(出示文中句子)读读课文。 　请同学上台尝试画一画。 　说说自己为什么要这么画,理由是什么?	资料的补充可以更好地说明为什么帝国主义都要争抢铁路修筑权

师生活动设计	课程资源整合利用
（2）八达岭。 我们用对照课文的方法,理解詹天佑设计的开凿图。 现在请在小组内,先来读一读课文。 对照课文来画画设计图。 居庸关和八达岭都需要开凿隧道,这两种方法为什么不同呢? （3）"人"字形线路。 教师给学生补充一段资料,请学生结合自己的理解画出"人"字形铁路的设计图。詹天佑为什么要这样设计呢? 同学们,我们再来读读课文,边读边感受这种设计的巧妙吧。（齐读） （板书:创新巧妙） 那这项任务完成的如何呢?读读这一句,这里还有想补充的吗? 此刻应该有掌声,不仅送给这位同学,更要送给我们杰出的爱国工程师。 其实在修筑铁路的过程中还发生了许多故事: 和詹天佑一起修筑铁路的好友,有的坠入深涧,不幸牺牲;有的中途逃跑;最让詹天佑感到痛心的是,女婿被绑架,心爱的女儿不幸身亡。经历了这一切,詹天佑还是没有改变自己最初的想法。 让我们再来赞美赞美他吧。（读中心句） 三、联想人物 其实像詹天佑一样杰出的爱国人士在中国的历史长河中实在太多了。你能想到谁? 在课外书中更是有不同年代不同身份的人,为祖国做出巨大的贡献。让我们课下一起走入他们的故事,去体会课文之外的更加鲜活的人物吧!	在画"人"字形铁路时给学生补充一段文字资料,让学生把课文的内容和补充的资料相结合,并通过自己的画图,去感受詹天佑设计的巧妙 以一带多,历史上像詹天佑一样的杰出人物有许多,帮助学生总结的同时,也是在帮助学生继续去探索他们身上的故事

板书设计	**詹天佑** 接受任务　勘测线路　开凿隧道　设计"人"字形线路
分层作业设计	必做: 1. 完成20课四线本。 2. 结合资料和课文,说说詹天佑是一个怎样的人。 选做:搜集詹天佑的故事,开展故事分享会

"三次集备六步研"过程性记录（一）

时间	2017.11.19	地点	党员活动室	集备组长	赵文静	参与教师	梁丽、沈校长
集备课题				詹天佑			
第一次集备（预设）					二次集备		

学情分析	学生对于詹天佑并没有太多了解,历史背景也比较复杂。学生通过课文可以体会人物的品质,尤其是坚持、爱国等精神	但是对人物细节的刻画和设计时的巧妙需要通过资料来进行学习
教材分析	"詹天佑"是苏教版第十一册第六单元"名人风采"中的精读篇目。这篇课文主要写了詹天佑主持修筑第一条完全由我国工程技术人员设计、施工的京张铁路的事迹,表现了詹天佑的爱国主义精神和杰出才能,反映了中国人民的智慧和力量。这篇课文按概括介绍,再具体叙述的方法安排材料,选材典型,前后呼应,结构严谨,层次清晰,内容生动,是进行爱国主义教育的优秀教材。詹天佑的爱国精神贯穿全文,凸显了文章的主题——民族之魂	但是这篇课文所讲述的故事发生在清朝末年,与学生的生活距离较远。所以在教学的整个过程中的多个环节补充了资料
学习目标(标注重难点)	**单元学习目标** 1. 学会本单元21个生字,理解由生字组成的词语。 2. 理解重点词句的意思,体会人物的思想感情,练习用"争夺""争持"等词语造句。 3. 朗读课文,把自己感受最深的地方写下来。体会人物的品质。 4. 练习口语交际,说说自己喜欢的名言,完成"家乡的名人"习作	
	课时学习目标 1. 认识3个生字,会写9个生字,理解"轻蔑""勘测""藐视"等由生字组成的词语,能用"争夺""争持"造句。 2. 正确、流利、有感情地朗读课文。理解课文内容,了解詹天佑主持修筑京张铁路的经过,认识詹天佑是一位杰出的爱国工程师。(重点) 3. 理解两种开凿隧道的方法的好处以及"人"字形线路设计的妙处。体会詹天佑的爱国热情和创新精神以及他不怕困难的坚强意志。(难点)	1. 通过预习单,识字3个生字。通过小组合作交流关键笔画,会写9个生字。 2. 正确、流利、有感情地朗读课文。理解课文内容,了解詹天佑主持修筑京张铁路的经过,认识詹天佑是一位杰出的爱国工程师。 3. 理解两种开凿隧道的方法的好处以及"人"字形线路设计的妙处。体会詹天佑的爱国热情和创新精神以及他不怕困难的坚强意志
环节目标	活动设计(结合重难点的突破,如何有效运用课程资源促进学生深度学习)	课堂生成后补充、修改的内容

	在这种地形条件下,詹天佑又是如何开凿隧道和设计"人"字形线路的呢? (1)居庸关。 (出示文中句子)读读课文。 请同学上台尝试画一画。 说说自己为什么要这么画,理由是什么? (2)八达岭。 我们用对照课文的方法,理解了詹天佑设计的开凿图。 现在请在小组内,先来读一读课文。 对照课文来画画设计图。 居庸关和八达岭都需要开凿隧道,这两种方法为什么不同呢? (3)"人"字形线路。 教师给学生补充一段资料,请学生结合自己的理解画出"人"字形铁路的设计图。詹天佑为什么要这样设计呢?说说自己查的资料。 同学们,我们再来读读课文,边读边感受这种设计的巧妙吧。(齐读) (板书:创新巧妙)	(1)居庸关。 预习中,同学们都画了居庸关开凿的设计图。请同学上台展示自己画的,并说说这么画的原因。 (2)八达岭。 八达岭的开凿图更有难度了!请在小组内根据文中的资料来画一画。请一个小组展示,对照课文来说说设计图。 (3)"人"字形线路。 小组合作,借助课文和课外资源画出"人"字形铁路的设计图 小组开始合作。 同学们,我们再来读读课文,边读边感受这种设计的巧妙吧。(齐读) (板书:创新巧妙)
如何整合课程资源突破重难点,从而促进学生深度学习	在画"人"字形铁路时给学生补充一段文字资料,让学生把课文的文内容和补充的资料相结合,并通过自己的画图,去感受詹天佑设计的巧妙	在画"人"字形铁路时给学生补充一段视频资料,让学生把课文的文字转化为更加直观的动画,把学习的难度降低,并通过自己的画图,去感受詹天佑设计的巧妙
分层作业设计	必做: 1.完成20课四线本。 2.结合资料和课文,说说詹天佑是一个怎样的人。 选做:搜集詹天佑的故事,开展故事分享会	必做: 1.完成20课四线本。 2.结合资料和课文,说说詹天佑是一个怎样的人。 选做:搜集詹天佑的故事,开展故事分享会

个人教案第二稿

课时备课				
课题	詹天佑	课型	新授	课时	1—1

学情分析	学生对于詹天佑并没有太多了解,历史背景也比较复杂。学生通过课文可以体会人物的品质,尤其是坚持、爱国等精神。但是对人物细节的刻画和设计时的巧妙需要通过资料来进行学习
学习目标	1. 通过预习单,识字3个生字。通过小组合作交流关键笔画,会写9个生字。 2. 正确、流利、有感情地朗读课文。理解课文内容,了解詹天佑主持修筑京张铁路的经过,认识詹天佑是一位杰出的爱国工程师。 3. 理解两种开凿隧道的方法的好处以及"人"字形线路设计的妙处。体会詹天佑的爱国热情和创新精神以及他不怕困难的坚强意志
课程资源包	视频、预习单、资料包

教与学的活动过程	
师生活动设计	课程资源整合利用
一、初识人物 1. 今天我们来学习20课"詹天佑"。跟老师一起写课题,齐读。 2. 课前同学们查阅了关于本课的资料,你都了解了什么? 3. 学习生字,请根据课前预习说说你认为哪个字最难写?或者要提醒其他同学注意什么? 师范写,生写(关注关键笔画和间架结构,关注书写姿势) 4. 读了课文,你认为詹天佑是一个什么样的人?(从课文中找找) 同学们很会读书,抓住了最关键的句子也是文章的中心句。一起读一读。 那么詹天佑到底做了哪些事情让我们看出他非常杰出呢? 请同学们读读书,找出答案。 (接受任务 勘测线路 开凿隧道 "人"字形线路) 5. 我们发现,这些事情都跟修铁路有关,你知道这是一条什么样的铁路吗?请你从课文中找出相关的句子(我认为……) (铁路对我国来说意义非凡啊 最快的高铁能达到每小时350公里,200公里只需要不到40分钟,虽然短但是非常重要 位置关键且充满危险 从哪里看出来的?读一读句子,你认为这条铁路是在什么样的地形环境下修建的?) 在这种环境下修建铁路,难怪课文中说他……(出示"詹天佑是一位杰出的爱国工程师"一句) (板书:杰出)	课前交流已经了解的资料,可以让学生对詹天佑和课文内容有初步了解 通过课堂对课文内容的把握,让学生根据课文内容生成这条铁路修筑的地形环境,为下文理解修筑不易打下基础

师生活动设计	课程资源整合利用
二、了解人物 　1. 他不仅杰出,而且爱国。请默读课文,画出能感受到他爱国的句子,并写写自己的感受。 　(1)信念。 　出示句子:遇到困难,他总是想……(出示不同情景下詹天佑的内心活动)生读。 　这是他的信念,他的决心。 　谁再来读一读。 　(2)阻挠。 　出示句子,读后谈感受。 　我们来看看这句话中"争夺""争持"这两个词语,这两个词都有争的意思,能不能交换一下位置。(程度、时间)作者严谨的用词让我们感受到争的激烈,谁能结合你找的课外资源来说说他们是怎么争的? 　请带着理解再来读读这句(学生读,老师引读),尽管帝国主义的阻挠给了詹天佑巨大的压力,但他毅然接受任务,因为他总是想……(出示詹天佑内心活动的句子)齐读。 　感受到外国人的嘲笑了吗?读出来。面对这种压力,他还是接受了任务。因为他总是想……(齐读) 　(板书:不怕嘲笑) 　(3)勘测线路。 　① 周密计算,不能出现一点马虎;② 亲自带着;③ 环境恶劣。 　是啊,正是因为他的信念,他的决心,才让他遇到任何危险和困难,都不畏惧,因为他总是想…… 　(板书,不畏艰难) 　是啊,同学们,让我们再来读读书感受他的爱国情怀。 　引读,指名读 　2. 在这种地形条件下,詹天佑又是如何开凿隧道和设计"人"字形线路的呢? 　(1)居庸关。 　预习中,同学们都画了居庸关的开凿设计图。请同学上台展示自己的设计图,并说为什么这么画。 　(2)八达岭。 　八达岭的开凿图更有难度了!请在小组内根据文中的资料来画一画。请一个小组展示,对照课文来说说设计图。 　(3)"人"字形线路。 　小组合作,借助课文和课外资源画出"人"字形铁路的设计图。 　同学们,我们再来读读课文,边读边感受这种设计的巧妙吧。(齐读) 　(板书:创新巧妙)	资料的补充可以更好地说明为什么帝国主义都要争抢铁路修筑权 在画"人"字形铁路时给学生补充一段视频资料,让学生把课文的文字转化为更加直观的动画,把学习的难度降低,并通过自己的画图,去感受詹天佑设计的巧妙

续表

师生活动设计	课程资源整合利用
那这项任务完成的如何呢？读读这一句,这里还有想补充的吗？ 　　此刻应该有掌声,不仅送给这位同学,更要送给我们杰出的爱国工程师——詹天佑。 　　其实在修筑铁路的过程中还发生了许多故事: 　　慈禧太后为修颐和园每年不惜花费数千万金,但不愿为修筑铁路出钱。京张铁路经费被控制在英国汇丰银行手中。正当进入第二段工程时,汇丰银行故意刁难,拖付工钱,詹天佑总是想: 　　帝国主义他们派人打扮成猎人的模样,在詹天佑修筑铁路的地段巡视,以便随时看中国人出洋相。詹天佑知道后,他总是想: 　　和詹天佑一起修筑铁路的好友,有的坠入深涧,不幸牺牲;有的中途逃跑;最让詹天佑感到痛心的是,女婿被绑架,心爱的女儿不幸身亡。经历了这一切,詹天佑还是没有改变自己最初的想法。 　　让我们再来赞美赞美他吧。（中心句） 　三、联想人物 　　其实像詹天佑一样杰出的爱国人士在中国的历史长河中实在太多了。你还能想到谁？ 　　在课外书中更是有不同年代不同身份的人,为祖国做出巨大的贡献。让我们课下一起走入他们的故事,去体会课文之外的更加鲜活的人物吧!	以一带多,历史上像詹天佑一样的杰出人物有许多,帮助学生总结的同时,也是在帮助学生继续去探索他们身上的故事

板书设计	**詹天佑** 接受任务　勘测线路　开凿隧道　设计"人"字形线路
分层作业设计	必做: 1. 完成20课四线本。 2. 结合资料和课文,说说詹天佑是一个怎样的人。 选做:搜集詹天佑的故事,开展故事分享会

"三次集备六步研"过程性记录（二）

时间	2017.11.25	地点	党员活动室	集备组长	赵文静	参与教师	梁丽、张主任
集备课题			詹天佑				

	第一次集备（预设）	二次集备
学情分析	学生对于詹天佑并没有太多了解,历史背景也比较复杂。学生通过课文可以体会人物的品质,尤其是坚持、爱国等精神。但是对人物细节的刻画和设计时的巧妙需要通过资料来进行学习	

续表

教材分析		"詹天佑"是苏教版第十一册第六单元"名人风采"中的精读篇目。这篇课文主要写了詹天佑主持修筑第一条完全由我国工程技术人员设计、施工的京张铁路的事迹，表现了詹天佑的爱国主义精神和杰出才能，反映了中国人民的智慧和力量。这篇课文按先概括介绍，再具体叙述的方法安排材料，选材典型，前后呼应，结构严谨，层次清晰，内容生动，是进行爱国主义教育的优秀教材。詹天佑的爱国精神贯穿全文，凸显了文章的主题——民族之魂。但是这篇课文所讲述的故事发生在清朝末年，与学生的生活距离较远。所以在教学的整个过程中的多个环节补充了许多资料	
学习目标（标注重难点）	单元学习目标	1. 学会本单元21个生字，理解由生字组成的词语。 2. 理解重点词句的意思，体会人物的思想感情，练习用"争夺""争持"等词语造句。 3. 朗读课文，把自己感受最深的地方写下来。体会人物的品质。 4. 练习口语交际，说说自己喜欢的名言，完成"家乡的名人"习作	
	课时学习目标	1. 通过预习单，识字3个生字。通过小组合作交流关键笔画，会写9个生字。 2. 正确、流利、有感情地朗读课文。理解课文内容，了解詹天佑主持修筑京张铁路的经过，认识詹天佑是一位杰出的爱国工程师。（重点） 3. 理解两种开凿隧道方法的好处以及"人"字形线路设计的妙处。体会詹天佑的爱国热情和创新精神以及他不怕困难的坚强意志。（难点）	通过预习单自学前两个设计图，再根据资料进行更加深入的学习
环节目标		活动设计（结合重难点的突破，如何有效运用课程资源促进学生深度学习）	课堂生成后补充、修改的内容

		在这种地形条件下,詹天佑又是如何开凿隧道和设计"人"字形线路的呢?
	在这种地形条件下,詹天佑又是如何开凿隧道和设计"人"字形线路的呢? （1）居庸关。 预习中,同学们都画了居庸关开凿设计图。请同学上台展示自己的设计图,并说说这么画的原因。 （2）八达岭。 八达岭的开凿图更有难度了！请在小组内根据文中的资料来画一画。请一个小组展示,对照课文来说说设计图。 （3）"人"字形线路。 小组合作,借助课文和课外资源画出"人"字形铁路的设计图。 同学们,我们再来读读课文,边读边感受这种设计的巧妙吧。（齐读） （板书:创新巧妙）	（1）居庸关。 预习中,同学们都画了一星级居庸关开凿设计图。我们一起看看,哪位同学的设计图更符合课文中的描述呢? （出示文中句子)读读课文。 大家看,想知道对不对很简单,书本就是最好的课内资源。 （2）八达岭。 我们用对照课文的方法,理解了詹天佑设计的开凿图,八达岭的开凿图可是一个二星级设计图哦！请用这种方法,在小组内选出最符合书中描写的设计图。 请一个小组展示,先来读一读课文。为什么选了这幅图?对照课文来说说设计图。 这组同学用上了我们刚才的方法,合理运用了课内资源,把掌声送给他们。 （还有不一样的画法吗?一位同学补充查找的资料,明确是两条竖井) 太好了,不仅会质疑,更会借助课外资源来解决问题。原来课文在编写时会进行删减,留下最关键的,而背后的故事还需要我们自己去发现呢！ 居庸关和八达岭都需要开凿隧道,这两种开凿方法能换换吗?不能,因为山势不同,选择的方法就不一样。 （板书:方法灵活） （3）"人"字形线路。 同学们,我们还有一个三星级设计图,想不想挑战一下? 那就让我们小组合作,借助课文和课外资源画出"人"字形铁路的设计图。 小组开始合作。 每个组上来一位同学,这么多种设计啊,到底哪个组是正确的呢?刚才老师就观察到小马同学特别快地就画出来了,原来她运用视频这种课外资源帮助自己解决了难题,我们把掌声送给她。 不过老师有一个疑问,詹天佑为什么要设计这样一条线路呢?让火车直接开上去不就行了吗?（补充资料:斜坡问题)要知道,这种方法在中国铁路建筑中还是第一次出现呢！ 孩子们,我们再来读读课文,边读边感受这种设计的巧妙吧。（齐读） （板书:创新巧妙）

续表

如何整合课程资源突破重难点,从而促进学生深度学习	在画"人"字形铁路时给学生补充一段视频资料,让学生把课文的文字转化为更加直观的动画,把学习的难度降低,并通过自己的画图,去感受詹天佑设计的巧妙	让学生通过预习单先自学简单的两个设计图,这是学生能自己解决的,再通过学生自己查阅和教师提供的资料卡,进行再次确认,以帮助学生更好地了解设计图,感受詹天佑的智慧
分层作业设计	必做: 1. 完成 20 课四线本。 2. 结合资料和课文,说说詹天佑是一个怎样的人。 选做:搜集詹天佑的故事,开展故事分享会	必做: 1. 完成 20 课四线本。 2. 结合资料和课文,为詹天佑入选"感动中国人物"写一段颁奖词。 选做: 1. 阅读詹天佑写的三封信。 2. 搜集并阅读其他杰出的爱国人物的故事,开展故事分享会

个人教案第三稿

课时备课				
课题	詹天佑	课型	新授	课时	1—1
学情分析	学生对于詹天佑并没有太多了解,历史背景也比较复杂。学生通过课文可以体会人物的品质,尤其是坚持、爱国等精神。但是对人物细节的刻画和设计时的巧妙需要通过资料来进行学习				
学习目标	1. 通过预习单,识字 3 个生字。通过小组合作交流关键笔画,会写 9 个生字。 2. 通过预习单自学前两个设计图,再根据资料进行更加深入的学习,体会资料在课堂中的运用。 3. 理解两种开凿隧道的方法的好处以及"人"字形线路设计的妙处。体会詹天佑的爱国热情和创新精神以及他不怕困难的坚强意志				
课程资源包	视频、预习单、资料包				

教与学的活动过程	
师生活动设计	课程资源整合利用
一、初识人物 1. 今天我们来学习 20 课"詹天佑"。跟老师一起写课题,齐读。 2. 课前同学们查阅了关于本课的资料,你都了解了什么?通过大家的交流,对詹天佑和课文背景、内容有了初步了解。 3. 根据预习单,大家认为最难写的字是这两个。 出示:蔑 攀	课前交流已经了解的资料,可以让学生对詹天佑和课文内容有初步了解

师生活动设计	课程资源整合利用
这两个字关注哪个关键笔画就能把它写正确呢？ 学生分别说,大屏幕中的关键笔画会变红。 师范写,生写(关注关键笔画、间架结构、书写姿势) 4. 读了课文,你认为詹天佑是一个什么样的人？（从课文中找找) 同学们很会读书,抓住了最关键的句子也是文章的中心句。 5. 那么詹天佑到底做了哪件事情让我们看出他非常杰出呢？预习时大家都用小标题的方法概括了主要事件,我们来交流一下。 （接受任务 勘测线路 开凿隧道 "人"字形线路) 6. 我们发现,这些事情都跟修建铁路有关,你知道这是一条什么样的铁路吗？请你从课文中找出相关的句子(我认为……) （铁路对我国来说意义非凡啊 最快的高铁能达到每小时350公里,200公里只需要不到40分钟,虽然短但是非常重要 位置关键且充满危险 从哪里看出来的？读一读句子,你认为这条铁路是在什么样的地形环境下修建的？) 在这种环境下修建铁路,难怪课文中说他……（出示中心句,读一读)。 （板书:杰出) 二、了解人物 1. 他不仅杰出,而且爱国。请默读课文,画出能感受到他爱国的句子,并写写自己的感受。 （1）信念。 出示句子:遇到困难,他总是想……（生读) 这是他的信念,他的决心。 谁再来读一读。 （2）阻挠。 出示句子,读后谈感受。 我们来看看这句话中"争夺""争持"这两个词语,这两个词都有争的意思,能不能交换一下位置。（程度、时间)作者严谨的用词让我们感受到争的激烈,谁能结合你找的课外资源也来说说他们是怎么争的？（补充资料) 通过你们的补充,我们更感受到帝国主义对铁路修筑权的觊觎和渴望。 请带着理解再来读读这句,生读,引读,尽管帝国主义的阻挠给了詹天佑巨大的压力,但他毅然接受任务,因为他总是想……（齐读) 感受到外国人的嘲笑了吗？读出来。面对这种压力,他还是接受了任务。因为他总是想……（齐读) （板书:不怕嘲笑)	通过课堂对课文内容的把握,让学生根据课文内容生成这条铁路修筑的地形环境,为下文理解修筑不易打下基础 资料的补充可以更好地说明为什么帝国主义都要争抢铁路修筑权

师生活动设计	课程资源整合利用
（3）勘测线路。 ① 周密计算，不能出现一点马虎；② 亲自带着；③ 环境恶劣。 是啊，正是因为他的信念，他的决心，才让他遇到任何危险和困难，都不畏惧，因为他总是想…… （板书，不畏艰难） 是啊，同学们，让我们再来读课文感受他的爱国情怀。 引读，指名读。 2. 刚才这位同学画的是这样一副地形图，真实的环境要更加严峻。谁能根据文中的描写，评价一下这位同学画的地形图。 抓住两个句子，突出"高和长"，再请这位同学来修改一下自己画的图。 3. 在这种地形条件下，詹天佑又是如何开凿隧道和设计"人"字形线路的呢？ （1）居庸关。 预习中，同学们都画了一级居庸关开凿设计图。我们来看看，哪位同学的设计图更符合课文中的描述呢？ （出示文中句子）读读课文。 大家看，想知道对不对很简单，书就是最好的课内资源。 （2）八达岭。 我们用对照课文的方法，理解了詹天佑设计的开凿图，八达岭的开凿图可是一个二级设计图哦！请用这种方法，在小组内选出最符合书中描写的设计图。 请一个小组展示，先来读一读课文。说明为什么选了这幅图？对照课文来说说设计图。 这组同学用上我们刚才的方法，合理运用了课内资源，把掌声送给他们。 （还有不一样的画法吗？一位同学补充查找的资料，明确是两条竖井） 太棒了，不仅会质疑，更会借助课外资源来解决问题。原来课文在编写时会进行删减，留下最关键的，而背后的故事还需要我们自己去发现。居庸关和八达岭都需要开凿隧道，这两种开凿方法能换换吗？不能，因为山势不同，选择的方法就不一样。 （板书：方法灵活） （3）"人"字形线路。 同学们，我们还有一个三星级设计图，想不想挑战一下？ 那就让我们小组合作，借助课文和课外资源画出"人"字形铁路的设计图	借助对课文的深度分析，将地形图进一步修改，更好地体会环境的恶劣 课外资料的及时补充，让学生了解到当时的真实情况，感受到资源对学习的帮助 视频的运用很好地解决了本课的难点，对于"人"字形铁路的巧妙设计有了更深入的了解。感受到詹天佑的杰出

师生活动设计	课程资源整合利用
每个组上来一位同学,这么多种设计,到底哪个组是正确的呢?老师刚才就观察到小马同学特别快地就画出来了,原来她运用视频这种课外资源帮助自己解决了难题,掌声送给她。 不过老师有一个疑问,詹天佑为什么要设计这样一条线路呢?直接开上去不就行了吗?(补充资料:斜坡问题)要知道,这种方法在中国铁路建筑中还是第一次出现呢! 同学们,我们再来读读课文,边读边感受这种设计的巧妙吧。(齐读) (板书:创新巧妙) 那这项任务完成得如何呢?读读这一句,还有想补充的吗? 此刻应该有掌声,不仅送给这位同学,更要送给我们杰出的爱国工程师——詹天佑。 其实在修筑铁路的过程中还发生了许多故事,为使学生对詹天佑的爱国之心产生更多共鸣,补充下列资料: 慈禧太后为修颐和园每年不惜花费数千万金,但不愿为修筑铁路出钱。京张铁路经费被控制在英国汇丰银行手中。正当进入第二段工程时,汇丰银行故意刁难,拖付工钱,詹天佑总是想: 帝国主义他们派人打扮成猎人的模样,在詹天佑修筑铁路的地段巡视,以便随时看中国人出洋相。詹天佑知道后,他总是想: 和詹天佑一起修筑铁路的好友,有的坠入深涧,不幸牺牲;有的中途逃跑;最让詹天佑感到痛心的是,女婿被绑架,心爱的女儿不幸身亡。经历了这一切,詹天佑还是没有改变自己最初的想法。 让我们再来赞美赞美他吧。(读中心句) 老师这里还有詹天佑分别在修筑铁路前,修筑铁路时,修筑完成后写给他在美国求学时的老师诺索布夫人的三封信,希望同学们课下读一读,相信读完后对他的认识会更加丰富。 三、联想人物 其实像詹天佑一样杰出的爱国人士在中国的历史长河中实在太多了。你能想到谁?我们曾经学过的课文中就有许多这样的人物。 二年级:孔繁森 四年级:林则徐 五年级:鲁迅 六年级:郑成功 钱学森 在课外书中更是有不同年代不同身份的人,为祖国做出巨大的贡献。让我们课下一起走入他们的故事,去体会课文之外的更加鲜活的人物吧!	补充的课外资料包,让学生充分感受到詹天佑对祖国的热爱 以一带多,历史上像詹天佑一样的杰出人物有许多,帮助学生总结的同时,也是在帮助学生继续去探索他们身上的故事

续表

板书设计	**詹天佑** 接受任务　勘测线路　开凿隧道　设计"人"字形线路
分层作业设计	必做： 1. 完成 20 课四线本。 2. 结合资料和课文，为詹天佑入选"感动中国人物"写一段颁奖词。 选做： 1. 阅读詹天佑写的三封信。 2. 搜集并阅读其他杰出的爱国人物的故事，开展故事分享会

课堂教学实录

一、初识人物

师：上课！

生：老师您好！

师：同学们好，请坐。

生：谢谢老师。

师：今天我们来学习第 20 课"詹天佑"。请同学们拿出手，跟我一起来写写课题。

师：好，齐读课题。

生：课文 20，"詹天佑"。

师：在课前，同学们查阅了关于本课的一些资料，你都了解到了什么呢？

生：詹天佑修筑了京张铁路，是一名铁路工程师。

生：他写了《铁路名词表》《京张铁路工程纪略》等著作。

生：他 12 岁留学美国，1878 年考入耶鲁大学土木工程系，主修铁路工程。他是中国近代铁路工程专家，被誉为中国首位铁路总工程师。

师：同学们抓住了很多的关键信息，其实通过大家的交流，已经对詹天佑有了初步的了解。

师：课前，同学们完成了预习单，大家认为最难写的是"蔑"和"攀"这两个字。这两个字关注哪些关键笔画就能把它们写准确呢？

生：这个蔑字，我认为最关键的是笔画。

师：谁来用这个字组一下词？

生：蔑视，轻蔑。

师：同学们一起来读。

生齐读。

师：请你继续说。

生：这个字的下半部分特别容易写错，里面的点比较关键，不能写错。

师：这个点要关注到。

生：我认为攀字中间的横不要写得太长也不能太短。

师：你说的是怎么把这个字写好看。那怎么把它写正确呢？

生：这个蔑视的蔑，就是它那个草字头和下面那个很像四一样的字，并不是连在一起的，写的时候要注意。

生：攀字下面的手第一笔是撇，上面两个木的最后一笔都是点。

师：你们都关注到了这些小细节。

生：我认为这个攀字中间是大字，但是那一笔捺并不是跟撇连接在一起的。

师：同学们看，这个"大"跟我们平时写的是否一样？中间需要空一点。我们一起伸出手，写写这两个字。

师边范写，边强调关键笔画。

师：请把这两个字进行描红，注意写字姿势。

（随机表扬，学生描红。）

二、了解人物

师：读了课文之后，你认为詹天佑是一个什么样的人？

生：我认为詹天佑是一个工作特别严谨的人。

生：我认为詹天佑是一个有智慧的人。

师：谁关注到了课文中对他的评价？

生：我认为詹天佑是一个不怕困难，坚持不懈的人。

生：我认为詹天佑是一个很伟大的人。

师：其实，在课文当中就有一句评价他的话。

生：詹天佑是我国杰出的爱国工程师。

师：这是全文中非常重要的一句话，也是文章的中心句。再请一位同学来读一读。

生：詹天佑是我国杰出的爱国工程师。

师：那么詹天佑到底做了哪些事情，让我们看出他非常杰出呢？预习时，大家用小标题的方式概括了主要事件，我们来交流一下。

生：第一个小标题是探测线路，第二个小标题是开凿隧道，第三个小标题是设计线路。

师:这个字念勘,kan,跟我读一遍,勘测。

师写板书。

师:刚才你说到设计线路,詹天佑设计了什么样的线路?

生:"人"字形线路。

师:还有补充吗?

生:在勘测线路之前,应该先接到任务。

师:或者是接受任务更恰当一些。

师:这些事情都跟修建铁路有关是吗?那你们知道这是一条什么样的铁路吗?

生:我知道这条铁路是一条险峻的铁路,我是从第五自然段,"铁路要经过很多高山就不得不开凿隧道,其中数居庸关和八达岭两个隧道的工程最艰巨",知道了这是一条很险峻的铁路。

生:我觉得这是一条意义重大的铁路,因为在文中的第一自然,"这是第一条完全由我国的工程技术人员设计施工的铁路干线",所以我觉得这是一条意义重大的铁路。

生:这是一条爱国的铁路。

师:为什么这么说呢?

生:因为它是为国家而设计的。

师:融入了爱国者的情怀在里面。

生:我认为这还是华北和西北的交通要道,文中写到,"从北京到张家口的铁路长200公里,是联结华北和西北的交通要道",所以这条铁路非常重要。

师:其实这句中还有一个信息,这条铁路长200公里,我们现在最快的高铁每小时能达到350公里,也就是说200公里只需要四十几分钟的时间,所以这条铁路并不算长。

生:虽然200公里并不算长,但这条铁路非常险峻,要经过很多高山,所以开凿很困难。

师:你从哪里感受到的呢?

生:我从第三自然段,"原来从南口往北过居庸关到八达岭,一路都是高山深涧,悬崖峭壁",感受到的。

师:你能把这样一条铁路给大家画一下吗?

生上台画。

师:虽然这是一条很短的铁路,但是十分重要,而且是在这样的环境下来修建的,难怪课文中说他是我国杰出的爱国工程师。

师:他不仅杰出,而且爱国。请同学们默读课文,画出让你感受到詹天佑爱国的句子,并在旁边做批注。

学生读课文,做批注。

师:我们来交流一下,哪些句子能够让你感受到他的爱国?

生:在课文的第四自然段,"遇到困难他总是想,这是中国人修筑的第一条铁路,一定要把它修好,否则,不但惹外国人讥笑,还会使中国的工程师失掉信心",这句话体现了詹天佑不想让外国人瞧不起中国人,想表现中国的强大。

师:这是他的决心,谁再来读读这句。

生读。

师:还有别的句子吗?

生:我找到的是第四自然段,"塞外常常狂风怒号,黄沙满天,一不小心还有坠入深谷的危险。不管条件怎样恶劣,詹天佑始终坚持在野外工作",我从这里看出虽然条件非常恶劣,但他还是坚持在野外工作。

师:这一段中还有吗?

生:我还是在这段中找到的,"詹天佑不怕困难,也不怕嘲笑,毅然接受了任务,马上开始勘测线路"。从这里我联系到第三自然段,"高山深涧,悬崖峭壁,虽然这里环境恶劣,但是詹天佑没有犹豫,而是毅然接受了任务"。

师:你联系上下文,谈出了自己的理解。

生:我找到的是这一句,"白天,他攀山越岭,勘测线路;晚上,他就在油灯下绘图、计算",从这里我能看出他一天都在为国家的事业忙碌。

师:我们从字词中感受到了他的辛苦与付出。正是因为他的信念,他的决心,让他在遇到任何困难和危险的时候都不惧怕,因为他总是在想:

引读:这是中国人修筑的第一条铁路,一定要把它修好,否则,不但惹外国人讥笑,还会使中国的工程师失掉信心。

师:同学们,让我们再来读读课文,感受他的爱国情怀。

配乐,师生合作读。

师:还有别的句子能感受到他的爱国情怀吗?

生:我找的是第四自然段,"詹天佑经常勉励工作人员,说:'我们的工作首先要精密,不能有一点儿马虎。'大概''差不多'这类说法不应该出自工程人员之口",从这句我感受到他如果不爱国就不会这么认真,正因为他爱国,所以不能差一丝一毫。

生：我找到的是第五自然段，"工地上没有抽水机，詹天佑就带头挑着水桶去排水。他常常跟工人们同吃同住，不离开工地"，从这句话能看出来詹天佑把国家的事情当作自己的事情，工人们干的事情他也亲力亲为。

师：你对课文的理解非常深入。

师：有没有同学关注到第二自然段，请一个同学来读一读这一段。

生读。

师：从这句中能感受到他的爱国情怀吗？

生：这条铁路有这么多帝国主义国家争着来修，说明非常重要。詹天佑感觉这么重要的铁路不能交给帝国主义，要为国家做出贡献。

师：想要接受这个任务，就要承受巨大的压力。

师：在这一段中有这样两个词，这两个词都有争的意思。能不能说出这两个词的区别？

生：争夺是想要得到，争执是很长久，就是很久的意思。

师：一个是从争的时间来说，一个是从争的程度来说。作者通过严谨的用词，让我们感受到争的强烈，有没有同学能借助课外搜集的资源，再来谈一谈。

生：我认为那些帝国主义之所以要提出修筑京张铁路，是因为这条铁路控制着清政府经济的一条要脉，如果被帝国主义抢走了，就说明我国的经济要脉也要被抢走。

生：帝国主义想抢夺修筑权，是因为他们抢走了铁路，可以直接把清政府控制住。帝国主义国家里面有俄国、德国、日本等，他们一开始让中国自己来修，但他们认为中国人没有能力，最后要祈求他们的帮助，所以他们定下了条约，清政府才力推詹天佑担当大任。

师：其实这段历史跟同学们的距离比较远，所以理解的时候会出现一点点难度。但是通过这两位同学的补充，大家对这段背景就有了更清楚的认识。再请一位同学来读读这一句。

生读。

师：其实面对如此的压力，面对帝国主义的嘲笑，是坚定的信念让他坚持了下去，因为他总是在想：

这是中国人修筑的第一条铁路，一定要把它修好，否则，不但惹外国人讥笑，还会使中国的工程师失掉信心。

三、升华主题

师:刚才一位同学画了一幅这样的地形图,其实真实的地形要比这个更加严峻、更加险恶。谁能根据文章当中的描写来评价一下这位同学的地形图画得怎么样? 先请同学们读读句子。

生读句子。

师:结合课文,对比着地形图,谁来评价一下。

生:他画得比较简单,没有画出岩层厚的感觉,再就是比较短,应该长一点。

师:请刚才那位同学来修改一下。

师:在这样的一个地势下,詹天佑是怎么开凿隧道,设计"人"字形线路的呢? 在预习单当中,同学们画了有一级星难度的居庸关的设计图,先请同学来读一下有关居庸关的描写。

生读。

师:哪一幅图更加符合文章的描写?

生:我认为第二幅更符合。因为第二幅中的山势高,岩层也很厚。

生:除此之外,因为开凿隧道是采用从两头向中间凿进的方法,第二幅画了两个向内的箭头。

师:其实想要知道对不对,非常简单,只要关注到课文,因为课文就是最好的课内资源。那么我们就用这种对照课文的方法,想一想八达岭开凿的设计图应该是什么样的? 先请一位同学读课文。

生读。

师:请在小组内把你们组中最符合课文描述的那幅图选出来。

组内选择。

师:第二组来展示一下。为什么选择这位同学的呢?

生:因为课文中说八达岭隧道长 1100 米,然后他画得还是比较长的。书中写到詹天佑选择的是竖井开凿法,也就是先从山顶打一口井,再分别向两头开凿,而这位同学也是这样画的,所以我们选择了他的。

师:这组同学用上了我们刚才的方法,合理地利用了课本的资源。那么关于这个设计图,还有没有同学画的跟大家不一样?

生:昨天晚上我在家上网查资料,发现网上的资料跟课文中的不太一样。网上说的是其实当年是有两口井进行开凿,一个是在山顶上,还有一口井在山头,所以才能把这个缩短一半。

师:她把自己的质疑用课外的资源进行了很好的解决。其实很多的课本在编写的时候会进行删减,把最关键的信息留给我们。居庸关和八达岭都需要开凿隧道,能不能把开凿这两个隧道的方法换一下来用呢?

生:因为八达岭很长,如果直接从两头往中间挖的话,挖的时间会太久。

师:在设计的时候,詹天佑还设计了一条"人"字形线路,这可是一条三星级难度的设计图,想不想挑战画一下呢?每个小组请借助课内外资源,来试着画一画。

生小组合作,每个组展示一下作品。

师:你认为哪个组是正确的呢?

生:我认为二组和六组是正确的。

师:你为什么这么肯定呢?

生:在预习的时候,看到了第六段提及的"人"字形线路,当时有一些不明白,我就上网看了一个视频,就明白了是怎么回事。

生观看视频。

师:瞧,这位同学在遇到问题的时候,还会运用视频资源来帮助自己解决难题。

但是我有一个疑问,詹天佑为什么要设计"人"字形的线路,而不将线路设计成直线呢?

生:如果线路是直线的话,比较陡峭,折一道的话,坡就会比较小。

师:当时南口这里的差是60米,不要说火车了,人往上走都很困难,现在我们再来读读课文,边读边感受这种设计的巧妙。

生读。

师:詹天佑的这项任务完成得怎么样?谁来读读。

生读。

师:其实在修筑铁路的过程当中还有很多很多的故事,慈禧太后为了修建颐和园,花费了数千金,修筑铁路却不愿多花一分钱。工程进入了第二阶段,钱全都在英国银行里却常常拖着不给,但是这个时候,詹天佑他总是在想:

帝国主义常常打扮成猎人模样,在铁路附近。他们就是想来看看詹天佑会不会失败,到时候出尽洋相。可是这个时候,詹天佑总是在想:

和詹天佑一起修筑铁路的好友,有的掉入深涧,不幸牺牲;有的中途逃跑,而最让人痛心的是,他的女儿也遭到了遇袭,他的女婿也被抓走了,在这个时候,他心里还是在想:……

让我们再来赞美一下他,詹天佑是我国……

师:老师这里还有詹天佑分别在修筑铁路前,修筑铁路时以及修筑铁路后,给他在美国求学时的老师的三封信,同学们课下可以读一读,相信会对他有更加丰满的认识。

其实像詹天佑一样杰出的爱国人士在我们的历史长河当中还有很多。我们学习过的孔繁森、林则徐、鲁迅、郑成功和钱学森的故事,在课外书当中,更是有不同年代不同身份的人的故事,去体会课文之外他们更加鲜活的人生。

作业:

必做:

完成20课四线本。

结合资料和课文,为詹天佑入选"感动中国人物"写一段颁奖词。

选做:

阅读詹天佑写的三封信。

搜集并阅读其他杰出爱国人物的故事,进行分享会。

研讨实录

教师点评记录:

梁丽 "詹天佑"是苏教版第十一册第六单元"名人风采"中的精读篇目。这篇课文主要写了詹天佑主持修筑第一条完全由我国工程技术人员设计、施工的京张铁路的事迹,表现了詹天佑的爱国主义精神和杰出才能,反映了中国人民的智慧和力量。这篇课文按先概括介绍,再具体叙述的方法安排材料,选材典型,前后呼应,结构严谨,层次清晰,内容生动,是进行爱国主义教育的优秀教材。詹天佑的爱国精神贯穿全文,凸显了文章的主题——民族之魂。但是这篇课文所讲述的故事发生在清朝末年,与学生的生活距离较远。所以在教学过程中的多个环节补充了许多资料。

赵文静 刚才梁老师进行了教材和策略运用的解读,在《义务教育语文课程标准》中,倡导学生在语文课堂上主动参与、乐于探究、勤于动手,培养学生搜集和处理信息的能力、获取新知识的能力、分析和解决问题的能力以及交流与合作的能力。同时"勤于搜集资料"也是本学期培养良好的习惯的重要内容,更是帮助学生丰富知识、提高语文自学能力的重要方法和途径。因为学习不仅仅是为了丰富学生的知识,更重要的是为了满足学生的求知欲。因此,学生搜集的资料不在于多,而在于有效,既激发学生学习的主动性,又突破了教材中"修筑铁路的背景"和"根据不同的地形设计不同的路线"这两大难点。今天课堂资料的运用能体现这一点。这与咱们的课题研究也不谋而合。

王贝嘉 刚才赵老师谈到资源,我觉得课本就是最好的一种资源,课文中埋藏着很多信息,我们只有引导着学生充分地读书,才能捕捉到这些信息,才能深入理解课文内容。今天的课堂上学生共读书12处,32人次:有老师的多次引读,激发学生提升感情的读;有画图时遇到困惑,反复寻找答案的读;有为了区分"争夺"和"争持"的意思,更好地理解词语,对比着读;有深度理解詹天佑的爱国精神的师生合作读……不同形式的读书很充分,体现了读的有效性。我觉得通过充分的读书可以深挖课内资源,以教材为圆心,以课堂为辐射源,帮助学生掌握阅读方法,培养学生良好的阅读习惯,就会逐步增强学生的阅读能力。

毕晓清 教材是学生学习的载体,在学习过程中,课文作为范例供学生进行学习,但是仅仅局限于教材本身是不够的,还需要让学生的思维发散出去,眼界开阔出去。小学语文课程标准指出,第三学段的学生应掌握"学习浏览,扩大知识面,根据需要搜集信息"的能力。今天梁老师的这节课上多次运用查阅的资料帮助学生理解文章。

1. 开课伊始,就让学生交流关于本课所查到的资料,对学生的学情进行了了解。

2. 接下来,在读了课文以后,结合资料让学生谈谈对詹天佑的了解?(抓住"杰出"一词)使学生有目标地整合课内外资源,帮助学生理解人物特点。

3. 当学到争夺铁路修筑权的时候,学生结合课前查阅的资料分享了当时帝国主义是怎么争夺铁路修筑权的,学生用自己查找的修筑背景资料让大家感受到争夺铁路修筑权的激烈。

4. "你还了解詹天佑在勘测时的其他故事吗?"这样的资料运用可以让学生对于故事的背景有更深入的了解,感受也会更加深刻,同时使詹天佑的形象更加丰满。这种引导也拓宽了学生搜集资料的途径和视野。

5. "谁能根据课文或者课前查找的资料,来帮助这位同学修改地形图?"在这一环节中,让学生有了亲身运用资料的机会,初步了解运用资料的基本方法。

6. 在课文的结尾处还有詹天佑在修筑京张铁路时写给美国的老师诺索布夫人的三封信,让学生读完后对詹天佑有了更多的认识。

《义务教育语文课程标准》指出,学生应能为解决与学习和生活相关的问题,利用图书馆、网络等信息渠道获取资料,初步了解查找资料、运用资料的基本方法。在梁老师的这节课上,体现了对学生这一能力的培养,让学生对课内课外资源进行了整合,得到了能力上的提升。

崔媛青 确实像毕老师说的这样,由于受年龄、生活经验和作品有关时代背景的限制,学生对文章中詹天佑"毅然"接受任务的爱国精神和"开凿隧道""设计'人'字形铁路"所体现出的创新精神难以理解。课堂上梁老师运用多种策略,巧妙整合课内外阅读资源,让资源由多到少再由少到多,有效沟通课内外资源。例如在引导学生完成"詹天佑做了哪些事让大家觉得他了不起?"这个主线问题时先是引导学生批注课文重点词句并谈体会,并在学生体会不够深入时适时地补充课外资料,最可贵的是这些资料大多是学生预习时查找到的,在一段段资料的交流之后,学生对詹天佑这个人物的认识逐步全面,"爱国"这一原本抽象的词语变得立体丰满,对课文的朗读也更加投入。"他山之石,可以攻玉",语文学科的工具性和人文性决定了它是其他一切学科的基础,任何学科的学习都离不开语文,而语文学科中的知识几乎涵盖一切学科领域。因此,学科之间知识点的融会贯通和交叉联系在语文教学中体现得最为明显。今天的课堂上音乐、视频资源的运用让课堂"曲径通幽"。音乐资源的使用,从情感上起到了渲染的作用;示意图的绘制是数学思维的体现。学生们搜集到的一段小视频,既突破了难点,又教给学生们一种资源运用的方法。整节课上学生时而静心感悟;时而书声朗朗;时而思维碰撞……总之,本节课上梁老师通过引领学生学习教材,整合课内外阅读资源,从而获得学习方法,发展思维能力,提高语文素养。"小课文,大语文"是我们每一位语文老师一直追求的美好境界,而课内外阅读资源的有效整合是实现这一境界的有效途径。

马蓉蓉 本堂课的发言面达到78%,其中,像请学生画地形图,评价地形图,修改选出符合要求的设计图等都是经过深入思考后再进行的,像这样的发言本堂课上还有很多。学生发言有的放矢,讲起来语言也饱满丰富,有效地促进了学生的阅读和表达。

徐真 梁老师转变了学习方式,由传统的被动、单一的学习方式,转变为自主、合作、探究的学习方式。两次小组合作,一次是对照课文选择小组中谁画的最符合要求;一次是对照课文小组合作画出"人"字形线路。两次合作学习都行之有效。尤其是第二次,在梁老师本身就准备有"人"字形线路视频的情况下,她没有直接出示给学生,而是让学生自主、探究,合作完成图纸,充分调动了学生的积极性,激活了他们的思维。长此以往,学生的思维水平会越来越高。建议:① 生字教学部分,抓住了重点,但是学生在回答问题的时候比较烦琐。比如"攀"

字,可以记忆为:在树林里,用一双大手抓着树杈往上攀登。② 朗读课文要正确、流利、有感情。

　　王阳　首先,从预习纸的布置我们可以看出,教师在学生预习中,从学生实际出发,在课堂交流时,就能针对他们真正薄弱的字词入手,实现解决学生所需的目的。在第三题的设计上,教师抓住了分层作业的特点,根据不同难易程度,用奖励的方式鼓励学生挑战自己。从学生层面,遇到这种作业,谁也想试试更高难度的内容,也调动起学习的积极性。梁丽老师在预习时,关于查找资料的方向和要求很明确。首先提到对于詹天佑的了解,对于生于哪年、哪里人等次要信息,了解记住就行,不必作为资料进行分享。而在资料查找方面,主要从京张铁路、詹天佑、建设铁路小故事、竖井开凿和"人"字形线路的样子,进行有方向性的查找。这样在了解课文的基础上,围绕课文,学生对詹天佑以及修建铁路的过程,有了更丰满的认识。

　　陈文盈　课后作业是教学中不可缺少的重要环节,它是教师和学生之间无声的"对话",通过这种"对话",教师可以从中得到教与学的信息反馈,了解学生对所学内容消化理解的程度,同时也有利于调整教学内容和进度。在梁老师的这节课中,教师布置了四项作业,第一项是针对课堂上的基础知识的反馈,学生的学习目标达成与否,教师的教学目的是否实现,可以通过作业来反馈,还可以加强对学生补偿教学的针对性;学生据此评价自己的学习,同样可以明了自己的进步,坚定学习信心,也可以找出不足,及时纠错,减少累积性错误,从而提高学习质量。第二项作业是结合资料,为詹天佑写一段感动中国的颁奖词,这项作业既是对课文理解的一个反馈,也是对学生表达能力的培养,因为能力的形成必须靠学生的亲身体验,要将知识、能力及良好的非智力因素最终融入学习中。第三、四项作业是拓展作业,通过拓展课外资料,加强对于詹天佑人物的理解,通过课外资源的拓展,让这个人物更加丰满。同时查找其他杰出爱国人物,这样的作业设计富有创意,形式新颖,内容联系实际有一定趣味,学生定会乐此不疲,体验到寻觅真知和增长才干的成功乐趣。这与语文学科提高学生的核心素养的理念不谋而合。作业是学生获取知识、形成能力、培养情商的重要方式。学生对所学知识的及时"温故",是理解、巩固、记忆乃至创新知识的重要方式。可以说,作业簿是师生教与学沟通的桥梁,也是教与学的"晴雨表",透过它,我们才知"天气"的"冷暖",也才能据此定"出行"的方式方法。

　　孙楠　梁老师在课堂中运用各种策略和资源进行了精彩的展示,然而学生的学习度才是课堂最关键的评价指标,课后我和丁老师随机选取了一组学生对学习情况进行了检测,检测内容分为以下四部分。

1. 生字:蒇、攀　正确率85%。

2. 画线路图。

"人"字形正确率为75%,因为教师使用视频,效率高。

3. 回答课后问题。

4. 朗读课文第四自然段,教师教学扎实,课堂达成度高。

通过课后检测我们发现,学生对生字掌握的比较扎实,通过课堂学习能了解詹天佑设计的线路图,理解他为什么是一位杰出的工程师,在理解的基础上做到了正确、流利、有感情地朗读课文,课堂达成度高。

专家点评记录:

王有升教授　梁老师在课堂上,运用多种策略,整合各种资源,引导学生进行深度学习,意识到位,课堂效果良好。通过课堂上观察学生们的表现,我们也看出随着教师补充资源的层层深入,学生们的状态逐渐投入,当教师出示那三封信时,学生们明显被吸引,进入到文本之中,但是由于时间缘故,这个很好的生成就匆匆而过了。说到这里还是要谈到我校的课题:以课内外阅读资源的整合,促进学生深度发展。何谓深度学习,一定伴随着深度思维,所以在教学设计时,教师要对相关资源进行筛选,对课堂环节进行规划,不能把所有资源一股脑地抛给学生,要想一想哪些资源能引发学生的深度思维,能实现我们所说的深度学习。比如本节课上的这三封信,完全可以在课堂上拿出时间让学生们读一读,交流一下收获。

仪琳主任　学校能将教育教学和教科研结合起来的这种设想非常棒,其实这就是我们搞教科研的最终目的。刚才王教授谈到的深度学习和资源整合,梁老师在课堂上非常有这种意识,不管是资源的整合还是问题的设置都很好地体现了出来。我们语文老师一定要有大语文观,比如学过了"泉城"一课,我们可以带着学生们再读读老舍先生的《趵突泉》,学生们会对济南的七十二名泉有更加深入的了解。再接下来我们完全可以带着学生们走进"老舍故居",上一节更不一样的语文课,我们甚至可以带着学生们一起来读读《骆驼祥子》,可以让学生们大胆设想一下:祥子可不可以有不一样的命运?这种问题打开了学生的思维,把他们的思维引向深入。课堂上我们要跳出课本,少提那种能直接从课文中找到答案的问题,多引导学生深度思考。

互动环节：

王珺 我们学校的课题是资源整合，我认为课堂上最应该重视的资源就是学生。在梁老师的这节课上，我们看到了不一样的学生，自主探索积极思考，真正让学生做了课堂的主体，成为学习的主人。

侯丽丽 我是一名英语老师，本次我们教学节的主题是"整合课程资源，促进学生深度学习"。我们英语学科的研究主题是"基于深度学习的单元统整策略研究"。王教授之前的讲座，让我们对深度学习有了更准确的了解。我们将就绘本阅读方面开展研讨，希望专家给予指导和帮助。

梁丽 作为六年级的老师，我也很重视学生的阅读。在班级里开展过共读一本书的活动，学生们都很喜欢。但是也存在一些困难，因为六年级的学生面临毕业考试，一些课文内容总是不舍得省掉，所以时间的把握不准。想咨询一下应该怎么把握时间。

校长总结：

会议最后，薛校长全面总结了教学节第一个板块语文专场的研讨情况。学校从开学以来，探索基于常态的教育管理，无论是学校常规管理还是课题研究，均从校情出发，积极论证、探索与推进。此次教学节，通过提升教师的研究力，从而助力学生真正从课堂中有所收获，用"一个灵魂唤醒另一个灵魂"。

资源库案例

运用多种资源，引导学生深入学习

梁　丽

本次执教"詹天佑"一课，是一次新的尝试，一次新的改变。语文教学的改革口号已经喊了多年，但是在平日的语文课堂中，仍然是教师一言堂，一节课上教师滔滔不绝，生怕有哪一点没有教给学生。正是这样的课堂，让学生失去了思考和表达的机会，他们只能被动吸收，却没有时间主动探索。于是，在学校领导的信任下，我们六年级语文组承担了这次全新课堂模式的尝试。在语文课堂中，如何让学生自主学习，这是改变课堂模式非常重要的一环。

通过与语文专家沈校长和教研员李莉老师的研讨学习，我们发现在运用资源方面，平时做得远远不够。平时的资源运用仅限于回家查查资料，或者教师上课直接给出资料。至于这些资料能起到多大的作用，不是特别关心，因为对于大多数教师来说，查阅资料、运用资料只是课堂教学的一种形式，更多的是为了展示起来更加精彩而已。而如何真正让这些资源助学生一臂之力,在思维上有更深层次的进步,这才是这堂课要达成的目的。

在这次展示课中,运用了多种资源,如预习单、图片、音乐、资料、视频、故事、书信等,看起来如此繁多的资源,又是如何环环相扣,步步深入地引导学生去自主学习呢?

首先,在上课前,学生就拿到了预习单,这份预习单中设置了基础部分,将自己认为最难写的两个字写下来,在上课前收集学生找的生字,发现大家认为的生字都集中在"葳""攀"两个字中,这样以学定教,大大减少了课堂中不必要的时间。预习单的第二部分是梳理课文内容,尝试进行概括。这是六年级学生应该具备的概括文章主要内容的能力,对于能力低的学生来说,可以用几句话来说,对于能力较高的学生,可以用小标题概括,分层学习,更有利于不同层次学生的自我进步。最精彩的要数两个设计图了,对于六年级的学生来说,读了一篇文章后能读懂什么,不能读懂什么,教师要有清晰的预设。在课文中出现的三个设计图,前两个难度较小,学生可以通过文本直接画出来,所以将学生能自己学会的知识让学生自己去落实,更有效地提高预习效率,把文本中的文字转变为图示,增加了趣味性,学生都非常喜欢去挑战。一份简单的预习单,并不是随便设计出来的,而是站在学生的角度,思考通过预习可以达成什么目标,这些能达成的目标在课堂中将更好地被运用起来,为深度学习打好基础。在课堂展示中,发现学生经过预习后,能够运用好预习单,习得简单的课文内容,达成了最基础的教学目标。

其次,本课中学生查阅了许多资料,如关于詹天佑、关于当时修筑铁路的时代背景、开凿隧道信息、"人"字形铁路相关视频……这些资料的搜集比平日课堂中的资料更加丰富。以往要求学生搜集资料时,要求不明确,所以学生搜集的资料五花八门,而且有的是大段大段地下载,自己连内容都没看,上课时就绊绊磕磕地介绍给同学们,这样的资料搜集起不到任何学习的作用,还浪费了许多课堂上的宝贵时间。所以在这次搜集资料前,我先给了学生几方面可以搜集的内容,让学生知道该搜集哪些资料,并且要用简单的话把资料写在预习单中,这样学生就会经历一个搜集—筛选—整理的过程,对学生以后运用资料能力的培养起到重要作用。如在学到关于争夺铁路修筑权内容的时候,就有两个学生结合课前查阅的资料说明了当时帝国主义要抢夺修筑权是因为这条铁路是控制清政府经济的一条要脉,如果被帝国主义抢走了,说明我国的经济要脉也要被抢走的。经过这两位同学的资料补充,学生们就明白了,为什么在这么激烈的竞争下,詹天佑却要担当大任,对詹天佑的那份对国家的责任感便有了体会。又如另外一个环节,学生要选出画的正确的八达岭开凿图。许多学生根据书中的描述,画出了先从山顶打一口井,然后分别从中间和两头开凿的图示。其实学生们通过课本资源已经画出了竖井开凿法。但这时,有个学生说了自己的画法,原来经过课前资料的查找,她发现网上的资料跟书上其实是不一样的。网上说的是其实当年是有两口井进行开凿,所以总共有六个风扇口同时开凿,所以才能把这个工期缩短一半。只不过因为年代久远,那个井被堵住了,就没有再使用。说到这里的时候,学生们都非常讶异,原来在课文之外还有这样一段历史。让学生感叹詹天佑在设计隧道时付出的心血,花费的精力。这样的例子在整个课堂中还有许多,学生们的精彩表现让整个课堂的生成非常有价值,虽然学生搜集的资料内容并不算多,但非常有效,突破了教材中"修筑铁路的背景"和"根据不同的地形设计不同的路线"这两大难点。

当然,对于学生来说,去理解时代背景是比较困难的。但是这篇课文的主旨并不是去了解当时的时代背景,而是让学生去认识詹天佑这样一个人物。所以当学生把能了解的资料都分享完之后,教师的引领便起到了升华作用。教师还给学生补充了在修筑过程中他遇到的种种困难,有政府的不作为,有家人的离去,有帝国主义的觊觎……但詹天佑没有放弃,没有倒下,而是充满着力量,完成了中国第一条自主设计的铁路,这是多么了不起的举动。如果没有对祖国深沉的爱,又如何能做出这样伟大的举动。借助资料,学生对詹天佑的认识得到了升华,不仅钦佩于他巧妙的设计,顽强不屈的意志,更敬佩他那伟大的爱国心。其实,在小学六年的时光里,学生认识了许多为国奉献的伟人,这时可以引导学生们通过图片和课文去回忆,去串联,去帮助他们寻找这些伟人身上的共同点,真正触动学生心灵。

《义务教育语文课程标准》指出,学生为解决与学习和生活相关的问题,能利用图书馆、网络等信息渠道获取资料,初步了解查找资料、运用资料的基本方法。在这节课中,基本落实了这一要求,并且让学生通过多种资源深入课本、深入人物,完成了一次次的深度感知。本节课通过引领学生学习教材,整合课内外阅读资源,从而获得学习方法,发展思维能力,提高语文素养。"小课文,大语文"是我们每一位语文老师一直追求的美好境界,而课内外阅读资源的有效整合是实现这一境界的有效途径。

二、"我要的是葫芦"

个人教案第一稿

课时备课					
课题	我要的是葫芦	课型	新授	课时	1—1
学情分析	二年级以来,在识字方面突破识记的难关,学生记字的速度加快,但由于识字量加大,有时会出现同音字混淆的现象。学生主动识字的愿望非常强烈,已基本养成良好的写字习惯,书写规范、端正。学生喜欢阅读,对阅读有兴趣,能流利、有感情地朗读课文。他们能阅读浅显的课外读物,能与他人交流自己的感受和想法。大部分学生愿意与别人交流,认真听别人讲话,能听懂主要内容,讲述简短的故事和见闻;说话时态度自然大方,有礼貌;对周围的事物有好奇心,乐于观察大自然,能把看到的、想到的写下来,语句较连贯。但是也有极少数学困生学习态度差,基础差,需要重点加以训练				
学习目标	1. 认识 11 个生字,会写 8 个生字。 2. 正确、流利、有感情地朗读课文,体会反问句、感叹句与陈述句的不同语气。 3. 理解课文内容,懂得做任何事情都要注意事物之间的联系				
课程资源包	拓展阅读《飞蛾的故事》				
教与学的活动过程					
师生活动设计				课程资源整合利用	
一、导入 1. 出示葫芦图片,认识葫芦。 2. 运用课件出示生字:葫芦。指导读准字音,引导观察、认读。 3. 板书课题:我要的是葫芦。引导学生质疑。 二、新授 1. 引导学生带着问题自读课文,自学生字。 2. 交流课前提出的问题,引导学生初步了解课文内容。 3. 引导学生交流自己圈画的生字,指导学生读准字音。 4. 运用课件出示生字所在的句子,指导学生认读。 5. 指导学生正确、流利地朗读课文。 6. 课件出示要求会写的八个生字,指导学生读准。 7. 引导学生观察生字,交流怎样写好生字。你觉得哪些字可以归为一类? 8. 老师范写生字"谢、盯、言、邻",引导学生发现:写这些字要注意什么? 9. 指导学生练习写字,巡视指导。 10. 出示课文中的两幅插图,引导学生观察,找出不同。 11. 引导学生提出问题,并进行归纳				出示图片:葫芦 认读词语 "芦"在这里读轻声,再来读一读 出示句子"从前,有个人种了一棵葫芦"。请同学们打开书,自己读一读课文,圈出生字词,多读几遍 多么可爱的小葫芦啊! 请你读一读第二自然段,找出带有感叹号的句子,多读几遍体会感情	

师生活动设计	课程资源整合利用
12. 组织学生分小组讨论：为什么两幅图前后会有这样大的差别？	一起读读这句话，读出这个人的期盼之情
13. 全班交流，引导学生用课文中的话来回答，理解这个人为什么没得到葫芦。	他的愿望最后实现了吗？
14. 引导学生找出感叹句和问句，读一读，说说从中体会到了什么？	请你不出声，默读第三自然段，找到有关的句子，划下来
15. 全班交流，指导学生在朗读中理解句子的意思，体会人物的感情或心理。 16. 抓住重点词语指导学生朗读。	
三、总结 出示课件： 1. 种葫芦的人错在哪里？ 2. 种葫芦的人看到小葫芦都落下了，会想些什么？ 让学生思考、讨论，引导学生认识事物之间是密切联系的 3. 续编故事：第二年，种葫芦的人又种了一棵葫芦，会发生怎样的故事？	请你和同桌合作，读一读这段对话，体会人物的感情 第二年，这个人又种了一棵葫芦，这一次他会怎么做？请你拿起笔，发挥自己的想象，把这个故事补充完整 我听说，也有这么一个人，在公园里看到一个虫蛹……请你联系《飞蛾的故事》思考，为什么飞蛾会气绝身亡？并把这个故事讲给爸爸妈妈听

	我要的是葫芦
板书设计	
分层作业设计	1. 在田字格里练写生字。 2. 续写故事
课后反思	教师的提问欠妥当。有时提出的问题，会把学生问得不知方向，如"哪句话写出了葫芦的可爱""有几只虫子怕什么"，以后对问题的设计还需要再仔细推敲。模棱两可的提问使问题繁杂，不成体系，又浪费了课堂的时间。另外教师自己说得太多，尤其是最后道理的引出，应放手让学生多说多想

"三次集备六步研"过程性记录(一)

时间	2018.9.19	地点	党员活动室	集备组长	马蓉蓉	参与教师	马蓉蓉 丁 杰
集备课题				我要的是葫芦			

	第一次集备(预设)		二次集备
教材分析	《我要的是葫芦》讲了从前有个人种了一棵葫芦,他天天盼着葫芦长大,发现叶子上生了蚜虫,却不以为然,最后一个葫芦也没得到		为什么他一个葫芦也没有得到?是教材中需要我们深入发掘的内容
学情分析	二年级以来,在识字方面突破识记的难关,学生记字的速度加快,但由于识字量加大,有时会出现同音字混淆。学生主动识字的愿望非常强烈,已基本养成良好的写字习惯,书写规范、端正。学生喜欢阅读,对阅读有兴趣,能流利、有感情地朗读课文		学生主动识字的愿望非常强烈,喜欢阅读,对阅读有兴趣,能流利、有感情地朗读课文
学习目标	单元目标	1. 会认47个生字,会写24个生字,学习30个生词,掌握多音字"哪""号""当"。 2. 学会分角色朗读课文,复述故事。 3. 引导学生大胆交流自己的想法,培养学生主动读故事的兴趣	在阅读过程中让学生用想象、质疑、比较、讨论、评价等学习方式,感悟故事中的人和事
	课时目标	1. 认识11个生字;会写8个生字。 2. 正确、流利、有感情地朗读课文,体会反问句、感叹句与陈述句的不同语气。 3. 理解课文内容,懂得做任何事情都要注意事物之间的联系	1. 借助顺口溜在田字格中正确、漂亮地书写"言""想""怪"三个生字。 2. 通过关注标点、听教师范读、听"小老师"领读等方法读好感叹句和反问句
环节目标		活动设计(结合重难点的突破,如何有效运用课程资源促进学生深度学习)	课堂生成后补充、修改的内容

续表

		现在这个人的心情怎么样？读一读第一自然段，哪些句子说明他很高兴？在句子下面画横线。
正确、流利、有感情地朗读课文，体会反问句、感叹句与陈述句的不同语气	全班交流，引导学生用课文中的话来回答，理解这个人为什么没得到葫芦。 引导学生找出感叹句和疑问句，说一说从中体会到了什么？ 全班交流，指导学生在朗读中理解句子的意思，体会人物的感情或心理	多么可爱的小葫芦啊！ 谁能读出感叹号表达的感情。 请你读一读第二自然段，找出带有感叹号的句子，多读几遍体会感情。 一起读读这句话，读出这个人的期盼之情。 他的愿望最后实现了吗？ 请你不出声，默读第三自然段，找到有关的句子，划下来。 请你和同桌合作，读一读这段对话，体会人物的感情
使用的课程资源以及所起的作用	运用图片和范读录音，使学生直观地感受到那个人心情的变化，同时对学生的朗读起到示范作用	使用图片，引导学生借助图片进行观察，直观地了解到人物感情的变化
分层作业设计	1. 在田字格里练写生字。 2. 续写故事	1. 在田字格里练写生字。 2. 把《飞蛾的故事》讲给家人听。 3. 续写故事

个人教案第二稿

课时备课				
课题	我要的是葫芦	课型	新授	课时	1—1
学情 分析	二年级以来，在识字方面突破识记的难关，学生记字的速度加快，但由于识字量加大，有时会出现同音字混淆的现象。学生主动识字的愿望非常强烈，已基本养成良好的写字习惯，书写规范、端正。学生喜欢阅读，对阅读有兴趣，能流利、有感情地朗读课文。他们能阅读浅显的课外读物，能与他人交流自己的感受和想法。大部分学生愿意与人交流，认真听别人讲话，能听懂主要内容，讲述简短的故事和见闻；说话时态度自然大方，有礼貌；对周围的事物有好奇心，乐于观察大自然，能把看到的、想到的写下来，语句较连贯。但是也有极少数学困生学习态度差，基础差，需要重点加以训练			
学 习 目 标	1. 通过"小老师"领读、开火车读、齐读的方式会读"葫芦藤"等词语。 2. 借助顺口溜在田字格中正确、漂亮地书写"言""想""怪"三个生字。 3. 通过关注标点、听教师范读、听"小老师"领读等方法读好感叹句和反问句。 4. 能说出种葫芦的人最后没有得到葫芦的原因，体会事物之间的联系			
课程资源包	拓展阅读《飞蛾的故事》			

续表

教与学的活动过程	
师生活动设计	课程资源整合利用
一、导入 出示葫芦的图片。 这是什么？认读词语。 "芦"在这里读轻声，再来读一读。 二、新授 1. 从前，有个人种了一棵葫芦。请同学们打开课本，自己读一读课文，圈出生字词，多读几遍。 2. 认读生字。 （1）细长、可爱、南瓜、邻居、自言自语、奇怪、治病。 一笔点压竖中线，一横长来两横短。三横之间要等距，上宽下窄口扁些。 （展示、点评） （2）读词语，"心想""感到"。 看看这两个词有什么共同点？都有心字底。 我们一起来写一写"想"，左边木撇舒展，捺改点。右边目瘦长些，心字做底略扁些，卧钩平短，三点一线。 再看看这两个词，"奇怪""慢慢"。 我们一起来试着写好带有竖心旁的字。 "怪"，一笔低，二笔高，三笔竖线向右靠。"又"的撇捺要舒展，可别让土露出来。 （3）出示图片。 （4）现在这个人的心情怎么样？读读第一自然段，哪些句子说明他很高兴？在句子下面画横线。 （5）多么可爱的小葫芦啊！ 指定一位学生读，除了词语外，我还关注到了标点，谁能读出感叹号表达的感情？ 原来，标点符号也是我们表情达意的好帮手。 （6）请你读一读第二自然段，找出带有感叹号的句子，多读几遍体会感情。 有一天，他看见叶子上爬着一些蚜虫，心里想，有几个虫子怕什么！ 看来他觉得有几个虫子不可怕。 "我的小葫芦，快长啊，快长啊！长得赛过大南瓜才好呢！" 两个感叹号，看来他真是太喜欢葫芦，太盼着葫芦长大了。 一起读读这句话，读出这个人的期盼之情	课文中的生字认识了吗？请你拿出学习单，自己读一读学习单第一题里面的词语，跟同桌交流一下 你教给了同桌哪个字？用什么方法记住它？ 请四个同学分别读一读四个自然段的课文，做到正确流利 这个人喜欢葫芦吗？请你读一读课文，找出有关的句子

121

师生活动设计	课程资源整合利用
(7) 他的愿望最后实现了吗？ 引导学生关注人物悲伤的情绪并指导朗读。 看来他最后一个葫芦也没得到，为什么会这样？请你不出声，默读第三自然段，找到有关的句子，划下来。 "什么？叶子上的虫还用治？" 反问句在表达强烈感情的时候，会起到很好的效果。 (8) 请你和同桌合作，读一读这段对话，体会人物的感情。 "过了几天，蚜虫更多了——小葫芦慢慢变黄了——一个一个都落了。" 这个人不注意事物之间的联系，最后什么也没得到。 (9) 第二年，这个人又种了一棵葫芦。这一次他会怎么做？请你拿起笔，发挥自己的想象，把这个故事补充完整。 (10) 我听说，也有这么一个人，在公园里看到一个虫蛹……请你联系《飞蛾的故事》思考，为什么飞蛾会气绝身亡？并把这个故事讲给爸爸妈妈听	从哪个句子能看出这个人喜欢葫芦？ 小葫芦要和大南瓜比赛了。谁来帮帮它？ 对啊，我要的是葫芦，叶子上的蚜虫跟葫芦有什么关系呢？ 学习了课文，你明白了什么道理？ 拓展阅读《刻舟求剑》

板书设计	**我要的是葫芦** 关注联系
分层作业设计	1. 在田字格里练写生字。 2. 把《飞蛾的故事》讲给家人听。 3. 续写故事
课后反思	透过品读、评读、个人读、分主角读、齐读、选取读、引读等不同方式的阅读，从多个角度引导学生体会种葫芦的人的心态，以读悟文，品析词句。让学生在读的过程中思考领悟，在日积月累的训练中，养成结合语境理解字词以及主动阅读的习惯，从而提高自我解决问题的潜力。课后，教师让学生续写这个故事，给了学生一个开头"第二年，种葫芦的人又种下了一棵葫芦……"这样不仅仅促进学生了解种葫芦的人错在哪个地方，进一步理解了课文，而且发展了学生的想象力和语言表达潜力

"三次集备六步研"过程性记录(二)

时间	2018. 10. 10	地点	党员活动室	集备组长	马蓉蓉	参与教师	马蓉蓉 丁 杰
集备课题				我要的是葫芦			

	第一次集备(预设)	二次集备
教材分析	《我要的是葫芦》讲述了从前有个人种了一棵葫芦,他天天盼着葫芦长大,发现叶子上生了蚜虫,却不以为然,最后一个葫芦也没得到。为什么他一个葫芦也没有得到呢?	像这种小故事中蕴含大道理的课文,学生第一次在课本中接触,怎样让学生更好地掌握这一类型的课文需要深入思考
学情分析	二年级以来,在识字方面突破识记的难关,学生记字的速度加快,但由于识字量加大,有时会出现同音字混淆的现象。学生主动识字的愿望非常强烈,已基本养成良好的写字习惯,书写规范、端正。学生喜欢阅读,对阅读有兴趣,能流利、有感情地朗读课文	能阅读浅显的课外读物,能与他人交流自己的感受和想法
学习目标 单元目标	1. 会认47个生字,会写24个生字,学习30个生词,掌握多音字"哪""号""当"。 2. 学会分角色朗读课文,复述故事。在阅读过程中让学生用想象、质疑、比较、讨论、评价等学习方式,感悟故事中的人和事。 3. 引导学生大胆交流自己的想法,培养学生主动读故事的兴趣	如何引导学生大胆交流自己的想法,是需要突破的环节
课时目标	1. 借助顺口溜在田字格中正确漂亮地书写"言""想""怪"三个生字。 2. 通过关注标点、听教师范读、听"小老师"领读等方法读好感叹句和反问句。 3. 能说出种葫芦的人最后没有得到葫芦的原因,体会事物之间的联系	通过"小老师"领读、开火车读、齐读的方式会读"葫芦藤"等词语

环节目标	活动设计（结合重难点的突破，如何有效运用课程资源促进学生深度学习）	课堂生成后补充、修改的内容
借助顺口溜在田字格中正确漂亮地书写"言""想""怪"三个生字	读词语，"心想""感到"。 看看这两个词有什么共同点？都有心字底。 我们一起来写一写"想"字。 再看看这两个词，"奇怪""慢慢"。 我们一起来试着写好带有竖心旁的字。	这几个要求会写的生字我们先来读一读，你有什么发现？
通过关注标点、听教师范读、听"小老师"领读等方法读好感叹句和反问句	现在这个人的心情怎么样？读读第一自然段，哪些句子说明他很高兴？在句子下面画横线。 除了词语外，我还关注到了标点，谁能读出感叹号表达的感情？ 请你读一读第二自然段，找出带有感叹号的句子，多读几遍体会感情。 看来他最后一个葫芦也没得到，为什么会这样？请你不出声，默读第三自然段，找到有关的句子，画下来。 请你和同桌合作，读一读这段对话，体会人物的感情	从哪个句子能看出这个人喜欢葫芦？
使用的课程资源以及所起的作用	使用图片，引导学生借助图片进行观察，直观地了解到人物感情的变化	借助动画演示，帮助学生观察汉字构造的特点，写好汉字
分层作业设计	1. 在田字格里练写生字。 2. 把《飞蛾的故事》讲给家人听。 3. 续写故事	1. 在田字格里练写生字。 2. 把《飞蛾的故事》讲给家人听

个人教案第三稿

课时备课					
课题	我要的是葫芦	课型	新授	课时	1—1
学情分析	二年级以来,在识字方面突破识记的难关,学生记字的速度加快,但由于识字量加大,有时会出现同音字混淆的现象。学生主动识字的愿望非常强烈,已基本养成良好的写字习惯,书写规范、端正。学生喜欢阅读,对阅读有兴趣,能流利、有感情地朗读课文。他们能阅读浅显的课外读物,能与他人交流自己的感受和想法。大部分学生愿意与人交流,认真听别人讲话,能听懂主要内容,讲述简短的故事和见闻;说话时态度自然大方,有礼貌;对周围的事物有好奇心,乐于观察大自然,把看到的、想到的写下来,语句较连贯。但是也有极少数学困生学习态度差,基础差,需要重点加以训练				
学习目标	1. 通过自读、同桌互教的方式能在语言环境中认读"葫""芦""藤"等11个生字并能以"盯"字为例学会根据偏旁猜字义的识字方法。 2. 能借助辅助线学会观察并在田字格中正确美观地书写"棵""怪"等左右结构的字,能通过动画演示了解左中右结构的字,并在田字格中正确美观地书写"谢""想"。 3. 通过想象画面读课文的方式激发对小葫芦的喜欢之情,带着对小葫芦的喜欢读好感叹句和反问句。 4. 通过阅读课文以及补充的课外文本资料了解事物之间是有联系的				
课程资源包	拓展阅读《刻舟求剑》、葫芦生长动画				

教与学的活动过程	
师生活动设计	课程资源整合利用
一、导入 出示葫芦的图片。 认识吗? 一起读一读。 二、新授 1. 今天我们来学习一篇和葫芦有关的课文,请你伸出小手,和老师一起写课题。 一起读课题。 2. 从前,有个人种了一棵葫芦。请同学们打开课本,自己读一读课文,圈出生字词,多读几遍。 生字都认识了吗? 请你拿出学习单,自己读一读学习单中的词语,把不认识的字圈出来,跟同桌交流一下你圈出来的生字,看有没有好办法记住它。 3. 你教给了同桌哪个字? 用什么方法记住它? 4. 请你看屏幕,这个词认识吗? 葫芦藤 观察这三个字,有什么发现?	1. 尊重二年级学生的学情; 2. 发挥学生主体性; 3. 保证所有学生完成学习目标; 4. 选择一种有价值的识字方法,帮助学生扫除阅读的障碍

师生活动设计	课程资源整合利用
还有哪些字有草字头？ 你发现了吗，这些字都跟什么有关？ 我们把与植物有关的字用草字头表示。 5. 还有一个词，我们一起来读一读。 请你盯着标红的字猜一猜，它是什么意思？ 6. 如果给它换上不同的偏旁，你还能猜出它们的意思吗？赶快把学习单中第二题的"生字朋友"送回家。 7. 请你来说一说。 一下子就填对了，你是怎么做到的？ 原来，我们可以借助偏旁来猜字的意思。 8. 生字会认了，那怎样把它们写规范呢？这几个生字我们先来读一读。 观察这些字，你有什么发现？ 老师给大家提供一条辅助线，你有什么发现？ 我们写左右结构的字时，一看宽窄，二比高低。请你从这些字里选一个，在学习单上写一写。 我们一起来看这个同学写的"棵"，谁来评价一下？ 9. 老师现在要送给大家一个字，请看屏幕，你认识吗？ 它们在一起，发生了什么变化？ 继续看，又来了一个"朋友"。 我们来观察这个"谢"字，写好它要注意什么？ 我们一起来写一写这个字。 身体的身下面的撇上端不出头，下端穿插到言字旁的下方，寸的横写在横中线上，谢左中右结构，左中右大致等宽。 10. 还有一个字特别难写，认识吗？ 请你仔细观察，写好"想"字要注意什么？ 再请辅助线来帮帮忙，发现了什么？ 请你拿起笔把"谢"和"想"各写一遍。 11. 同学们写得这么好，我要奖励大家玩一个小游戏，让我们把小葫芦带回家吧。 12. 学到这里，你能正确地读课文吗？请四个同学分别读一读四个自然段的课文，做到正确流利。 谁来评价一下，他们读得怎么样？ 像这样读得不多字、不漏字、不错字、不重复就是正确流利。 13. 这个人喜欢葫芦吗？请你读一读课文，找出有关的句子在下面画横线	1. 遵循教材编排； 2. 不仅要有"类"的意识，还要有顺承和发展； 3. 遵循汉字学习规律，除音形义的有机结合外还要渗透字理知识。 动画演示 动画演示 1. 补充文本资料符合语文教学特点； 2. 学生自主阅读自主发现，发挥学生的主体性； 3. 向学生渗透遇到不懂的问题查资料的学习方法

续表

师生活动设计	课程资源整合利用
从哪找的这句话?请你来读读第一段。 你读得真好,小葫芦都喜欢地发芽了。还有谁喜欢小葫芦? 你读得真好,小葫芦长出了细长的藤。还有谁也想试试? 你喜欢的还不够。谁再来读一读? 你喜欢小葫芦,它很高兴,你看它开花了。 14. 多么可爱的小葫芦啊!还有哪个句子能看出这个人喜欢葫芦? 请你再来读读这句话。 小葫芦要和大南瓜比赛了。谁来帮帮它? 我们一起来帮帮它。 15. 小葫芦快长啊,快长啊!长得还能赛过什么呢?我们一起来完成学习单上的第四题。 葫芦藤上挂着大象?行吗? 我们的想象要合理。 16. 他的愿望最后实现了吗? 17. 为什么会这样?请你不出声,默读课文,找到有关的句子,划下来。 请你再来读读这句话。 看来他觉得有几个虫子不可怕。 18. 你还找到了哪个句子? 你再读一读。 请你和同桌合作,读一读这段对话,体会人物的感情。 19. 对啊,我要的是葫芦,叶子上的蚜虫跟葫芦有什么关系呢? 20. 我们读书遇到难题的时候,可以借助资源找一找原因。请你读一读学习单背面老师提供的两段小文字,看看对你有什么帮助。 21. 学习了课文,你明白了什么道理? 要听别人的劝告,关注事物之间的联系。 三、拓展阅读 1. 在第五单元我们学习了《坐井观天》《寒号鸟》。 这些小故事中都蕴含着大道理。"语文园地五"中也有一个小故事《刻舟求剑》,打开课本读一读,你从中明白了什么道理? 2. 生活中还有很多小故事中都蕴含大道理,像《揠苗助长》《掩耳盗铃》等,感兴趣的同学可以找来读一读	拓展阅读《刻舟求剑》 着眼于整个单元,抓住本单元的主旨脉络——"小故事大道理",将整个单元串联起来
板书设计	**我要的是葫芦** 关注联系 听从劝告
分层作业设计	1. 在田字格里练习生字。 2. 拓展阅读《揠苗助长》《掩耳盗铃》《自相矛盾》《滥竽充数》

课后反思	角色的转换,从为了环节而学到了为了学而设计,从换偏旁组字变成用字,理解偏旁表意的作用;由单纯地读变成有目的地读;主题的揭示,由老师的总结变成让学生借助资源自己感悟总结,同时备课时的站位更高,从单元的整体上建构,让学生有了单元学习的意识。存在的问题是识字写字的方法不够灵活生动,朗读不充分,课文主题的挖掘不够深入,课外资料的补充不够生动

"三次集备六步研"过程性记录(三)

时间	2018.12.5	地点	党员活动室	集备组长	马蓉蓉	参与教师	马蓉蓉　丁　杰
集备课题				我要的是葫芦			

	第一次集备(预设)		二次集备
教材分析	《我要的是葫芦》讲了从前有个人种了一棵葫芦,他天天盼着葫芦长大,发现叶子上生了蚜虫,他却不以为然,最后一个葫芦也没得到。为什么他一个葫芦也没有得到?像这种小故事中蕴含大道理的课文,是学生第一次在课本上接触,怎样才能让学生更好地掌握这一类型的课文呢?		借助一系列课内外资源,促进学生的学习思考
学情分析	二年级以来,在识字方面突破识记的难关,学生记字的速度加快,但由于识字量加大,有时会出现同音字混淆的现象。学生主动识字的愿望非常强烈,已基本养成良好的写字习惯,书写规范、端正。学生喜欢阅读,对阅读有兴趣,能流利、有感情地朗读课文;能阅读浅显的课外读物,能与他人交流自己的感受和想法;主动与别人交谈,讲述简短的故事和见闻,愿意与人交流,认真听别人讲话,能听懂主要内容		把自己听到的、看到的、想到的用几句连贯的话表达出来
学习目标	单元目标	1. 会认47个生字,会写24个生字,学习30个生词,掌握多音字"哪""号""当"。 2. 学会分角色朗读课文,复述故事。在阅读过程中让学生用想象、质疑、比较、讨论、评价等学习方式,感悟故事中的人和事。 3. 引导学生大胆交流自己的想法,培养学生主动读故事的兴趣。 4. 领悟故事中蕴含的哲理,懂得认识事物要谦虚谨慎,善于听取他人意见的道理	如何引导学生大胆交流自己的想法,是需要突破的环节

学习目标	课时目标	1. 通过自读、同桌互教的方式在语言环境中认读"葫""芦""藤"等11个生字,并能以"盯"字为例学会根据偏旁猜字义的识字方法。 2. 能借助辅助线学会观察并在田字格中正确美观地书写"棵""怪"等左右结构的字,能通过动画演示了解左中右结构的字,并在田字格中正确美观地书写"谢""想"。 3. 通过想象画面读课文的方式激发对小葫芦的喜欢之情,带着对小葫芦的喜欢读好感叹句和反问句	通过阅读课文以及补充的课外文本资料了解事物之间是有联系的
	环节目标	活动设计(结合重难点的突破,如何有效运用课程资源促进学生深度学习)	课堂生成后补充、修改的内容
	通过自读、同桌互教的方式能在语言环境中认读"葫""芦""藤"等11个生字并能以"盯"字为例学会根据偏旁猜字义的识字方法。 能借助辅助线学会观察,并在田字格中正确美观地书写"棵""怪"等左右结构的字,能通过动画演示了解左中右结构的字,并在田字格中正确美观地书写"谢""想"	自己读一读课文,圈出生字词,多读几遍。 葫芦藤 观察这三个字,有什么发现? 还有哪些字有草字头? 请你盯着红色的字猜一猜,它是什么意思? 如果给它换上不同的偏旁,你还能猜出它们的意思吗?赶快把学习单中第二题的"生字朋友"送回家。 观察这些字,你有什么发现? 老师给大家提供一条辅助线,你有什么发现? 我们写左右结构的字时,一看宽窄,二比高低。请你从这些字里选一个,在学习单上写一写。 我们一起来看这个同学写的"棵",谁来评价一下?	拿出学习单,自己读一读学习单中第一题里面的词语,把不认识的字圈出来,跟同桌交流一下你圈出来的生字,看有没有好办法记住它

通过想象画面读课文的方式激发对小葫芦的喜欢之情,带着对小葫芦的喜欢读好感叹句和反问句	我们来观察这个"谢"字,写好它要注意什么? 我们一起来写一写这个字。 请你仔细观察,写好"想"字要注意什么? 再请辅助线来帮帮忙,你发现了什么? 请你拿起笔把"谢"和"想"各写一遍。 这个人喜欢葫芦吗?请你读一读课文,找出有关的句子在下面画横线。 "多么可爱的小葫芦啊!" 还有哪个句子能看出这个人喜欢葫芦? 请你再来读读这句话	小葫芦快长啊,快长啊!长得还能赛过什么呢?
使用的课程资源以及所起的作用	使用图片,引导学生借助图片进行观察,直观地了解到人物感情的变化。借助动画演示,帮助学生观察汉字构造的特点,写好汉字	借助动画演示葫芦生长的过程,调动学生阅读的积极性
分层作业设计	1. 在田字格里练习生字。 2. 把《飞蛾的故事》讲给家人听	1. 在田字格里练习生字。 2. 拓展阅读《揠苗助长》《掩耳盗铃》《自相矛盾》《滥竽充数》

课堂教学实录

一、导入

出示图片:葫芦。

师:这是什么?

生:葫芦。

二、新授

师:今天我们来学习一篇和葫芦有关的课文,请你伸出小手,和老师一起写课题。

师:一起读课题。

生:"我要的是葫芦"。

师:从前,有个人种了一棵葫芦。请同学们打开课本,自己读一读课文,圈出生字词,多读几遍。

生读课文、写生字。

师:生字都认识了吗?请你拿出学习单,自己读一读第一题里面的词语,把不认识的字圈出来,跟同桌交流一下,看看有没有好办法记住它。

(设计意图:① 尊重二年级学生的学情;② 发挥学生的主体性;③ 保证所有学生完成学习目标;④ 选择一种有价值的识字方法帮助学生扫除阅读的障碍。)

生认读词语。

师:你教给了同桌哪个字?用什么方法记住它?

生:我教给同桌读准了"治病"。

生:我教给同桌读准了"心想"。

生:我教给同桌读准了"感到"。

师:请你看屏幕,这个词认识吗?

生:葫芦藤。

师:观察这三个字,有什么发现?

生:都是草字头。

师:还有哪些字有草字头?

生:花、草、落、芮。

师:这些字都跟什么有关?

生:树木。

生:植物。

师:对,而且这些植物比大树?

生:小。

生:矮。

师:我们把像花草这样的植物用草字头来表示。

师:还有一个词,我们一起来读一读。

生:盯着。

师:请你盯着红色的字猜一猜,它是什么意思?

生:看。

师:你怎么知道的?

生:用眼睛看,这个字有目字旁。

师:如果给它换上不同的偏旁,你还能猜出它们的意思吗?赶快把学习单中第二题的"生字朋友"送回家。

生：完成学习单上的第二题。

师：请你来说一说。

生："小丁丁，开电灯，拿起锤子修板凳，眼睛盯着钉，锤子敲不停，叮叮当，当当叮，妈妈夸他爱劳动。"

师：你真棒，一下子就填对了，你是怎么做到的？

生：火会发光，所以电灯的"灯"是火字旁。眼睛盯着，需要看，所以是目字旁的"盯"。钉子是铁做的，跟金属有关。叮叮当，当当叮都是发出声音，所以是口字旁。

师：原来，我们可以借助偏旁来猜测字的意思。

师：生字会认了，那怎样把它们写规范呢？这几个生字我们先来读一读。

（设计意图：① 遵循教材编排；② 不仅要有"类"的意识，还要有顺承和发展；③ 遵循汉字学习规律，除音形义的有机结合外还要渗透字理知识。）

生：棵、治、盯、邻、怪。

师：观察这些字，你有什么发现？

生：有笔画的变化。

生：是左右结构。

生：都是左窄右宽。

生："邻"字左右差不多宽。

师：老师给大家提供一条辅助线，你有什么发现？

生：有的地方高，有的地方低。

师：结合每个字具体说一说。

生："棵""盯""邻""怪"左边高右边低。

师："治"字呢？

生：左边低右边高。

师：我们写左右结构的字时，一看宽窄，二比高低。请你从这些字里选一个，在学习单上写一写。

生写字。

师：我们一起来看看这个同学写的"棵"字，谁来评价一下？

生：我觉得他写得不错。

师：具体说一说他哪里写得好。

生：他写出了笔画的变化，横也写在横中线上了。

师:从宽窄高低方面来评价一下。

生:他写的这个字做到了左窄右宽,左高右低。

师:那他可以得到三颗星,你也做到了吗? 做到的同学也给自己三颗星。

师:老师现在要送给大家一个字,请你们看屏幕。认识吗?

生:"身""寸"。

师:把它们放在一起,发生了什么变化?

生:撇短了。

师:继续看,又来了一个"朋友"。

生:"谢"字。

生:右边窄了。

师:我们来观察这个"谢"字,写好它要注意什么?

生:寸的横写在横中线上,撇不出头。

师:哪个撇? 请说明白。

生:下面的撇,上端不出头。

生:三个部分要差不多宽。

师:我们一起来写一写这个字。

身体的"身"下面的撇上端不出头,下端穿插到言字旁的下方,"寸"的横写在横中线上,"谢"左中右结构,左中右大致等宽。

师:还有一个字特别难写,认识吗?

生:"想"字。

师:请你仔细观察,写好"想"字要注意什么?

生:"木"的捺变成点。

生:右边"目"的最后一条横在横中线上。

生:上面的字要扁一点给心留点地方。

师:再请辅助线来帮帮忙,发现了什么?

生:"心"要比上面宽。

师:托住上面。

师:请你拿起笔把"谢"和"想"各写一遍。

生写字。

师:同学们写得这么好,我要奖励大家玩一个小游戏,让我们把小葫芦带回家吧。

生"开火车"领读词语。

师:学到这里,你能把课文读正确吗? 请四个同学分别读一读四个自然段的课文,做到正确流利。

生分段读课文。

师:谁来评价一下,他们读得怎么样?

生:他们读得没有多字。

生:他们也没有读错。

师:像这样读得不多字、不漏字、不错字、不重复就是正确流利。

师:这个人喜欢葫芦吗? 请你读一读课文,找出有关的句子在下面画横线。

生:多么可爱的小葫芦啊! 那个人每天都要去看几次。

师:从哪里找到的这句话? 请你来读一读第一段。

(**设计意图**:激发学生对小葫芦的喜欢之情,让学生与种葫芦的人产生共情,带着理解与情感读好句子。)

生读第一自然段。

师:你读得真好,小葫芦都喜欢地发芽了。还有谁喜欢小葫芦?

生读第一自然段。

师:你读得真好,小葫芦长出了细长的藤。还有谁也想试一试?

生读第一自然段。

师:你喜欢得还不够。谁再来读一读?

生读第一自然段。

师:你喜欢小葫芦,它很高兴,你看它开花了。

生读第一自然段。

师:多么可爱的小葫芦啊! 还有哪个句子能看出这个人喜欢葫芦。

生:他盯着小葫芦自言自语地说:"小葫芦,快长啊,快长啊! 长得赛过大南瓜才好呢! "

师:请你再来读一读这句话。

生读句子。

师:小葫芦要和大南瓜比赛了。谁来帮帮它?

生读句子。

师:你的喜欢小葫芦听到了,看,它长大了。

生读句子。

师:小葫芦听到了又长大了。

师:我们一起来帮帮它。

生齐读句子。

师:"小葫芦快长啊,快长啊!长得还能赛过什么呢?"我们一起来完成学习单中的第三题。

生补充句子。

师:请你来读一读。

生:小葫芦,快长啊,快长啊!长得赛过大西瓜才好呢!

生:小葫芦,快长啊,快长啊!长得赛过大冬瓜才好呢!

生:小葫芦,快长啊,快长啊!长得赛过大象才好呢!

师:葫芦藤上挂着大象?行吗?

生:不行。

师:我们的想象要合理。

师:他的愿望最后实现了吗?

生:没有。

师:你怎么知道。

生读第四自然段。

师:为什么会这样?请你不出声,默读课文,找到有关的句子,划下来。

生:"有几个虫子怕什么!"

师:请你再来读读这句话。

生读句子。

师:看来他觉得有几个虫子……

生:不可怕。

师:你还找到了哪个句子?

生:"什么?叶子上的虫还用治?"

师:你再读一读。

生读句子。

师:从你的语气我感受到了坚决。

师:请你和同桌合作,读一读这段对话,体会人物的感情。

生:对啊,我要的是葫芦,叶子上的蚜虫跟葫芦有什么关系呢?

(**设计意图**:① 补充文本资料,符合语文教学特点;② 学生自主阅读自主发现,发挥学生主体性;③ 向学生渗透遇到不懂的问题查阅资料的学习方法。)

生:叶子可以给葫芦提供营养。

师:你怎么知道?

生：我查阅过相关资料。

师：我们读书遇到难题的时候，可以借助资源找一找原因。请你读一读学习单背面老师提供的两段小文字，看看对你有什么帮助。

师：学了课文，你明白了什么道理？

生：要听别人的劝告，关注事物之间的联系。

三、拓展阅读

师：在第五单元我们学习了……

（**设计意图**：着眼于整个单元，抓住本单元的主旨脉络——"小故事大道理"，将整个单元串联起来。）

生：《坐井观天》《寒号鸟》。

师：这些小故事都蕴含着大道理。"语文园地五"中也有一个小故事《刻舟求剑》，赶快打开书读一读，你明白了什么道理？

生：船在不停前进，他这样是找不到剑的。

生：我们不能不听别人的劝告，要关注事物之间的联系。

生：就像我以前听过的一个故事，有一个人生病了，医生让他治病，他不听。等到后来他的病越来越重，想治也没办法了。

师：生活中还有很多小故事里面蕴含大道理，像《揠苗助长》《掩耳盗铃》等，感兴趣的同学可以找来读一读。

研讨实录

丁杰 这次"三次集备六步研"活动，我们选择了"小故事大道理"主题单元中的一篇课文——"我要的是葫芦"。选择这篇课文，一是因为本篇课文中对"！"和"？"这两种二年级学生需要掌握的标点符号的运用非常典型；二是因为本篇课文有一个"喜欢葫芦却没得到葫芦"的矛盾点，可以激起学生的深度思考。我们"三次集备六步研"聚焦到学习目标的改进，力求帮助学生自主探究，完成深度学习。下面我从"识字""写字""朗读""明理""单元架构重组"五个环节向大家介绍我们三次集备的过程。

第一部分是识字。我们第一次集备的学习目标为通过"小老师"领读、"开火车"读、齐读的方式会读"葫芦藤"等词语。制定这个目标是在学生已经充分预习的基础上，教师为节省课堂时间压缩了基础识字的时间。但经过教学实践我们发现，二年级学生的预习能力不足，所以词语无法全部读准读熟。沈校长的专家评课也指出二年级识字教学仍是重点,不能完全舍弃对识字方法的指导而仅仅依靠学生的预习。

因此,第二次集备我们将学习目标修改为:能够运用一些识字方法在语言环境中认读"葫芦藤"等词语。但在课堂教学中又出现了新的问题,一节课中通过学生交流、教师引导的方法一共出示了"形声字识字""加一加""换一换""编顺口溜""一字生花"五种识字方法,数量多质量差,学生对这些识字方法的认识较为肤浅,并没有完成深度学习。而且发言面较窄,无法保证所有学生认识所有词语。

经过徐慧颖老师的点拨,我和马老师将第三次集备的目标改为:通过自读、同桌互教、教师重点点拨的方式在语言环境中认读"葫""芦""藤"等11个生字。之所以做这个变化一是为了尊重二年级学生的学情。他们自主学习的能力还有一定的局限性,因此不能将字词的学习全部放到课下。二是为了发挥学生的主体性。同桌互读、互教在降低学生自主学习难度的同时又保证了学生的自主思考,还能够促进学生之间的交流,同桌互读、互教也能够保证完成学习目标。

第二部分是写字。第一次的学习目标定为:通过观察以及教师指导会写"言""想""怪"三个字,通过自主学习会写其他五个生字。在课堂教学中发现这三个生字虽然是我们基于学情选择的易写错或写不好看的字,但因为它们之间没有联系,教师教完之后只是教了三个生字,而没有举一反三,所以第二次集备我们采取了"归类写字"的教学策略,将教学目标修改为:能借助辅助线观察并在田字格中正确美观地书写"棵""怪"等左右结构的字。上完课后发现,左右结构的字对学生来说难度有点低了,因为他们在前面的课文中已经学过很多左右结构的字了,而本课新出现的稍微复杂一点的是左中右结构的"谢"字。第三次集备,我们在徐慧颖老师的指导下将目标改为:能借助辅助线学会观察并自主在田字格中正确美观地书写"棵""怪"等左右结构的字,能通过动画演示了解左中右结构的字,能在田字格中正确美观地书写"谢""想"。

第三部分是朗读。本篇课文有非常多带有"!"和"?"标点符号的句子,这也是本课的朗读重点。第一次集备,我们将学习目标定在:通过关注标点、听教师范读、听"小老师"领读等方法读好感叹句和反问句。在课堂上,学生进行了充分的朗读,真正学会了感叹句和反问句的读法,学习目标达成度较高,完成了深度学习,因此第二次集备我们保留了这一目标。但后来为了更深一步促进学生的深度学习,我们决定再退一步,把学习的主动权再多交给学生一点,通过动画演示、想象画面等方式帮助学生一遍遍朗读,激发学生对小葫芦的喜欢,情感被激发出来了,学生自然而然就能读好那些感叹句了,也就明白感叹号的用法了。因此我们将朗读训练的目标修改为:通过想象画面读课文的方式产生对小葫芦的喜爱之情,带着对小葫芦的喜欢读好感叹句和反问句。

第四部分是明理。这篇课文是一个短小精悍的故事,却蕴含了一个深刻的大道理,这对于二年级的孩子来说有一定的难度。第一次集备,我们制定了以下学习目标:能说出种葫芦的人最后没有得到葫芦的原因,体会事物之间的联系。在课堂教学时由于时间不足,最终是由教师直接告诉了学生本课蕴含的道理。第二次集备我们吸取第一次上课的经验,针对如何引导学生明白道理进行了充分的讨论和预设。最终将目标改为:通过小组合作交流说出种葫芦的人最后没有得到葫芦的原因,通过科学老师答疑解惑知道叶子和果实之间的关系,从而知道事物之间是有联系的。在第二次教学中出现的问题是小组合作交流的时间不够充足,留给学生自主探究的时间不够,科学老师的讲解只有声音没有文字,对学生来说记忆不够深刻。针对出现的问题,第三次集备我们决定将目标改为:通过阅读课文以及补充的课外文本资料了解事物之间是有联系的。之所以做这个改变一是因为补充文本资料符合我们语文教学的特点,回归了语文教学的本质,能够锻炼学生的文学素养;二是让学生通过自主阅读去发现,可体现学生学习的自主性;三是可以向学生渗透遇到问题查阅资料的学习语文的好方法,可谓一举多得。

第五部分是单元架构重组。在前两次的集备中我们没有站在单元整合的角度去思考问题,因此没有涉及单元架构重组的教学环节。第三次集备,在徐慧颖老师的指导下,我们着眼于整个单元,抓住本单元的主旨脉络——"小故事大道理",将整个单元串联起来,在课堂最后给学生提前讲授"语文园地五"中《刻舟求剑》这个故事,让学生运用本节课学到的方法自主阅读并体会这个小故事带来的启示。基于此,我们将目标定为:回顾三次集备的各个变化,主要是基于学情的由教师主体向学生主体的变化,通过采用不同的教学策略把课堂还给学生,让学生乐学、会学、自学,然后才能真正促成学生的深度学习。

马蓉蓉　角色的转换,从为了环节而学到为了学而设计,从换偏旁组字变成用字,理解偏旁表意的作用;由单纯地读变成有目的地读;主题的揭示,由教师的总结变成让学生借助资源自己感悟总结,同时备课时的站位更高,从单元的整体上建构,让学生有了单元学习的意识。但也存在识字写字的方法不够灵活生动,朗读不充分,课文主题的挖掘不够深入,课外资料的补充不够生动等问题,需进一步改进。

徐真 我们组观测的点是:以课程资源整合,促进学生深度发展,从以下几方面进行评析。

1. 在蚜虫有什么危害这一环节,教师补充了两段资料,对学生来说有难度,资料太难读,不易理解。可变成教师读资料或用动画的形式介绍资料。

2. 最后补充拓展了《寒号鸟》《坐井观天》等小故事,还联系了语文课本上的"刻舟求剑"一课等。有了单元整合的意识,最后拓展环节补充的资料比较丰富。

梁丽 本次马老师执教的"我要的是葫芦"一课,其中有许多课程资源的整合运用,能让学生进行比较深入的学习,进行深度的思考。

1. 识字、写字方面。马老师运用辅助线,帮助学生关注字的结构,二年级学习不仅要求学生能找到关键笔画,还应该关注穿插避让,关注左右结构的字的高低变化,用辅助线能让学生更加清楚。

在进行关于"盯"字的教学时,马老师为了让学生明白偏旁表意的作用,用了一个填空题,把几个相似的形近字放进去,让学生自己说明怎么想的,更好地启发了学生思维,认识到偏旁表意的作用。

2. 资料方面。马老师为了让学生更加明确叶子与果实的关系,给出了一段资料,个别学生通过资料能够比较清楚地感受到两者的关系,但内容太过于枯燥和专业,不能让大多数孩子通过阅读来解决问题。

王阳 我来谈几句:

1. "葫芦藤",关注草字头,还有什么草字头的字? 与什么有关?

2. "盯"(换偏旁)借助选字,区分"灯""盯""叮""钉",学生说区分方法。

3. 识字借助辅助线,引导学生关注结构,注意笔画的避让。

4. 读课文,用动画引导学生有感情地朗读。

5. 进行句子训练。

6. 出示资料,介绍蚜虫和植物叶子的关系,让学生了解植物生长过程中蚜虫的危害,叶子与果实的关系。

7. 联系生活说说课文给我们的启示。

崔媛青 我们组观察点是:以课堂的预设与生成,促进学生深度学习。马老师不仅预设了学生的已知,还预设到了学生的未知。"叶子上的蚜虫跟葫芦有什么关系?"这是本篇课文的一个难点,为了突破这一难点,马老师为学生提供了一段小资料,通过资料的补充,学生很轻松地理解了这个道理。学习至此本课的目标已经达成,但马老师又引入了学生熟悉的小故事,把课本中的"刻舟求剑"整合过来,使学生加深了对课文的理解,正因为教师为学生的主动参与留出了时

小型的植物,木字旁表示大型的植物,但是现实情况是,我们很多的语文老师在课堂当中没有给学生充分挖掘出汉字的音、形、意的完美结合。而我们这节课从草字头的字入手,例如葫芦藤,通过学生自己说带草字头的字来发现意思的共同之处。这就是对学生高阶思维的训练,就是"求同"。

其实也可以换过来,先告诉学生,木字旁和植物有关,金字旁和金属有关,草字头和植物有关,然后再让学生去填空,虽然这样做花费的时间更短,课堂效率会更高,但是,这就让学生失去了一次通过自己思考反思,然后再成长的过程。所以,教师不要小瞧了低年级对于一个字的教学,这当中也可以渗透着对学生高阶思维的训练。

对于高年级学生,在归纳文章主要内容的时候,我最不推荐的一种方法就是填空,因为学生下次不可能自己出个空自己填,所以这种方式完全不利于学生的自主学习。教师要站在学生自主摸索、自主发现、自主探究的角度,让学生能够豁然开朗,真正学会梳理文章主要内容的方法。

马蓉蓉 我来说说写字环节,这个环节还是要有归类意识的。同样是左右结构的字,放在一起,这个左高右低,那个左低右高,借助辅助线,让学生学会观察这一类字的写法。咱们从识字环节和写字环节给大家一点启示,一是要站在学段目标的角度,二是要考虑学生的需求,三是要让学生的思维活起来,从这三个方面来完善自己的教学设计。

徐慧颖 另外,在朗读环节,我认为今天的朗读不够充分,没有体现跟之前几次的变化。如果学生的朗读没有发生变化,我们就要反思我们的教学策略、方法有没有问题。今天教师在指导学生朗读时,让他们重点关注了叹号、问号等。但是,这种关注标点的方法是一种理性的方法,重点是一些技巧。有时教师在指导学生朗读时,还会让他们大声地读。当然,朗读是要高于我们平时交流的,但是过分的拿捏可能叫作朗诵、演讲。我记得上一次我来听课时是"你读,你读,你再来读",这是一种平面的朗读训练,是一种平行的、没有层次的朗读。所以我上次提了一个建议,今天马老师也很努力地在采用,就是通过学生的朗读让这个小葫芦发芽、长叶、开花、结葫芦。但是我今天也反思了,这种方法还是有点儿偏理性了,如何让学生感性地朗读,还是要想办法让学生从内心真正喜欢小葫芦。包括今天有一个小男孩读课文读得最好,他在读的时候就抓住了雪白的、细长的这些描写小葫芦的形容词,我觉得他的脑子里是有画面的,他可能真的想象到了细长的葫芦藤上开着雪白的小花,想象到了小葫芦的样子,他对小葫芦是真的非常喜欢,所以才能读得这么好。所以画面感是非常重要的,学生如果有了这种画面感,就能更容易入情入境,自然而然地把课文读好。这个时候再给学生一点技术性的指导,例如这里画一个着重号,这里需要声调高一点儿,这样效果可能会更好。

最后课内外融合,这一点首先要想到为什么要由课内到课外。第一次听课,我记得是播放了一段视频,内容有点像初中的内容,所以当时我说第一难度有点儿偏高,第二学生没有进行阅读,有点偏离我们语文学科的教学任务了。所以刚才丁老师讲到转变之后的设计意图,有三点内容,第一是提高学生的语文素养,第二是培养学生的自主探究能力,第三是渗透遇到问题查资料解决问题的学习方法。我觉得这三点落实得很好,但是还是出现了一点儿问题,咱们来看看这个选文,这段资料对于二年级的学生来说太生僻了,还不如看那段录像。选文不够接地气,所以说要对素材进行加工,把说明文变成儿童说明文,要让学生觉得有意思。我的建议是,可以配个图,再加上一点儿儿童说明文性质的文本,然后让学生去思考为什么明明喜欢最后却没有结果? 为什么叶子上长蚜虫,最后葫芦却没有了? 带着问题自己来读书,圈画发现,帮助孩子建立叶子和葫芦的联系。我建议可以设置一个这样的学习小工具,中间学生想填什么就填什么,这就给学生搭建了一个学习的支架,帮助学生把书读薄。

资源库案例

基于深度学习的课程资源整合研究

马蓉蓉

近年来,"有效教学"流行并深入人心,随之流行的还有"高效"一词。什么是深度学习,怎样促进学生进行有效的深度学习就成了每一位教师不断思索的问题。为了实现学生的深度学习,教师们改变教学策略,精选整合学科资源,深入发掘学生的学习内源力,着力于课堂上的迁移运用。

学习是自我的内心世界之"旅",是自身智慧的"上下求索",是同自身内心世界的对话。通过读书实现的学习,犹如在教科书这样的葡萄园里品尝葡萄的果实那样快乐。反观我们的语文课堂,教师的教学没有章法,随意性太强;学生的主体地位得不到落实,致使课堂效率低下;落实目标"少、慢、差";因为缺乏和学生的有效沟通,使部分学生产生厌学情绪,给教育教学带来极大的影响;噱头多,课件多,语文味淡;自主、合作、探究流于形式,没有达到"内化"的效果,不能真正调动学生学习的积极性;没能够给学生提供足够展示自我的机会和平台。

而小学语文的深度学习是以小学生语言文字运用能力的培养为目标的,师生围绕小学语文学习内容中适切的单元主题,通过共同的语文学习内容、言语实践情境、自身语文经验进行对话,是学生与语文文本中的语言内容建构全新关系的过程。在这个过程中,师生共同探索语文核心知识的产生、发展与实践运用,理解语文对于自身成长的价值和意义,体验语文学习的成就感。其价值取向表现为:语文教育思维由"演绎"走向"归纳",语文学习内容由"蓝本"走向"文本",语文教学文化由强调"德性"走向尊重"个性"。其核心特质是:知识有宽度,情感有温度,资源有广度,文化有厚度,结果有效度。下面就结合部编版小学语文二年级上册"我要的是葫芦"一课谈一谈在整合资源促进学生深度学习方面的尝试。

一、整合课内外资源促进学生深度学习

"我要的是葫芦"讲述了从前有个人种了一棵葫芦,他天天盼着葫芦长大,发现叶子上生了蚜虫,却不以为然,最后一个葫芦也没得到。课文通过这样一个简单的小故事,告诉学生做事要听取别人善意的劝告,要关注事物之间的联系。像这种小故事中蕴含大道理的课文,是学生第一次在课本上接触,为了让学生更好地掌握这一类型的课文,我借助一系列课内外资源,促进学生的学习思考。

(一)激发疑问,设置冲突,为深度学习设置情感需求

在充分朗读感受种葫芦、喜欢葫芦、盼望葫芦长大的心情之后,我设计了一个问题:"他的愿望最后实现了吗?为什么会这样?请你不出声,默读课文,找到有关的句子,划下来。"学生从课文中提炼出"有几个虫子怕什么!""叶子上的虫还用治?"反复朗读之后我提问:"这个人要葫芦,跟叶子上的虫有什么关系?"学生根据自己已有的经验很难把其中的关系讲明白。这时,我适切地提供了关于光合作用以及蚜虫的资料卡。学生通过资料卡的阅读,了解了蚜虫与植物生长的关系,从而明白叶子与果实之间的关系。在阅读追问中,学生内在认知的涟漪被充分激荡起来,将自己的疑惑和盘托出,为主动积极的学习提供情感的需求。

(二)转换角色,潜入文字,为体验探寻表达渠道

课文讲授过半,我问学生:"这个故事告诉你什么道理?"学生们展开热烈的讨论,并由此自己总结出事物之间是有联系的,善意的劝告要听从。

建构主义观点认为,文本诞生以后就是一个客观的存在,本身并不存在任何价值和意义,只有在读者的阅读中,才能洋溢出其丰富的内涵。从这个角度审视,

学生对课文的解读其实就是对文本的二度创作。鉴于此,学生在阅读时就不应该是一个置身"文"外的局外人,而是将自己视为文本中的人物,以积极转换角色体验的方式,潜入到文本过程中,真正感受文本语言的内在魅力。

（三）资料介入,统整对比,为深度学习创设拔节抓手

小学二年级语文中识字写字是重点也是难点。在这一课的生字教学中我有意识地引导学生进行归类识字。例如在上课伊始,请同学观察"葫芦藤"三个字的特点。学生马上指出它们都有草字头,再追问还有哪些字有草字头?学生根据自己已有的经验交流发现,都有"草、花、苘……"最后引导学生发现草字头表示草本植物。

在教学"盯"字的时候,先让学生猜猜它的意思,然后设计了学习单,给"盯"换上不同的偏旁,进行选字填空,进而总结出偏旁表意的作用。这一课还有两个字的结构比较复杂,即"谢""想",在教学这两个字时,我通过动画演示、加辅助线等方式,让学生通过观察发现自主总结出汉字中所蕴含的避让原则,从而更加了解到谦让这一中华民族的传统美德。

有感情地朗读课文,也是二年级语文教学的重点。为了促进学生对课文的理解,引导学生读好课文,我制作了动画课件,学生通过观看葫芦长叶、开花、结果的过程感受人物的喜悦之情,从情感上与主人公产生共鸣,促进了有感情地朗读。

在阅读教学环节,我推荐了"语文园地五"拓展阅读中的"刻舟求剑"一文,带领学生进行拓展阅读,并设计了一个问题引发学生的思考:"这个人能找到自己的剑吗?为什么?"学生通过读课文、思考、讨论,得出了结论:事物是不断发展变化的,一味的墨守成规是跟不上时代潮流的。要学会与时俱进,才能不断进步,走向成功。

二、运用课堂生成性资源促进学生深度学习

语文学科的重要特点就是它的工具性,我们学语文是为了用语文。在教学中我设计了仿写的环节,请同学们想一想:"小南瓜快长啊,快长啊,还能大过什么呢?"学生们畅所欲言,有的说"大过西瓜",有的说"大过冬瓜",还有的说"大过大象"。听到这里的时候,学生们议论纷纷,我适切引导学生思考:"葫芦藤上挂着一头大象,合适吗?"通过思考,学生明白了想象要合理。

深度学习贵在参与,重在思考,妙在引领,巧在拓展。通过多种有效途径,让我们的文本真正"活"起来,让我们的学生真正"发展"起来,让我们的教学真正

"高效"起来,这是我们共同的追求! 追求深度学习梦想的路远没有尽头,让我们继续用智慧探寻……

三、"梯形的面积"

个人教案第一稿

课时备课					
课题	梯形的面积	课型	新授	课时	1—1
学情分析	本学期学生已经学习了平行四边形、三角形的面积计算方法,初步理解了平移、旋转的概念,具有了一定的探索图形面积计算公式的经验,并初步领悟了"转化"的数学思想方法,具备了初步的归纳、对比和推理的数学活动经验,因此让学生用同样的推理方法推出梯形面积的公式是可能的。部分学生在推导计算公式时肯定有一定的难度,尤其是用割补法推导公式,因此我先让学生用拼摆两个相同的梯形的方法来推导公式,在此基础上再用割补法来推导公式,这样在掌握知识的同时,学生的思维也能得到充足的发展。让学生自己探索学习,最终获取知识和能力				
学习目标	1. 在自主探索、合作交流中经历梯形面积公式的推导过程,掌握梯形面积的计算方法,并能灵活运用公式解决相关的数学问题。 2. 通过猜想、验证、实践等数学活动,发展空间观念和推理能力,获得解决问题的多种策略,感受数学方法的内在魅力。 3. 通过探索活动,激发学习兴趣、培养严谨、科学的学习态度、勇于探索、乐于合作的精神				
课程资源包	课件				

教与学的活动过程	
师生活动设计	课程资源整合利用
一、创设情境,提供素材 同学们,这一单元,我们跟随工人叔叔了解了多边形面积计算的问题。看,今天,叔叔帮我们钉板凳呢! 仔细观察,根据图中的信息,你想解决什么问题? 预设1:这个椅子的面积是多少? 椅子面示意图	1. 与生活中有关梯形建筑物相结合。 2. 通过动手操作进行深度学习

师生活动设计	课程资源整合利用
预设 2:梯形的面积是多少? 要解决这些问题,必须要先解决什么? 梯形的面积。 今天我们一起来研究梯形的面积。(板书课题)在我们的生活中有很多这样的梯形需要计算它们的面积,但是梯形面积的计算方法我们还没有学过,你猜想梯形的面积可能与什么有关?你想怎样推导出梯形面积的计算方法呢? 二、积极思考,引导猜想 同学们都有了推导公式的初步想法,不管你转化成什么图形,总的思路都是把梯形转化成我们学过的图形,找到图形间的联系,推导出梯形的面积公式。 (一)介绍学具 用这些梯形来完成验证任务。 (二)研究建议 在你们动手操作之前,老师要提出以下三点建议。 1. 选择喜欢的梯形,能把它转化成已学过的什么图形? 2. 转化后的图形与原梯形有什么关系? 3. 根据关系推导出梯形的面积公式。 把你的方法与小组成员进行交流,共同验证;选择合适的方法交流汇报。我们比一比,看哪个小组想到的方法多,动作快。 (三)合作学习 学生小组讨论,动手操作,教师巡视参与,了解情况。 (四)汇报展示 同学们已经用不同的方法把梯形转化成了多种图形,并推导出了梯形面积的计算公式,真是了不起! 现在让我们共同来欣赏每个小组的成果。 1. 展示"拼组"的方法。 学生一边展示拼、组的过程,一边介绍方法步骤。 预设 1:梯形面积公式的推导方法与三角形面积公式的推导方法相同,运用"拼"的方法,选择两个完全一样的梯形可以拼成一个平行四边形,每个梯形的面积就是所拼成的平行四边形面积的一半。梯形上底与下底的和等于拼成的平行四边形的底,梯形的高等于平行四边形的高,由此得出:	

师生活动设计	课程资源整合利用

梯形的面积 ＝ 平行四边形的面积 ÷ 2

           ＝ 底 × 高 ÷ 2

           ＝（上底 ＋ 下底）× 高 ÷ 2

这个方法很好！老师还发现有的同学拼成的是长方形,让我们来看看他们又是怎么拼的?

预设2:选择两个完全一样的直角梯形可以拼成一个长方形。这样拼,能推导出梯形的面积公式吗?请一位同学代表你们小组把拼、组的思路叙述出来。

学生展示拼、组过程。

预设:根据长方形的面积计算公式就可以推导出梯形的面积计算公式:

梯形的面积 ＝ 长方形的面积 ÷ 2

           ＝ 长 × 宽 ÷ 2

           ＝（上底 ＋ 下底）× 高 ÷ 2

2. 展示"割补"的方法。

预设3:把一个梯形剪成两个梯形再拼成一个平行四边形。将梯形对折,使上、下底重合,沿折线将梯形剪开,就可以拼成平行四边形。拼成的平行四边形的底就是梯形的上底 ＋ 下底,高是梯形高的一半。平行四边形的面积就是梯形的面积。

三、操作验证,总结公式

同学们真爱动脑筋,想出了这么多的方法,老师非常欣赏你们的创新能力。这些方法虽然操作过程不同,但是同学们一定感觉到它们之间是有共同点的,谁来说一说共同点是什么呢?

预设:这几种方法都是将梯形转化成了我们学过的图形。

我们用"转化"的方法推导出梯形的面积计算公式为:

梯形的面积 ＝（上底 ＋ 下底）× 高 ÷ 2

梯形的面积公式用字母怎样表示?

预设:$S ＝（a ＋ b）\cdot h ÷ 2$

四、应用公式,解决问题

1. 基础练习。

（1）口头回答:下列梯形的面积。

师生活动设计	课程资源整合利用
（2）解决例题。 出示例题：椅子面的面积是多少？ 学生独立完成，集体订正。 2. 解决问题。 在很多物体中经常会看到梯形，下面我们来解决一些日常生活中的问题。 一条新挖的渠道，横截面是梯形，渠口宽 8 米，渠底宽 5 米，渠深 1.8 米，横截面的面积是多少平方米？ 五、全课总结，回顾整理 同学们，这节课马上就要结束了，回想一下，你有什么收获？ 预设 1：我学会了梯形面积的计算方法。 预设 2：我学会了计算梯形面积公式的推导过程。 梯形面积怎样计算？我们用到了什么方法？ 这节课同学们能积极思考，用自己想到的方法，推导出梯形面积的计算方法，你们很了不起，让我们满载收获，下课休息一下吧	

板书设计	梯形的面积 梯形的面积 = 长方形的面积 ÷ 2 = 长 × 宽 ÷ 2 =（上底 + 下底）× 高 ÷ 2
分层作业设计	必做：完成同步相关练习。 选做：解决生活中梯形面积的实际问题
课后反思	通过第一次试讲，可以看出大部分学生可以运用拼、组的方法将两个梯形拼成一个长方形或者平行四边形推导梯形的面积；通过猜想、验证、实践等数学活动，经历梯形面积的公式的推导过程，比较灵活地解决数学问题，初步树立科学严谨的数学学习态度

"三次集备六步研"过程性记录(一)

时间	11.13	地点	党员活动室	集备组长	王振涛	参与教师	李霞、张春兰、高云凤
集备课题					梯形的面积		

	第一次集备(预设)	二次集备
学情分析	学生在本学期已经学习了平行四边形、三角形的面积计算方法,具有了一定的探索图形面积计算公式的经验,并初步领悟了"转化"的数学思想方法,具备了初步的归纳、对比和推理的数学活动经验,因此让学生用同样的推理方法推出梯形面积的公式是可能的。部分学生在推导计算公式时肯定有一定的难度,尤其是用割补法推导公式;先让学生用拼摆两个相同的梯形的方法来推导公式,在此基础上再用割补法来推导公式,这样在掌握知识的同时,学生的思维也能得到充足的发展。使学生自己探索学习,最终获取知识和能力	大部分学生会用拼摆的方法推导出面积公式,探索如何利用小组合作学习的方式,让学生深入思考,利用"转化"思想用割补法来推导面积公式
教材分析	借助工人制作椅子的场景,展示近似梯形的椅子面和一个椅子面的平面示意图,引导学生展开对梯形面积计算的学习	由情境图入手,提出数学问题的同时,引导学生思考、推导梯形面积公式
学习目标(标注重难点)	单元学习目标	掌握平行四边形、三角形和梯形的面积计算公式,并能正确计算相应图形的面积;了解简单组合图形面积的计算方法。 　　培养观察、比较、推理和概括能力,渗透转化思想,发展空间观念。 　　能用有关图形的面积计算公式解决简单的实际问题	在通过观察、操作推导梯形面积的过程中,与本单元前面所学的平面图形面积推导过程进行对比,真正理解"转化"的思想
学习目标(标注重难点)	课时学习目标	1. 在自主探索、合作交流中经历梯形面积公式的推导过程,掌握梯形面积的计算方法,并能灵活运用公式解决相关的数学问题。 　　2. 通过猜想、验证、实践等数学活动,发展空间观念和推理能力,获得解决问题的多种策略,感受数学方法的内在魅力。 　　3. 通过探索活动,激发学习兴趣,培养严谨、科学的学习态度,勇于探索、乐于合作的精神	1. 通过猜想、验证、实践等数学活动,放手让学生在小组中动手操作、自主探索、合作交流中经历梯形面积公式的推导过程。 　　2. 通过小组展示、汇报多种推导方法,引导学生感悟"转化"思想在几何推导知识过程中的数学价值,发展空间观念和合情推理能力
环节目标		活动设计(结合重难点的突破,如何有效运用课程资源促进学生深度学习)	课堂生成后补充、修改的内容

在自主探索、合作交流中经历梯形面积公式的推导过程；通过猜想、验证、实践等数学活动，发展空间观念和推理能力，获得解决问题的多种策略，感受数学方法的内在魅力	（四）汇报展示 　　已经用不同的方法把梯形转化成了多种图形，并推导出了梯形面积的计算公式，真是了不起！现在让我们共同来欣赏每个小组的成果。 　　1. 展示"拼组"的方法。 　　学生一边展示拼、组的过程，一边介绍方法步骤。 　　预设1：梯形面积公式的推导方法与三角形面积公式的推导方法相同，运用"拼"的方法，选择两个完全一样的梯形可以拼成一个平行四边形，每个梯形的面积就是所拼成的平行四边形面积的一半。梯形上底与下底的和等于拼成的平行四边形的底，梯形的高等于平行四边形的高，由此得出： 　　　　梯形的面积 ＝ 平行四边形的面积 ÷ 2 　　　　　　　　 ＝ 底 × 高 ÷ 2 　　　　　　　　 ＝（上底 ＋ 下底）× 高 ÷ 2 　　这个方法很好！老师还发现有的同学拼成的是长方形，让我们来看看他们又是怎么拼的。 　　预设2：选择两个完全一样的直角梯形可以拼成一个长方形。 　　这样拼，能推导出梯形的面积公式吗？请一位同学代表你们小组把拼组的思路叙述出来。 　　学生展示拼组过程。 　　预设：根据长方形的面积计算公式就可以推导出梯形的面积计算公式： 　　　　梯形的面积 ＝ 长方形的面积 ÷ 2 　　　　　　　　 ＝ 长 × 宽 ÷ 2 　　　　　　　　 ＝（上底 ＋ 下底）× 高 ÷ 2 　　2. 展示"割补"的方法。 　　预设3：把一个梯形剪成两个梯形再拼成一个平行四边形。将梯形对折，使上、下底重合，沿折线将梯形剪开，就可以拼成平行四边形。拼成的平行四边形的底就是梯形的上底 ＋ 下底，高是梯形高的一半。平行四边形的面积就是梯形的面积	大部分同学能够使用提供的两个完全一样的梯形，通过拼摆，推导出梯形的面积公式；课堂中只有一位同学想到了"预设的第三种推导方法"，但由于前期小组探究时间过长，没有给这位同学充分汇报的时间，学生深度学习思考时间不足。应使用课堂小组合作完成学习单，先独立思考、拼摆后，再将自己小组内的所有方法进行分享、交流，留下充足时间汇报、交流

续表

如何整合课程资源突破重难点,从而促进学生深度学习	运用 PPT 动画展示"拼组""切割"的过程,引导学生直观经历梯形面积的推导过程,感受所学新知识与本单元中的前两个知识间的联系	加入练习题,将一年级智慧广场的"有顺序数数"一课知识进行有效资源整合,进一步沟通知识间的联系
分层作业设计	必做:完成同步相关练习。 选做:解决生活中梯形面积的实际问题	必做: 1. 将本节课所学的一种面积推导方法讲给父母听。 2. 完成同步相关练习。 选做:找一找生活中有趣的有关计算梯形面积的问题

个人教案第二稿

课时备课				
课题	梯形的面积	课型	新授	课时	1—1
学情分析	学生已经在本册第五单元前面两个信息窗中掌握了平行四边形、三角形的面积计算方法,初步理解了平移、旋转的思想,具有了一定的探索图形面积计算公式的经验,并初步领悟了"转化"的数学思想方法,具备了初步的归纳、对比和推理的数学活动经验,让学生用同样的推理方法推出梯形面积的公式是可能的。大部分学生能够使用拼组的方法推导出梯形的面积,在学习平行四边形面积中展示过割补法,但对于学生使用割补法推导梯形的面积仍有一定的难度,因此我先让学生用拼摆两个相同的梯形的方法来推导公式,在此基础上展示用割补法来推导公式,这样在掌握知识的同时,学生的思维也能得到多样、充足的发展,更让学生自己探索学习,最终获取知识			
学习目标	1. 通过猜想、验证、实践等数学活动,放手让学生在小组中动手操作、自主探索、合作交流中经历梯形面积公式的推导过程,展示多种推导过程,完全理解、掌握梯形面积的计算方法,并能灵活运用公式解决相关的数学问题。 2. 通过小组展示、汇报多种推导方法,在体验策略的多样性中引导学生感悟"转化"思想在几何推导知识过程中的数学应用价值;发展空间观念和合情推理能力,感受数学方法的内在魅力。 3. 通过图形转化推导梯形面积公式中,经历有论据、有条理、有逻辑的思维过程,体会图形之间的联系,从中培养学生严谨、科学的理性精神,在解决数学问题过程中独立思考、坚持己见、不人云亦云的求真求实的科学态度和勇于探索、乐于合作、善于创新的科学精神			
课程资源包	课件、微视频			

教与学的活动过程	
师生活动设计	课程资源整合利用
一、创设情境,提供素材 　　同学们,这一单元,我们跟随工人叔叔了解了多边形面积计算的问题。看,今天,叔叔帮我们钉板凳呢! 　　仔细观察,根据图中的信息,你想解决什么问题? 　　预设1:这个椅子面的面积是多少? 　　预设2:梯形的面积是多少? 　　要解决这些问题,必须先要解决什么? 　　梯形的面积。 椅子面示意图 　　今天我们一起来研究梯形的面积。(板书课题)在我们的生活中有很多这样的梯形需要计算它们的面积,但是梯形面积的计算方法我们还没有学过,你猜想梯形的面积可能与什么有关?你想怎样推导出梯形面积的计算方法呢? 二、积极思考,引导猜想 　　同学们都有了推导公式的初步想法,不管你转化成什么图形,总的思路都是把梯形转化成我们学过的图形,找到图形间的联系,推导出梯形的面积公式。 (一)介绍学具 　　用这些梯形来完成验证任务。 (二)研究建议 　　在你们动手操作之前,老师要提出以下三点建议。 　　1. 选择喜欢的梯形,能把它转化成已学过的什么图形? 　　2. 转化后的图形与原梯形有什么关系? 　　3. 根据关系推导出梯形的面积公式。 　　把你的方法与小组成员进行交流,共同验证;选择合适的方法交流汇报。我们比一比,看哪个小组想到的方法多,动作快。 (三)合作学习 　　学生小组讨论,动手操作,教师巡视参与,了解情况。 (四)汇报展示 　　同学们已经用不同的方法把梯形转化成了多种图形,并推导出了梯形面积的计算公式,真是了不起!现在让我们共同来欣赏每个小组的成果	

师生活动设计	课程资源整合利用
1. 展示"拼组"的方法。 学生一边展示拼、组的过程,一边介绍方法步骤。 预设1:梯形面积公式的推导方法与三角形面积公式的推导方法相同,运用"拼"的方法,选择两个完全一样的梯形可以拼成一个平行四边形,每个梯形的面积就是所拼成的平行四边形面积的一半。梯形上底与下底的和等于拼成的平行四边形的底,梯形的高等于平行四边形的高,由此得出: 梯形的面积 = 平行四边形的面积 ÷ 2 　　　　　 = 底 × 高 ÷ 2 　　　　　 = (上底 + 下底)× 高 ÷ 2 这个方法很好! 老师还发现有的同学拼成的是长方形,让我们来看看他们又是怎么拼的? 预设2:选择两个完全一样的直角梯形可以拼成一个长方形。 这样拼,能推导出梯形的面积公式吗? 请一位同学代表你们小组把拼、组的思路叙述出来。 学生展示拼、组过程。 预设:根据长方形的面积计算公式就可以推导出梯形的面积计算公式: 梯形的面积 = 长方形的面积 ÷ 2 　　　　　 = 长 × 宽 ÷ 2 　　　　　 = (上底 + 下底)× 高 ÷ 2 2. 展示"割补"的方法。 预设3:把一个梯形剪成两个梯形再拼成一个平行四边形。将梯形对折,使上、下底重合,沿折线将梯形剪开,就可以拼成平行四边形。拼成的平行四边形的底就是梯形的上底 + 下底,高是梯形高的一半。平行四边形的面积就是梯形的面积。	
三、操作验证,总结公式 同学们真爱动脑筋,想出了这么多的方法,老师非常欣赏你们的创新能力。这些方法虽然操作过程不同,但是同学们一定感觉到它们之间是有共同点的,谁来说一说共同点是什么呢? 预设:这几种方法都是将梯形转化成了我们学过的图形。 我们用"转化"的方法推导出梯形的面积计算公式为: 梯形的面积 = (上底 + 下底)× 高 ÷ 2 梯形的面积公式用字母怎样表示? 预设:$S = (a + b) \cdot h ÷ 2$	学生想到多种割补的方法,教师应给予学生展示、介绍的机会

师生活动设计	课程资源整合利用
四、应用公式,解决问题 1. 基础练习。 （1）口头回答:下列梯形的面积。 15 m　17 m　23 m　　18 dm　10 dm　9 dm　　42 cm　30 cm　26 cm （2）解决例题。 出示例题:椅子面的面积是多少? 学生独立完成,集体订正。 2. 解决问题。 在很多物体中经常会看到梯形,下面我们来解决一些日常生活中的问题。 一条新挖的渠道,横截面是梯形,渠口宽 8 米,渠底宽 5 米,渠深 1.8 米,横截面的面积是多少平方米? 8 m　1.8 m　5 m	建议:制作一个微视频,让学生进一步感受平行四边形、三角形、梯形面积推导过程中的联系
五、全课总结,回顾整理 同学们,这节课马上就要结束了,回想一下,你有什么收获? 预设 1:我学会了梯形面积的计算方法。 预设 2:我学会了计算梯形面积公式的推导过程。 梯形面积怎样计算?我们用到了什么方法? 这节课同学们能积极思考,用自己想到的方法,推导出梯形面积的计算方法,你们很了不起,让我们满载收获,下课休息一下吧	加入练习题,将一年级智慧广场的"有顺序数数"一课知识进行有效资源整合,进一步沟通知识间的联系

板书设计	**梯形的面积** 梯形的面积 = 长方形的面积 ÷ 2 = 长 × 宽 ÷ 2 = (上底 + 下底) × 高 ÷ 2
分层作业设计	必做: 1. 将本节课所学的一种面积推导方法讲给父母听。 2. 完成同步相关练习。 选做:找一找生活中有趣的有关梯形面积的计算问题

续表

课后反思	本课是在学生掌握了平行四边形和三角形面积计算方法的基础上学习的,学生形成了一定的推理能力,能够运用已经掌握的方法推导出梯形的面积公式;为了充分利用学生的已有知识经验,探究、发现、验证出梯形的面积公式,课堂上我给学生准备了三种不同形状的梯形,放手让学生自主拼摆学习。课堂上生成了三种不同的面积推导方法,尤其是一位同学通过观察发现了一种"特殊"的拼摆方法——将梯形从中间剪开,也可以拼成一个平行四边形。课堂生成的这种"好方法"让我看到了学生独立思考的能力,虽然课堂探究时间有些长,但我发现只要给学生提供一个宽松、愉悦的课堂,他们就会生成很多意想不到的"提案",会乐于成为知识的发现者、创造者

"三次集备六步研"过程性记录(二)

时间	11.20	地点	党员活动室	集备组长	王振涛	参与教师	李霞、张春兰、高云凤
集备课题				梯形的面积			

	第一次集备(预设)		二次集备
学情分析	学生在本单元已经掌握了平行四边形、三角形的面积计算方法,具有一定的探索图形的面积计算公式的经验,并初步领悟了"转化"的数学思想方法;可以借助已有知识经验,初步运用归纳、对比和推理的方法,推导出梯形面积。在多种推导方法中,"割补法"是部分学生理解的难点,充分运用学具,在掌握拼组基本方法的同时,激发学生深度探究梯形的面积推导过程,让每个学生的思维得到最大的发展		利用小组合作完成学习单,将自己独立思考后的方法进行记录,方便交流、分享
教材分析	借助工人制作椅子的场景,出示近似梯形的椅子面和一个椅子面的平面示意图,通过提出恰当的数学问题,引导学生展开对梯形面积计算的学习		借助情境图,提出数学问题,激发学生探究的欲望,积极推导梯形面积计算公式
学习目标(标注重难点)	单元学习目标	通过观察、操作,掌握平行四边形、三角形和梯形的面积计算公式,并能正确计算相应图形的面积;了解简单组合图形面积的计算方法。 　　经历探索平行四边形、三角形和梯形面积计算公式的过程,培养观察、比较、推理和概括能力,渗透转化思想,发展空间观念。 　　能用有关图形的面积计算公式解决简单的实际问题。在解决问题的过程中,感受数学与现实生活的密切联系,体会学数学、用数学的乐趣	在学生独立观察、操作推导出梯形面积的过程后,回顾本单元前面所学的平面图形面积推导过程,对比平行四边形、三角形、梯形的面积推导过程中的联系,激发学生深度思考

续表

学习目标 （标注重难点）	课时学习目标	1. 在自主探索、合作交流中经历梯形面积公式的推导过程，掌握梯形面积的计算方法，并能灵活运用公式解决相关的数学问题。 2. 通过猜想、验证、实践等数学活动，发展空间观念和推理能力，获得解决问题的多种策略，感受数学方法的内在魅力。 3. 通过探索活动，激发学习兴趣，培养严谨、科学的学习态度，勇于探索、乐于合作的精神	1. 通过猜想、验证、实践等数学活动，放手让学生在小组中动手操作、自主探索、合作交流中经历梯形面积公式的推导过程。 2. 通过小组展示、汇报多种推导方法，引导学生感悟"转化"思想在几何推导知识过程中的数学价值，发展空间观念和合情推理能力。 3. 在图形转化推导梯形面积公式中，经历有论据、有条理、有逻辑的思维过程，体会图形之间的联系，从中培养学生严谨、科学的理性精神
环节目标		活动设计（结合重难点的突破，如何有效运用课程资源促进学生深度学习）	课堂生成后补充、修改的内容

在图形转化推导梯形面积公式的过程中，经历有论据、有条理、有逻辑的思维过程，体会图形之间的联系，从中培养学生严谨、科学的理性精神		同学们已经用不同的方法把梯形转化成了多种图形，并推导出了梯形面积的计算公式，真是了不起！现在让我们共同来欣赏每个小组的成果。
		1. 展示"拼组"的方法。
		学生一边展示拼、组的过程，一边介绍方法步骤。
		预设1：梯形面积公式的推导方法与三角形面积公式的推导方法相同，运用"拼"的方法，选择两个完全一样的梯形可以拼成一个平行四边形，每个梯形的面积就是所拼成的平行四边形面积的一半。梯形上底与下底的和等于拼成的平行四边形的底，梯形的高等于平行四边形的高，由此得出：
		梯形的面积 = 平行四边形的面积 ÷ 2
		          = 底 × 高 ÷ 2
		          = （上底 + 下底）× 高 ÷ 2
		这个方法很好！老师还发现有的同学拼成的是长方形，让我们来看看他们又是怎么拼的
			课堂生成之一：大部分学生想到了将两个完全一样的梯形拼、组推导出面积公式；同时也有两位同学选择了用一个梯形进行对折、割补，再拼组，成为本堂课的一大亮点。
			
			课堂生成之二：学生能够结合本堂课的推导过程，及时反思、对比，感受"转化"思想在面积推导过程中的价值，体会到掌握有效数学方法的意义

| | 预设2:选择两个完全一样的直角梯形可以拼成一个长方形。

这样拼,能推导出梯形的面积公式吗?请一位同学代表你们小组把拼组的思路叙述出来。

学生展示拼组过程。

预设:根据长方形的面积计算公式就可以推导出梯形的面积计算公式:

梯形的面积 = 长方形的面积 ÷ 2
= 长 × 宽 ÷ 2
= (上底 + 下底)× 高 ÷ 2

2. 展示"割补"的方法。

预设3:把一个梯形剪成两个梯形再拼成一个平行四边形。将梯形对折,使上、下底重合,沿折线将梯形剪开,就可以拼成平行四边形。拼成的平行四边形的底就是梯形的(上底 + 下底),高是梯形高的一半。平行四边形的面积就是梯形的面积。

(四)回顾总结

同学们真爱动脑筋,想出了这么多的方法,老师非常欣赏你们的动手、创新能力。这些方法虽然操作过程不同,但是同学们一定感觉到它们之间是有共同点的,谁来说一说共同点是什么呢?

谈话:这几种方法都是将梯形转化成了我们学过的图形。

我们用"转化"的方法推导出梯形的面积计算公式为:

梯形的面积 = (上底 + 下底)× 高 ÷ 2
梯形的面积公式用字母怎样表示?
预设:$S = (a + b) \cdot h \div 2$ | 调整:为进一步引导学生理解"转化"思想,深度感知本单元图形面积推导过程中的联系,增加一个动画微视频,有效利用信息技术资源,促进学生深度学习 |
| 如何整合课程资源突破重难点,从而促进学生深度学习 | 1. 运用PPT动画展示"拼组""切割"的过程,引导学生直观经历梯形面积的推导过程,感受所学新知识与本单元中的前两个知识间的联系,进一步提升学生的空间观念。

2. 增加趣味练习题,出示一年级智慧广场的"有顺序数数"一课中的小练习,将算式进行对比,沟通知识之间的联系,有效进行教材资源整合,进一步引导学生体会教材间的知识联系 | 结合学生的课堂生成,重点展示有难度"割补"动画PPT,便于学生直观理解面积推导过程;合理安排课堂练习时间,促进学生主动应用、反思本课所学的知识 |

分层作业设计	必做: 1. 将本节课所学的一种面积推导方法讲给父母听。 2. 完成同步相关练习。 选做:解决生活中有关计算梯形面积的实际问题	必做: 1. 利用手中的学具,介绍一种面积推导方法讲给父母听。 2. 完成同步相关练习。 选做:找一找与"有序数数"相关的数学趣题

个人教案第三稿

		课时备课			
课题	梯形的面积	课型	新授	课时	1—1
学情分析	学生已经在本册第五单元前面两个信息窗中掌握了平行四边形、三角形的面积计算方法,初步理解了平移、旋转的思想,具有了一定的探索图形的面积计算公式的经验,并初步领悟了"转化"的数学思想方法。借助学生已有知识经验,初步运动归纳、对比和推理的方法,推导出梯形面积。对于多种推导方法中,割补法是部分学生理解的难点,充分运用学具,在掌握"拼组"基本方法的同时,激发学生深度探究梯形的面积推导过程,让每个学生的思维得到最大的发展				
学习目标	1. 通过放手让学生在小组中动手操作、自主探索、合作交流中经历梯形面积公式的推导过程,展示多种推导过程,完全理解、掌握、应用梯形面积的计算方法解决相关的数学问题。 2. 通过小组展示,汇报多种推导方法,体验策略的多样性;引导学生感悟"转化"思想在几何推导知识过程中的数学应用价值;感受数学方法的内在魅力。 3. 在图形转化推导梯形面积公式中,经历有论据、有条理、有逻辑的思维过程,培养学生严谨、科学的理性精神;在解决数学问题过程中独立思考、求真求实的科学态度和乐于合作、善于创新的科学精神				
课程资源包	课件、微视频				
		教与学的活动过程			
师生活动设计				课程资源整合利用	
一、创设情境,提供素材 谈话:同学们,在这个单元里,我们跟随工人叔叔了解了平行四边形、三角形的面积计算方法。仔细看,叔叔在帮同学们钉板凳,你能从中发现什么数学信息,提出什么数学问题? 出示课件					

师生活动设计	课程资源整合利用
预设1:这个椅子面的面积是多少? 预设2:梯形的面积是多少? 谈话:要解决这个问题,必须先要解决什么? 预设:梯形的面积。 椅子面示意图 谈话:今天我们一起来研究梯形的面积。(板书课题、出示课件展示)在我们的生活中有很多这样的梯形需要计算它们的面积,但是梯形面积的计算方法我们还没有学过,同学们猜想一下,梯形的面积可能与什么有关?想一想前面推导平行四边形和三角形面积的方法,你想怎样研究这个问题? 【设计意图】创设与生活息息相关的情境,可以引导学生观察生活问题,提出数学问题,引发学生思考并产生对"梯形面积与什么有关""怎样推导梯形面积"的问题,进而调动学生的积极性,激发学生探究的欲望。 二、迁移旧知,推导公式 谈话:大家都想到把梯形转化成我们之前学过的图形,有了各自合理的猜想。任何猜想都要经过验证,下面分小组一起动手合作探究验证一下自己的猜想吧! (一)介绍学具 请大家用自己选择的梯形来完成验证任务。 (二)研究建议 谈话:在你们动手操作之前,老师要提出以下三点建议。 1. 想一想。把梯形转化成已学过的什么图形? 2. 猜一猜。转化后的图形与原梯形有什么关系? 3. 做一做。动手拼一拼、摆一摆、剪一剪、贴一贴,根据关系推导出梯形的面积公式。 先独立思考,再把你的方法与小组成员进行交流,共同验证;每小组选一名代表汇报,比一比,哪个小组想到的方法多。 (三)合作学习 学生小组讨论,动手操作,教师巡视参与,了解情况。 (四)汇报展示 谈话:同学们用不同的方法把梯形转化成了多种图形,并推导出了梯形面积的计算公式,真是了不起!现在让我们共同来欣赏每个小组的成果	

师生活动设计	课程资源整合利用
1. 展示"拼组"的方法。 用白板投影展示,学生汇报展示拼组的过程、推导方法及步骤。 预设1:两个完全一样的梯形(等腰梯形、直角梯形、普通梯形)可以拼成一个平行四边形,每个梯形的面积就是所拼成的平行四边形面积的一半。梯形上底与下底的和等于拼成的平行四边形的底,梯形的高等于平行四边形的高,由此得出: 梯形的面积 = 平行四边形的面积 ÷ 2 　　　　　= 底 × 高 ÷ 2 　　　　　=(上底 + 下底)× 高 ÷ 2 谈话:这个方法很好!老师还发现有的同学拼成的是长方形,让我们来看看他们又是怎么拼的? 预设2:选择两个完全一样的直角梯形可以拼成一个长方形。 谈话:这样拼,能推导出梯形的面积公式吗?请一位同学代表你们小组把拼、组的思路叙述出来。 学生展示拼、组过程。 预设:根据长方形的面积计算公式就可以推导出梯形的面积计算公式。 梯形的面积 = 长方形的面积 ÷ 2 　　　　　= 长 × 宽 ÷ 2 　　　　　=(上底 + 下底)× 高 ÷ 2 2. 展示"分割"的方法。 预设3:把一个梯形分割两个三角形 S_1 和 S_2。分别求出两个三角形的面积之和就是这个梯形的面积。$S = a_1 h ÷ 2 + a_2 h ÷ 2 = (a_1 + a_2) h ÷ 2$,梯形的面积就是 =(上底 + 下底)× 高 ÷ 2 3. 展示"割补"的方法。 预设4:把一个梯形剪成两个梯形再拼成一个平行四边形。将梯形对折,使上、下底重合,沿折线将梯形剪开,就可以拼成平行四边形。拼成的平行四边形的底就是梯形的上底 + 下底,高是梯形高的一半。平行四边形的面积就是梯形的面积。 预设5:把一个等腰梯形割补成一个直角梯形和一个三角形,拼组成一个长方形。 总结:这几个小组汇报的同学讲得有理有据,条理清楚,给他们鼓掌。 【设计意图】探究环节给予学生充足的时间和空间,让学生借助学具动手操作,在小组汇报交流中观察、对比、发现、总结。在全班的交流过程中相互启发,拓展思维。在通过图形转化推导梯形面积公式中,让学生经历有论据、有条理、有逻辑的思维过程,体会图形之间的联系,从中培养学生严谨、科学的理性精神,在解决数学问题过程中培养独立思考、坚持己见、求真求实的科学态度和勇于探索、乐于合作、善于创新的科学精神	

师生活动设计	课程资源整合利用
三、操作验证,总结公式 谈话:同学们真爱动脑筋,想出了这么多的方法,老师非常欣赏你们的善于动脑和创新能力。这些方法虽然操作过程不同,但是同学们一定感觉到它们之间是有共同点的,谁来说一说共同点是什么呢? 预设:这几种方法都是将梯形转化成了我们学过的图形。 谈话: 我们用"转化"的方法推导出梯形的面积计算公式为: 梯形的面积 =(上底 + 下底)× 高 ÷ 2 梯形的面积公式用字母怎样表示? 预设:$S =(a + b)\cdot h ÷ 2$ 师:你是怎么想到用两个完全一样的梯形来转化的? 仔细观察这些算式,上底 + 下底表示什么? 为什么要除以 2,不除以 2 求的是什么? 这些方法中都有除以 2,表示的意思一样吗? 【设计意图】借助前面研究的经验,让学生自主归纳,营造生生互动的学习氛围,体验到应用转化思想自主探究获得成功的喜悦,激发学生学习数学的热情。 出示例题:椅子面的面积是多少? 请根据今天总结出的公式,列出算式。集体订正。 **四、应用公式,解决问题** 1. 基础练习。 (1)口头回答:下列梯形的面积。 (2)判断。 2. 解决问题。 谈话:梯形的面积很广泛,在很多物体中经常会看到梯形。下面我们来解决一些日常生活中的问题。 (1)一条新挖的渠道,横截面是梯形,渠口宽 8 米,渠底宽 5 米,渠深 1.8 米,横截面的面积是多少平方米?	

师生活动设计	课程资源整合利用
（2）一个鱼塘的形状是梯形,它的上底长21米,下底长45米,面积是759平方米。它的高是多少米? （3）一堆钢管,横截面近似于梯形,已知最上层是2根,最下层是6根,每相邻两层相差1根,那么这堆钢管一共有多少根? 五、全课总结,回顾整理 谈话:同学们,这节课马上就要结束了,回想一下,你有什么收获? 预设1:我学会了梯形面积的计算方式。 预设2:我学会了用转化思想,运用旧知识解决新问题。 谈话:这节课同学们能积极思考,用自己想到的多种方法,推导出梯形面积的计算方法,你们很了不起! 出示小视频。仔细观看这段视频,你发现了什么? 平行四边形、三角形、梯形之间有着密切的联系,下节课我们继续运用所学的知识来解决生活中的数学问题。 【设计意图】通过回顾反思,引导学生从知识、方法等方面进行回顾,帮助学生积累一些基本的数学活动经验,借助小视频,进一步沟通平行四边形、三角形和梯形之间的联系,加深对梯形面积的计算方法的认识,培养学生浓厚的数学学习兴趣	出示平行四边形、三角形、梯形互化的微视频,进一步沟通三个平面图形面积推导过程中的区别与联系

| 板书设计 | **梯形的面积**

转化思想　　学生作品（拼组法）　学生作品（分割法）　学生作品（割补法）

梯形的面积＝平行四边形面积÷2
　　　　　　＝底×高÷2
　　　　　　＝（上底＋下底）×高÷2
$S = (a + b) \cdot h \div 2$ |

分层作业设计	必做： 1. 利用手中的学具，介绍一种梯形面积推导方法讲给父母听。 2. 完成同步相关练习。 选做：感兴趣的同学研究一下"等差数列求和问题"中的奥秘
课后反思	本课是在学生掌握了平行四边形和三角形面积计算方法的基础上学习的，学生形成了一定的推理能力，能够运用已经掌握的方法推导出梯形的面积公式。结合前两次试讲中课堂生成的情况，我预设到了学生会独立推导所有方法，应放手让学生运用已有的知识经验独立探究、发现、验证出梯形的面积公式。但我发现学生思维没有完全打开，只出现了三种方法，其中有一位学生虽然剪拼出第四种方法，却没有总结出公式，在课堂上没有展示，有些遗憾。 　　回顾这节课上学生探究时间过长的原因，一是学生在题纸上汇报的文字内容偏多，二是准备的学具材料还可以再充分一些，给学生更多选择的空间。这样在课堂上就会生成更多的"好方法"。通过这次"磨课"让我切身体会到备课的预设是为课堂生成服务的，要充分做好课前准备；同时，针对课堂上生成的好方法，要及时捕捉、利用，变成学生掌握知识的有效资源，才能激发学生深度学习，乐于做课堂上知识的发现者、创造者

"三次集备六步研"过程性记录（三）

时间	11.26	地点	党员活动室	集备组长	王振涛	参与教师	李霞、张春兰、高云凤
集备课题			梯形的面积				
	第一次集备（预设）					二次集备	
学情分析	学生在本单元已经掌握了平行四边形、三角形的面积计算方法，具有一定的探索图形面积计算公式的经验，并初步领悟了"转化"的数学思想方法；可以借助已有知识经验，初步运用归纳、对比和推理的方法，推导出梯形面积。在多种推导方法中，"割补法"是部分学生理解的难点，充分运用学具，在掌握拼组基本方法的同时，激发学生深度探究梯形的面积推导过程，让每个学生的思维得到最大的发展					小组合作学习单需简化，同时给学生准备的学具可以是单一的，激发学生尝试使用"割补"法进行探究学习	
教材分析	借助工人制作椅子的场景，出示近似梯形的椅子面和椅子面的平面示意图，通过提出恰当的数学问题，引导学生展开对梯形面积计算的学习					借助情境图，提出数学问题，激发学生探究的欲望，积极推导梯形面积公式	

学习目标 （标注重难点）	单元学习目标	通过观察、操作，掌握平行四边形、三角形和梯形的面积计算公式，并能正确计算相应图形的面积；了解简单组合图形面积的计算方法。 经历探索平行四边形、三角形和梯形面积计算公式的过程，培养观察、比较、推理和概括能力，渗透转化思想，发展空间观念。 能用有关图形的面积计算公式解决简单的实际问题。在解决问题的过程中，感受数学与现实生活的密切联系，体会学数学、用数学的乐趣	与本单元前面所学的平面图形面积推导过程进行对比，理解"转化"思想的广泛应用；沟通教材间的知识联系
学习目标 （标注重难点）	课时学习目标	1. 通过猜想、验证、实践等数学活动，放手让学生在动手操作、自主探索、合作交流中经历梯形面积公式的推导过程。 2. 通过小组展示、汇报多种推导方法，引导学生感悟"转化"思想在几何推导知识过程中的数学价值，发展空间观念和合情推理能力。 3. 在图形转化推导梯形面积公式中，经历有论据、有条理、有逻辑的思维过程，体会图形之间的联系，从中培养学生严谨、科学的理性精神	1. 通过放手让学生在动手操作、自主探索、合作交流中经历梯形面积公式的推导过程，展示多种推导过程，完全理解、掌握、应用梯形面积的计算方法解决相关的数学问题。 2. 通过小组展示、汇报多种推导方法，体验策略的多样性；引导学生感悟"转化"思想在几何推导知识过程中的数学应用价值；感受数学方法的内在魅力。 3. 在图形转化推导梯形面积公式中，经历有论据、有条理、有逻辑的思维过程，培养学生严谨、科学的理性精神；在解决数学问题过程中培养学生独立思考、求真求实的科学态度和乐于合作、善于创新的科学精神
环节目标		活动设计（结合重难点的突破，如何有效运用课程资源促进学生深度学习）	课堂生成后补充、修改的内容
在自主探索、合作交流中经历梯形面积公式的推导过程		同学们已经用不同的方法把梯形转化成了多种图形，并推导出了梯形面积的计算公式，真是了不起！现在让我们共同来欣赏每个小组的成果	

通过猜想、验证、实践等数学活动,发展空间观念和推理能力,获得解决问题的多种策略,感受数学方法的内在魅力	1. 展示"拼组"的方法。 学生一边展示拼、组的过程,一边介绍方法步骤。 预设1:梯形面积公式的推导方法与三角形面积公式的推导方法相同,运用"拼"的方法,选择两个完全一样的梯形可以拼成一个平行四边形,每个梯形的面积就是所拼成的平行四边形面积的一半。梯形上底与下底的和等于拼成的平行四边形的底,梯形的高等于平行四边形的高,由此得出: 梯形的面积 = 平行四边形的面积 ÷2 = 底 × 高 ÷2 =(上底 + 下底)× 高 ÷2 这个方法很好! 老师还发现有的同学拼成的是长方形,让我们来看看他们又是怎么拼的? 预设2:选择两个完全一样的直角梯形可以拼成一个长方形。 这样拼,能推出梯形的面积公式吗?请一位同学代表你们小组把拼、组的思路叙述出来。 学生展示拼、组过程。 预设:根据长方形的面积计算公式就可以推导出梯形的面积计算公式: 梯形的面积 = 长方形的面积 ÷2 = 长 × 宽 ÷2 =(上底 + 下底)× 高 ÷2 2. 展示"割补"的方法。 预设3:把一个梯形剪成两个梯形再拼一个平行四边形。将梯形对折,使上、下底重合,沿折线将梯形剪开,就可以拼成平行四边形。拼成的平行四边形的底就是梯形的上底 + 下底,高是梯形高的一半。平行四边形的面积就是梯形的面积。 同学们真爱动脑筋,想出了这么多的方法,老师非常欣赏你们的动手、创新能力。这些方法虽然操作过程不同,但是同学们一定感觉到它们之间是有共同点的,谁来说一说共同点是什么呢?	课堂生成:学生记录学习单时所用时间过长,课后反思在课堂中给学生提出的要求不够明确,多数学生没有选择使用简单的文字、图片记录自己的思考过程 调整1:今后在使用课堂学习单时,明确使用方法,给学生一定的示例,引导学生高效、简洁地记录自己的思考过程,切实提高课堂实效

在图形转化推导梯形面积公式中,经历有论据、有条理、有逻辑的思维过程,体会图形之间的联系;同时,在解决问题的过程中,感受教材之间的知识联系,进一步培养学生严谨、科学的理性精神	谈话:这几种方法都是将梯形转化成了我们学过的图形。 我们用"转化"的方法推导出梯形的面积计算公式为: 梯形的面积＝(上底＋下底)×高÷2 梯形的面积公式用字母怎样表示? 预设:$S=(a+b)\cdot h\div2$ 应用公式,解决问题。 一堆钢管,横截面近似于梯形,已知最上层是2根,最下层是6根,每相邻两层相差1根,那么这堆钢管一共有多少根? 全课总结,回顾整理。 谈话:同学们,这节课马上就要结束了,回想一下,你有什么收获? 预设1:我学会了梯形面积的计算方法。 预设2:我学会了用"转化"思想,运用旧知识解决新问题。 谈话:这节课同学们能积极思考,用自己想到的多种方法,推导出梯形面积的计算方法,你们很了不起! 出示小视频。仔细观看这段视频,你发现了什么?	调整2:课堂生成中,学生没有在第一时间说出"转化"方法,教师在课堂上有些着急。可以在结合后面的图形面积微视频进一步引导学生感悟图形之间联系的同时,自然渗透"转化"思想
如何整合课程资源突破重难点,从而促进学生深度学习	1. 运用PPT动画展示"拼组""切割"的过程,引导学生直观经历梯形面积的推导过程,感受所学新知识与本单元中的前两个知识间的联系,进一步提升学生的空间观念。 2. 增加趣味练习题,出示一年级智慧广场的"有序数数"一课中的小练习,将算式进行对比,沟通知识之间的联系,有效进行教材资源整合,进一步引导学生体会教材间的知识联系。 3. 全课总结中的微视频,让学生进一步感受平行四边形、三角形、梯形面积推导过程中的知识联系,进一步突破重点,促进学生深度反思本单元所学的数学知识	动画展示图形面积的推导过程,激发学生的探究兴趣,进一步有效整合了学科之间的资源,促进学生深度学习图形面积,感知图形面积推导间的联系

续表

分层作业设计	必做: 　1.利用手中的学具,介绍一种梯形面积推导方法讲给父母听。 　2.完成同步相关练习。 　选做:找一找与"有序数数"相关的数学趣题	必做: 　1.利用手中的学具,介绍一种梯形面积推导方法讲给父母听。 　2.完成同步相关练习。 　选做:感兴趣的同学研究一下"等差数列求和问题"其中的奥秘

课堂教学实录

[教学内容]《义务教育教科书·数学(五年级上册)》73～74页。

[教学目标]

1.通过创设情境,借助已有学习经验,学生运用转化的数学思想,在小组内用多种方法探索并掌握梯形面积公式,能解决相关的问题。

2.通过猜想、验证、实践等数学活动,经历观察、推理、归纳的学习过程,体验解决问题策略的多样性;提高学生的观察能力、动手能力和知识迁移能力,体会转化思想的价值,建立数学模型。

3.通过小组展示交流多种推导方法,培养学生有论据、有条理、有逻辑的思维习惯,体会图形面积之间的内在联系,激发学生对知识的深度探究;培养学生在解决数学问题过程中独立思考、严谨细致、求真求实的学习态度和勇于探索、乐于合作、善于创新的理性精神。

[教学重点]探索并掌握梯形面积公式。

[教学难点]理解梯形面积公式的推导过程。

[教学准备]梯形卡纸、胶棒、剪刀、多媒体课件、希沃授课助手。

[教学过程]

一、创设情境,提供素材

谈话:同学们,在这个单元里,我们跟随工人叔叔了解了平行四边形、三角形的面积计算方法。仔细看,叔叔在帮同学们钉板凳,你能从中发现什么数学信息,提出什么数学问题?

课件出示(见下图)。

生:这个椅子面有多大?

生:梯形的面积是多少?

师:要解决这个问题,必须先要解决什么?

生:梯形的面积。

师:今天我们一起来研究梯形的面积。(板书课题、出示课件展示)

椅子面示意图

在我们的生活中有很多这样的梯形需要我们计算它们的面积,但是梯形面积的计算方法我们还没有学过,同学们猜想一下,梯形的面积可能与什么有关?想一想前面推导平行四边形和三角形面积的方法,你想怎样研究这个问题?

二、迁移旧知,推导公式

师:大家都想到把梯形转化成我们之前学过的图形,有了各自合理的猜想!任何猜想都要经过验证,下面分小组一起动手合作探究验证一下自己的猜想吧!

(一)研究建议

师:在你们动手操作之前,老师要提出以下三点建议。

1. 想一想。把梯形转化成已学过的什么图形?

2. 猜一猜。转化后的图形与原梯形有什么关系?

3. 做一做。动手拼一拼、摆一摆、剪一剪、贴一贴,根据关系推导出梯形的面积公式。

先独立思考,再把你的方法与小组成员进行交流,共同验证;每小组选一名代表汇报,比一比,哪个小组想到的方法多。

(二)合作学习

1. 请大家各自选择一种梯形(直角梯形、等腰梯形、普通梯形)来完成验证任务。

2. 学生小组讨论,动手操作,教师巡视参与,了解情况。

(三)汇报展示

师:同学们用不同的方法把梯形转化成了多种图形,并推导出了梯形面积的计算公式,真是了不起!现在让我们共同来欣赏每个小组的成果。

1.展示"拼组"的方法。

用投影展示,学生汇报展示拼组的过程、推导方法及步骤。

生:两个完全一样的梯形(等腰梯形、直角梯形、普通梯形)可以拼成一个平行四边形,每个梯形的面积就是所拼成的平行四边形面积的一半。梯形上底与下底的和等于拼成的平行四边形的底,梯形的高等于平行四边形的高,由此得出:

$$梯形的面积 = 平行四边形的面积 \div 2$$
$$= 底 \times 高 \div 2$$
$$= (上底 + 下底) \times 高 \div 2$$

师:这个方法很好!老师还发现有的同学拼成的是长方形,让我们来看看他们又是怎么拼的?

生:选择两个完全一样的直角梯形可以拼成一个长方形。

师:这样拼,能推导出梯形的面积公式吗?请一位同学代表你们小组把拼、组的思路叙述出来。

学生展示拼、组过程。

生:根据长方形的面积计算公式就可以推导出梯形的面积计算公式。

$$梯形的面积 = 长方形的面积 \div 2$$
$$= 长 \times 宽 \div 2$$
$$= (上底 + 下底) \times 高 \div 2$$

2.展示"分割"的方法。

生:把一个梯形分割两个三角形 S_1 和 S_2。分别求出两个三角形的面积之和就是这个梯形的面积。$S = a_1 h \div 2 + a_2 h \div 2 = (a_1 + a_2) h \div 2$,梯形的面积 $= (上底 + 下底) \times 高 \div 2$

3.展示"割补"的方法。

生:把一个梯形剪成两个梯形再拼成一个平行四边形。将梯形对折,使上、下底重合,沿折线将梯形剪开,就可以拼成平行四边形。拼成的平行四边形的底就是梯形的上底 + 下底,高是梯形高的一半。平行四边形的面积就是梯形的面积。

生:把一个等腰梯形割补成一个直角梯形和一个三角形,拼组成一个长方形。

师:这几个小组汇报的同学,每位同学把推导过程讲得条理清楚、有理有据,给他们鼓掌。

三、操作验证,总结公式

师:同学们想出了这么多方法,老师非常欣赏你们善于动脑、乐于探索的学习精神。这些方法虽然操作过程不同,但是它们之间也有共同点,仔细观察一下,你发现了吗?

生:这几种方法都是将梯形转化成了我们学过的图形。

师:我们用"转化"的方法推导出梯形的面积计算公式为:

梯形的面积 =(上底 + 下底)× 高 ÷ 2

梯形的面积公式用字母怎样表示?

生:$S =(a + b)\cdot h ÷ 2$

师:

结合方法 1 追问:你是怎么想到用两个完全一样的梯形来转化的?

仔细观察这些算式,上底 + 下底表示什么? 为什么要除以 2,不除以 2 求的是什么? 这些方法中都有除以 2,表示的意思一样吗?

出示例题:椅子面的面积是多少?

师:请根据今天总结出的公式,列出算式。

集体订正。

四、应用公式,解决问题

(一)基础练习。

1. 口头回答下列梯形的面积。

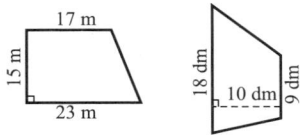

2. 上面计算梯形面积的算式正确吗?

(二)解决问题。

师:在很多物体中经常会看到梯形。下面我们来解决一些日常生活中的问题。

1. 只列式,不计算。

(1)一条新挖的渠道,横截面是梯形,渠口宽 8 米,渠底宽 5 米,渠深 1.8 米,横截面的面积是多少平方米?

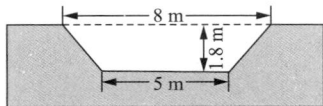

（2）一个鱼塘的形状是梯形,它的上底长21米,下底长45米,面积是759平方米,它的高是多少米?

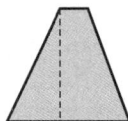

2.一堆钢管,横截面近似于梯形,已知最上层是2根,最下层是6根,每相邻两层相差1根,那么这堆钢管一共有多少根? （用不同的方法解决）

师:看来同学们对本节课的内容掌握得很好,希望同学们课后认真复习,加深记忆。

五、全课总结,回顾整理

师:同学们,这节课马上就要结束了,回想一下,你有什么收获?

生:我学会了梯形面积的计算方法。

生:我学会了用"转化"的思想,运用旧知识解决新问题。

师:这节课同学们能积极思考,用自己想到的多种方法,推导出梯形面积的计算方法,你们很了不起!

出示小视频。仔细观看这段视频,你发现了什么?

师:平行四边形、三角形、梯形之间有着密切的联系。还有很多有趣的数学题目等着大家去探索。

课堂观察评析表

表2-1　课堂观察评析表(陈安美)

时间	2018.11.26	班级	五年级1班	执教人		李　霞
课题	梯形的面积	课型	新授	观察人		陈安美
教学环节及环节目标	教材资源	生成资源		整合资源	与目标关联度,促进学生深度学习效果	

导入环节由问题导入到需要研究梯形的面积	提供材料导入需要,研究梯形的面积	根据问题导入学生认识到需要探索研究梯形的面积	根据教材资源提出问题,促进学生自主思考	目标明确,关联紧密,促进学生深度学习的开始
合作探索环节是根据目标先自主探索梯形面积,再在小组内交流	教材提供完全相同的两个梯形,可拼成平行四边形	学生根据拼成的平行四边形,研究发现梯形的面积	学生自主思考、探索的过程中到动手剪、拼,促成目标达成	与目标关联紧密,学生很好地投入到深度学习
在应用环节中,目标明确学生独立完成	求椅子面的面积	学生运用自主探讨求梯形的面积公式,自主计算	学生能将自主探索得到的面积公式主动应用、使用	目标明确,学生可自主进行深度学习
总结环节,目标明确	谈学习收获	学生能根据所学的知识自主总结	能将知识前后关联有效使用、提升	总结目标明确,有提升,促进深度学习

表 2-2　课堂观察评析表(梁丽)

时间	2018.11.26	班级	五年级 1 班	执教人	李 霞
课题	梯形的面积	课型	新授	观察人	梁 丽
教学环节及环节目标	教材资源	生成资源	整合资源	与目标关联度,促进学生深度学习效果	
旧知识导入运用学过的知识让学生尝试解决新问题	书上的信息窗	生活中的梯形	将前面学习的三角形、长方形、平行四边形的面积进行比较	学生在后面"做一做"合作中会想到用上以前学习的知识来尝试解决新问题	
合作探索让学生明确合作要求,用操作来感受	例题	独立动手尝试摆、拼、剪等方法	用上所学的平行四边形、长方形、三角形的面积公式	动手操作这一环节,让学生真正动手、动脑,进行深度思维的训练	
拓展练习巩固新知识	基本练习分层练习	走进生活	整合一年级所学的"智慧广场"知识,将这一知识代入本课学习中	让学生感受到知识的运用与生活、课本密切相关	
总结收获	谈自己的学习收获	微课	运用微视频概括本课的内容,同时进行知识的对比、沟通	让学生静下心来继续思考不同的方法	

表 2-3　课堂观察评析表（黄琴）

时间	2018. 11. 26	班级	五年级 1 班	执教人	李 霞
课题	梯形的面积	课型	新授	观察人	黄 琴
教学环节及环节目标	教材资源	生成资源	整合资源		与目标关联度，促进学生深度学习效果
合作研究	椅子的面是梯形	根据前面所学的知识，想到用拼、割的方法。	与三角形、平行四边形面积推导整合、推测出梯形的面积计算方法		学生通过"转化"的数学思想方法，探索到梯形的公式
交流公式的推导过程	交流梯形推导过程	学生交流梯形的面积公式要除以 2	将公式与图形结合，解释为何要除以 2，明晰公式的道理		完成本节课后的教学目标，梯形的面积公式的学习
巩固应用知识	独立解决练习题	走进生活	整合一年级所学的"智慧广场"知识，将这一知识代入本课学习中		让学生感受到知识的运用与生活、课本密切相关

表 2-4　课堂观察评析表（高云凤）

时间	2018. 11. 26	班级	五年级 1 班	执教人	李 霞
课题	梯形的面积	课型	新授	观察人	高云凤
教学环节及环节目标	教材资源	生成资源		整合资源	与目标关联度，促进学生深度学习效果
小组合作自主探究	把梯形转化成已学过的图形来研究			拼组成平行四边形与平行四边形整合	通过小组推导多种算法
沟通图形面积联系	原梯形与转化后的图形有何关系			切割成三角形与三角形融合	求真求实态度，加深内在联系的认识
分层练习打开深度和广度	根据关系推导出梯形的面积公式			切割、拼成三角形与三角形整合	大胆总结梯形面积与平行四边形的面积
拓展	"转化"思想			数学精神在随时地发挥作用	学生掌握"转化"思想与数学精神

表2-5 课堂观察评析表（李明明）

时间	2018.11.26	班级	五年级1班	执教人	李霞
课题	梯形的面积	课型	新授	观察人	李明明
教学环节及环节目标	教材资源	生成资源	整合资源		与目标关联度，促进学生深度学习效果
小组合作自主探究	把梯形转化成已学过的什么图形来探究		拼、组可拼成平行四边形与平行四边形知识整合		通过小组合作学习推导、总结多种算法
沟通图形面积联系	原梯形与转化后的图形有什么关系		切割成三角形与三角形知识整合		求真求实态度，加深内在联系的认识
分层练习打开深度广度	根据关系推导出梯形的面积公式		切割、拼成三角形与三角形整合		大胆总结梯形面积与平行四边形的面积计算公式
拓展	"转化"思想		数学精神在随时随地地发挥作用		学生掌握"转化"思想与数学精神

表2-6 课堂观察评析表（仲潇雯）

时间	2018.11.26	班级	五年级1班	执教人	李霞
课题	梯形的面积	课型	新授	观察人	仲潇雯
教学环节及环节目标	教材资源	生成资源	整合资源		与目标关联度，促进学生深度学习效果
学习梯形的面积练习	梯形的面积	不同的方法解决梯形面积	三角形、平行行形、梯形的面积的整合		通过"转化"的方法，寻求梯形的面积计算公式，促进学生深度学习

续表

探究	梯形的面积计算公式		这三个方法可以推导出梯形的面积公式	通过独立思考,小组合作,全班汇报,促进课堂生成
练习	梯形的面积练习	利用(上底 + 下底)× 高 ÷ 2	教师记录课件图例	学习资源有效整合再利用	通过知识不断地丰富学习,将问题解决

研讨实录

高岩主任 随着李霞老师的一声"上课",本学期的教学节又拉开了帷幕。(首先让我们用热烈的掌声欢迎区教研员李老师的到来。)这次打头阵的还是我们数学高年级组,遵照学校"三次集备六步研"的要求,对本节课进行了多次研讨,参与研讨的每一位教师都从中收获了很多。下面先请李霞老师从教学设计和备课历程谈谈自己的体会和收获。

李霞 结合我校的课题研究——"以课程资源整合,促学生深度学习",本节课我主要通过"创设情境—小组合作探究—展示、交流—引导学生自己总结公式—应用梯形面积的计算公式解决实际问题—构建知识体系",分六步完成本课的学习目标。

制定的学习目标如下。

1. 通过创设情境,借助学生已有学习经验,学生运用转化的数学思想,在小组内用多种方法探索并掌握梯形面积公式,能解决相关的问题。

2. 通过猜想、验证、实践等数学活动,经历观察、推理、归纳的学习过程,体验解决问题策略的多样性;提高学生的观察能力、动手能力和知识迁移能力,体会转化思想的价值,建立数学模型。

3. 通过小组展示交流多种推导方法,培养学生有论据、有条理、有逻辑的思维习惯,体会图形面积之间的内在联系,激发学生深度探究知识;培养学生在解决数学问题过程中独立思考、严谨细致、求真求实的学习态度和勇于探索、乐于合作、善于创新的理性精神。

学习重点:探索并掌握梯形面积公式。

学习难点:理解梯形面积公式的推导过程。

梯形面积计算的推导方法是对前面所学的几种图形面积计算公式推导方法的拓展和延伸。通过本课时的学习,能加深学生对图形特征以及各种图形之间的内在联系的认识,领会"转化"的数学思想,为今后学好几何图形打下坚实的基础。由于学生已经经历了平行四边形和三角形的面积计算公式的推导过程,完全有能力利用所学的方法进行梯形面积计算公式的推导;因此,我大胆地让学生自己完成这一探索过程。对于个别学困生,我则通过参与他们的讨论,引导他们自己去发现问题,解决问题。提供给学生几种不同形状的梯形去探究,目的是让学生经历从特殊到一般的归纳过程。有了操作和讨论做铺垫,公式的推导也就水到渠成了,他们可以自己归纳公式。在"操作、观察、分析、讨论、概括、归纳"这一系列的数学活动中,放慢思考的步伐,学生亲历了一个知识再创造的过程,体验到成功的喜悦。同时,通过分层练习,在交流、对比中打开学生思维的深度和广度,不仅巧妙巩固本课知识,完成教学目标,而且与学生一起深度回顾教材知识,实现了课本内部知识与方法的整合与拓展,培养学生的理性精神。

高云凤　一节课的关键是教学目标的确定。教学目标是教学活动主体在具体教学活动中所要达到的预期学习结果。教学目标是课堂教学的核心和灵魂,它是教学内容的纲领性要点,是教学活动的指南性提示,是教学结果的评价性标准,是整个课堂教学行为的导向。一节课的形式无论如何变化,教学手段如何巧妙,最终还是要把握好教学目标和重、难点。

这次李老师给我们展示了精彩的一课"梯形的面积",从教学目标上看,李老师的目标非常明确具体,构建本节课时明确地运用"转化"的数学思想方法,以新旧知识的迁移为平台。如课堂的开始,李老师先带领学生了解了平行四边形和三角形的面积计算公式的推导过程。并通过比较,明确两者之间的共同点是运用了"转化"的方法,使学生意识到梯形也可与学过的其他图形产生联系,从而计算出面积。这一环节的设置,为新知识的学习打下了基础。让学生把陌生的知识自主地转化为已有的知识经验,明确体验了迁移、转化的思想。

准确地确立重、难点。本节课的重点是:探索并掌握梯形的面积公式,理解面积公式的推导过程。教师在教材处理和教法选择上都突出了重点。使学生会用转化的思想来推导梯形的面积公式,突破了难点。如在探究梯形的面积计算公式时,通过学生自主实践活动,学生亲自动手实践,真正做到"知其然,必知其所以然",而且思维能力和动手操作能力都得到锻炼和提高。在充分感知和理解的基础上总结出梯形的面积计算方法,达成了教学目标,为后面更深入地学习打下基础。

张春兰 本次教学节一起研磨的是五年级李老师执教的《梯形的面积》,经过三次集备六步研,在老师们的互动讨论交流中,结合李老师的这节课例以及自己多年的经验,用实际生动而又具有说服力的讲座,让大家更加明确只有在充分预设的基础上才能利用好生成性资源,促进学生的深度学习。我本人也从中受益匪浅,感受如下。

1. 主动探索,深度学习。在面积计算推导过程中,通过拼组、分割、割补等操作活动,尝试找到多种转化方法,把新图形转化成已经学过的图形,巧妙渗透"转化"思想,并在学生交流过程中相互启发、拓展思维,进一步体会图形面积之间的内在联系,激发学生深度探究知识,培养学生的创新意识。

2. 有理有据,渗透德育。理解面积的推导过程是面积教学的重头戏,在探究梯形面积时,教师以让学生进行推导为抓手,通过生生质疑、师生质疑"你是怎样想到要用两个完全一样的梯形来转化的?"让学生发现、总结:两个完全一样的梯形(等腰梯形、直角梯形、普通梯形)可以拼成一个平行四边形,每个梯形的面积就是所拼成的平行四边形面积的一半。梯形上底与下底的和等于拼成的平行四边形的底,梯形的高等于平行四边形的高。教师追问:"这里为什么要除以2?"学生回答,"因为平行四边形的面积是由2个完全一样的梯形组成的,所以只有除以2才能求出一个梯形的面积"。教师追问:"不除以2求得是什么?""拼组、分割、割补都有除以2,表示的意思一样吗?"学生讲得有理有据,推导过程思路清晰。

3. 练习具有针对性和探索性。练习设计层次清晰,由易到难针对性强,既有基础练习,又有拓展练习(第三道练习题与一年级的"智慧广场:有顺序地数数"知识相整合,放手让学生们独立解答,感受解决策略的多样化和灵活性);巩固应用梯形面积公式解决生活中的数学问题,进一步体会知识之间的内在联系;引导学生在练习中有新的思考,新的感悟,进行深度学习。

好课是我们每个人追求的目的,为了让听课学生、教师不感到乏味,我们在备课时拼命查找各种资料,在二次备课时,对课堂教学过程重新整理并渗入自己的创新因素,因此每堂课总能让人眼前一亮。议课时,教师的点评,是从自己的角度提出的,是新颖、独特的。这个过程,让我看到了每位教师的博识,今后我会借鉴大家的智慧,使自己的专业水平得到更大的提高。

这次集备,虽累但快乐有收获。

王振涛 不知道大家是否和我有同样的感受,在小学学完梯形的面积计算公式到现在几十年生活中几乎一次也没有用到过,包括我们学的很多知识,几乎都没有用过。那么我们学习这些数学知识有什么用呢?

日本数学教育家米山国藏的《数学的精神、思想和方法》一书中曾经说过这样一段话:"在学校学的数学知识,毕业后若没什么机会去用,一两年后,很快就忘掉了。然而,不管他们从事什么工作,唯有深深铭刻在心中的数学的精神、数学的思维方法、研究方法、推理方法和看问题的着眼点等,却随时随地发生作用,使他们终身受益。"我们数学课标上也有类似的阐述。

今天李霞老师这节课的设计,就特别注重了思想方法的渗透。她把大量的时间和空间放手给了学生,让学生动手操作,经历建立数学模型的过程,让学生在活动中感悟"转化"的思想方法。我想学生上完这节课,不仅掌握了梯形面积的计算方法,更对"转化"有了更深刻的认识。我们生活中很少计算梯形的面积,但是"转化"的思想方法经常用,比如我们大家熟知的"曹冲称象",测量不规则物体体积等。思想方法比知识本身更重要,我想这样的东西才是学生应该具备的核心素养,李霞老师给了学生这样参悟的机会。看似"浪费"了很多时间,学生却受益终身。还有,课堂上呈现的"转化"的多样性,也可以让学生意识到,世界上不止一条路可以通向罗马。

李艳 谢谢各位老师,李霞老师展示的这节课也非常精彩,尤其是教学组集备的成果展示。咱们学校的教学工作一直扎扎实实,采用了"三次集备六步研"的方式扎实开展教学研究。本次教学节研究的主题是"把握课堂预设与生成,促进学生深度学习",拿到这个主题的时候,我就想到要与大家分享的两个关键词,一个是预设与生成,一个是深度学习。这两个关键词,最重要的落脚点,既从学生的角度又从教师的角度,对教师的课堂提出了新的要求;预设与生成是课堂教学中永恒存在的话题,而且我觉得预设与生成这两者存在着辩证关系,它们是息息相关的,这是教学中一个基本的点。再一个是深度学习,是整个教育界热门的话题。本次主题的选择非常好,结合本次研讨的主题和高年级组交流的过程,我与大家交流一下我的想法。

一是预设与生成。预设体现了教师备课的思路,可以看出李霞老师非常认真地钻研了教材,研究了学生。从以下几个点可以很好地体现出来。第一,要研究的梯形的面积,教师的导入问题非常好,"你觉得梯形的面积,可以从哪些方面研究?"教师又问,"以前研究的三角形、平行四边形的面积是怎样研究的?"这样一系列的问题,是教师开始预设充分的第一个体现。第二,学生在解决问题的过程中,学生可能会出现五种推导的方法,可以看出教师从学生的角度出发做出了充分的预设。第三,在学生推导出计算公式后,教师的及时追问非常好:"为什么要除以2,除以2表示的意义都一样吗?"我觉得这个点抓得非常好,这就是梯形面积推导过程中最重要的一个环节,这是与其他图形面积推导过程中不一样的一个点,也是学生思维生长的一个很好的契机,这几个方面都可以看出教师进行了充分的预设。

同时,每个环节也十分清楚:第一独立思考,第二小组交流,第三全班汇报;教师给学生搭建了思考的平台。还有李霞老师在这节课中要完成她的预设与生成,应用了很好的策略——乘胜追击。对学生进行不停地追问,让学生在生成的过程中,更好地揭示数学的本质,很好地达成了预设与生成。

二是深度学习,深度学习的核心就是提升学生的思维品质。深度学习的最终目标就是提升师生的数学素养,基于这样的目标和想法,我们开展了深度学习,可以采用的策略有对比、提问,都可以促进学生课堂上的学习的深度。结合深度学习的核心任务,提升师生的品质。教师在课堂上始终围绕着核心任务开展,学生的思维也从具体到抽象完成了思维能力的提升。教师在课堂中让学生循序渐进地学习,引导学生猜想、独立探索,而这个过程就是激活学生思维的过程。由平行四边形、三角形的推导过程逐步引入学习的过程,这就是学生思维的生长点;同时,让学生动手操作,感悟与旧知识的联系,这就是学生思维发展的过程;看学生的思维发展,就是看学生课堂上的交流,教师可以把交流的主动权交给学生。在今天的课堂上呈现了三种不同的推导方法,在这个点上,可以让学生说得更多一点。在这个方面上,李霞老师有点着急,其实在这个过程中,还可以让学生进行思辨。大多数同学都运用了第一种推导方法,还有其他两种方法,可以让学生交流、辩论,通过辩论让学生进行对比。

三是生活应用。本节课中李老师设计的精准习题,有梯度和深度。通过习题,可以让学生感受数学知识在生活中的应用,让学生不仅用所学的知识解决了生活中的问题,同时还完成了知识的建模。与一年级所学的"智慧广场"的知识素材进行了联系,可以看出在习题设计上李老师下了很大的功夫。

我们在数学课上主张留下两分钟,让学生思考自己一节课的收获,让学生总结、提炼。

提两点建议,一是李霞老师的预设非常充分,但课堂生成与预设有了差距,如何更好地解决好预设与生成,这也是本节课一个重要思考的问题。尤其是这节课中,有一位同学在动手操作中,想到了一个方法,剪掉梯形的一个小角,拼成了长方形,却总结不出计算方法。李霞老师在课堂上就舍弃了这位同学的想法,但我的观点是,何不抓住这么好的契机,虽然没有得出计算方法,但这种方法是否可行,可以让学生课下继续讨论、交流。这里面给学生提供了两个思维点:一是大多数同学想到了用两个梯形进行拼摆,但这位同学想到了用一个梯形进行拼摆,可以激发学生进一步探究;二是通过这个课堂生成,还可以看出这位学生与其他学生的思维不同,教师要及时抓住这个闪光点,引导感兴趣的同学课后继续研究其他推导方法,促进一部分学生深度学习。这样,比教师用课件呈现方法效果更好。预设的其他方法之所以没有出现,我觉得教师准备的学具可以再调整一下,每个学生都是两个一模一样的学具,如果给小组同学提供一套独立的梯形,与其他梯形无法拼成一个平行四边形。还有在学习单上用时偏长,学生记录的时间偏长,反而交流的时间减少了,虽然李老师在课堂上提醒学生"长话短说",如果学生们先在小组内交流,再简单记录的话,或许学生们的生成会更多。

给集备组提一个建议:建立单元备课的理念,让学生经历知识产生的过程,不仅体会到知识迁移的过程,还感受到知识间的连贯性。

高岩主任 感谢李老师的精准点评。我们说教学研究是没有尽头,没有最好,只有更好。感谢老师们的认真聆听。

教学片段分析

抓住"问题"资源 激发学生"深玩"数学

李 霞

叶澜教授提出:"课堂应是向未知方向挺进的旅程,随时都有可能发现意外的通道和美丽的风景,而不是一切都必须遵循固定路线而没有激情的行程。"课堂教学是一个动态生成的过程,经常会产生意料之外的新信息、新方法,课堂的精彩之处往往来自精心预设基础上的绝妙"生成"。通过执教"梯形的面积"这节课,我也有了很多发现和感触。

一、珍视课堂生成中的"问题"

教育家陶行知说过:"发明千千万,起点是一问。"问题是思维的起点,没有问题,思维就成为无源之水、无本之木。课堂上,教师要敏锐地发现学生的疑点,尊重学生的问题,不是一味地不分情况地"视而不见"或者"打压",而是循循善诱,把问题生成一种教学资源。

在执教"梯形的面积"一课时,学生已经学习了平行四边形、三角形的面积推导方法,可以更好地体验梯形面积的推导过程,培养学生思维的深度和广度,引导学生们多角度地运用旧知识解决新问题,感受图形拼组、割补带来的方法多样化,深度感受数学转化这一思想。

为了引导学生大胆猜想梯形的面积可以怎样进行推导,我不仅让学生们自由选择了自己喜欢的梯形(等腰梯形、直角梯形、普通梯形),课堂上还生成了三个有效问题:把梯形转化成已学过的什么图形来研究? 转化后的图形与原梯形有什么关系? 你想怎样验证你的猜想? 随后放手让学生用学具拼一拼、摆一摆、剪一剪、贴一贴,把发现记录在学习单上。

二、珍视回答,捕捉有用信息

在进行教学的过程中,学生之间的讨论以及不小心说出的话语,常常能碰撞出思维的火花。教师要时刻重视学生的主观感受,及时地发现其中所出现的具有价值性的问题以及意见,结合实际情况改变教学方向,让学生深入思索交流,让课堂闪现出智慧的火花。

学生在独立思考后,动手慢慢地拼、折、剪、贴起来,当我慢慢地走到学生身边时,我意外地听到了学生们找到了多种推导方法,每个小组的想法各不相同:有的同学想到了把两个梯形拼成一个平行四边形,可以求出梯形的面积;有的同学想到把两个直角梯形拼成一个大长方形;有的同学把一个梯形分成了两个三角形;还有的同学大胆地把等腰梯形割补成一个长方形……

一节课下来思维火花在朵朵绽放,同学们不断地在数学世界中感受到图形之间的联系,数学思路慢慢拓展,最终触及知识的本质,真正经历了梯形面积推导的全过程。

三、放慢探究的脚步,收获深度学习

通过这节课的学习,教师放慢脚步等待学生运用已有知识解决新问题,学生慢下来思考梯形面积的多种推导方法,看似拖延了时间,却收获了意想不到的"风景"——学生在轻松的合作学习氛围中开启自主思考、探究;教师蹲下身来走近学生,感受头脑风暴促进学生深度思考问题;在动手中体验、发现、总结公式,在交流、对比中打开思维的深度和广度,不仅巧妙地完成教学目标,还实现了课本内部知识与方法的整合与拓展。

数学教学的核心价值就是引发学生的数学思考,提升学生的数学思维水平。疑问是开启学生思维的心扉,猜想会触动学生思维的大门,慢下来学习就会让学生收获知识与能力,让学生不仅学会,还要愿学,更要会学才是教学的最终意义。

　　回顾最后一次上课中没有生成预设的多种方法,课上我也有点着急,静下心来思考学生在课上探究时间过长的原因,一是学生在题纸上汇报的文字内容偏多,二是准备的学具材料还可以再充分一些,给学生更多选择的空间。这样在课堂上就会生成更多的"好方法"。通过这次磨课让我切身体会到备课的预设是为课堂生成服务,要充分做好课前准备;同时,针对课堂上生成的好方法,要及时捕捉、利用,变成学生掌握知识的有效资源,才能激发学生深度学习,乐于做课堂上知识的发现者、创造者。

　　记得有人说过:一堂数学课就是一段生活,一段教师和学生情感交流、智慧互动的生命历程。只有深入挖掘教材,创造性地处理和使用,把教材激活,才能引领学生参与探索知识的全过程;在深入质疑中打开思维的深度和广度,让学生在动手中体验、发现、总结规律,全方位地理解知识的内涵和外延,真正感悟生活中的数学魅力所在。同时,通过与课本的对话、交流,给学生的思维打开一扇新的窗户,在"深玩"数学中培养面对困难和挑战的积极态度,让每一个学生具备成长型的数学思维。

第二部分

以深度教研推动课程创新

第三章

以深度教研推动学校课程深度建构

‖ 第一节　推进课程深度建构，持续提升团队研究力 ‖

薛　燕

青岛新昌路小学基于校情，传承学校文化基因，在整体构建"致教育"课程体系基础上，通过以课题为引擎深入推进国家课程的校本化实施和探索校本课程的开发及实施路径，扎实推进课程深度建构，持续提升了学校教师团队的研究力，助力师生成就最好的自己。

一、基于基因传承，整体架构"致教育"课程体系

（一）梳理学校发展沿革，探寻学校文化基因

青岛新昌路小学是随青岛东部开发建设起来的一所小区配套学校。1994至2008年，学校承担了"和谐教学"国家规划课题，实施生命教育，通过构建学习型组织，提升了教师的专业水平，促进了师生身心和谐发展；2008至2016年，学校着力打造以"点滴尽致"为核心的"致教育"学校文化；2017年以来，学校持续深化以"点滴尽致"为核心的"致教育"学校文化，在传承中发展，架构并持续完善"致教育"课程体系。

（二）秉承办学理念，确立课程建设目标

"因材施教"是我国古代教育史上一个重要的教学思想和教学方法。早在2000多年前，我国著名思想家、教育家孔子就积极倡导并十分重视因材施教。朱熹将其概括为："孔子施教，各因其材。""因材施教"作为一种教育思想，注重在尊重人的差异基础上通过不同的教育方法，促进每个人的发展。在学校文化基

因分析的基础上,结合"因材施教"教学思想,学校确立了"成就最好的自己"的办学理念和培养"致知·致善·致美"新昌少年的育人目标。

在办学理念落地的过程中,我们尊重每一名学生的差异,从原生家庭、品质个性、学业基础等方面充分地研究每一名学生,通过"尊重和激励"促进他们的生动发展。学校通过"致教育"课程体系的架构,从他们的潜质和素养出发,顺应生命存在的状态,为每一名学生设置个性化成长的"场域",通过外在环境的熏陶和潜移默化的影响,唤醒他们内在的发展潜质,激发他们去积极认识和感受自身存在的巨大的发展动力和能量,激发学生内在的发展动力,从而实现自我超越,成就最好的自己。

学生发展目标:通过"致教育"课程建设,使课程成为促进学生全面发展的重要载体。在课程开发与实施的过程中,培养良好的道德品质;学会学习,学会求知;能够向爱而生、向美而生,并持续提升自身修养的"新昌致美少年"。

教师发展目标:"致教育"课程建设对于教师的专业态度、专业品质、专业能力都提出了更为精致的要求。追求教师思想境界的提升,改变角色认知、专注于教学、主动发展,实现"宁静致远"的职业诉求;追求专业能力的提升,积极探索改变教学方式,熟练运用互联网、多媒体工具等现代教育技术,提升课程设计、课程建设、课程整合等综合能力,以适应"致教育"课程建设的要求。

学校发展目标:秉承"成就最好的自己"的办学理念,通过"致教育"课程建设,形成学校科学的课程管理和课程评价体系,实现课程架构的生动别致,以此促进学生的综合素养提升,促进学校内涵发展,办有质量的教育。

(三)基于课程目标,重构"致教育"课程体系

在横向上,依据三级课程的学科性质和课程实施方式,对学校课程进行了适当的整合,将"致教育"课程分为人文类、科学类、社会类、艺体类四大类别;在纵向上,依据国家、地方和校本三级课程的逻辑体系,将"致教育"课程分为基础型课程、拓展型课程和发展型课程三部分,三者相辅相成,使学校的办学理念和育人目标得以落实,师生共同成就最好的自己(图3-1)。

基础型课程:主要指建构学生人生发展所必备的知识和技能的课程,包括国家课程和地方课程。学校将严格执行上级部门下发的课程方案,开齐、开足课时的同时,依托学校申报立项的市级课题"基于深度学习的课程资源整合研究",既关注课程体系的架构与完善,也着力于基于常态课堂的深度课程研究,促进教师课程观念的更新,带动教学行为的改变,以此提升学校育人质量。

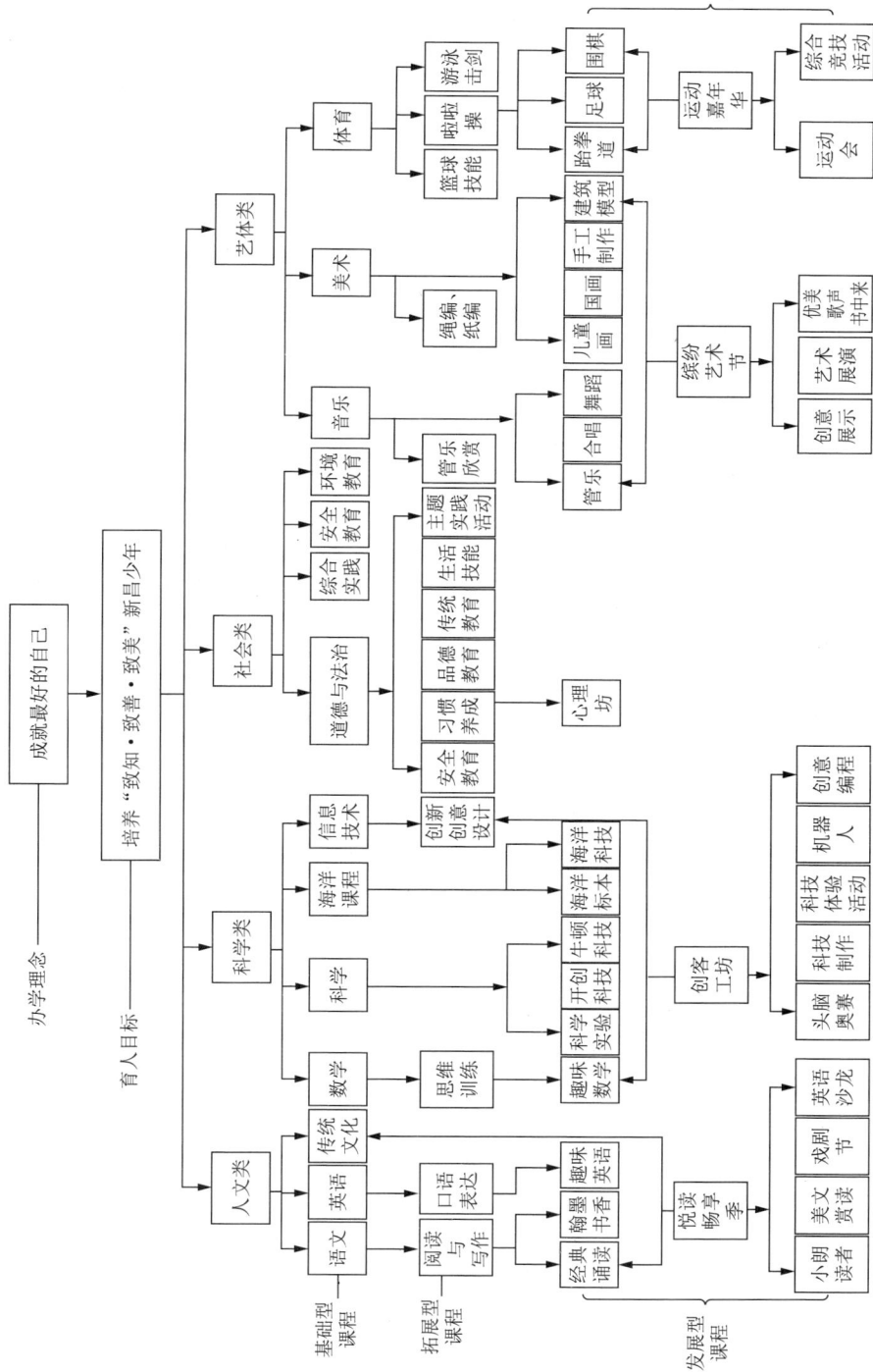

图3-1 课程体系架构

拓展型课程：是基础型课程的纵向延伸，基于育人目标的要求，依据"课程标准"，依托国家课程和地方课程进行深度开发和校本化实施。学校开设的十五门拓展型课程，将语文（阅读与写作）、英语（口语表达）、数学（思维训练）、体育（篮球技能）、综合实践（生活技能）等几大学科教学进行拓展和延伸。以上课程，每个年级的训练目标及内容均有层次、有递进。

发展型课程：着眼于促进学生全面发展与个性化发展。其中，20门课程分层设置，学生可以根据自己的兴趣爱好及特长进行选择，走班上课。四门课程全员参与，如悦读畅享季、创客工坊、缤纷艺术节、运动嘉年华等专题类活动纳入其中，作为基础型课程和拓展型课程的有益补充。

课程是培养人、发展人的主要载体，"基础型课程""拓展型课程""发展型课程"共同指向的是学生的全面发展。"致"为激发与成就，学校通过改变教与学的方式、搭建多元的展示平台、提供丰富的学习资源，从而激发学生全员参与的兴趣和欲望，帮助学生获得独特的学习体验与收获，助力学生成为最好的自己。

二、以课题为引擎，推进国家课程校本化实施

我国新一轮基础教育课程改革中，"课程资源"的提出打破了固有的"教科书是唯一的课程资源"的观念，而这一观念的转变对于改变学生的学习方式，对于教师创造性地实施新课程具有非常重要的意义。基于学校课程建设的需要，我们将"十三五"市级课题立项为"基于深度学习的课程资源整合研究"，确定了以课题研究为引擎，推动学校课程深度建构的整体工作思路。

（一）结合课题研究实施，探索国家课程校本化实施路径

学校以教育部颁布实施的"新课程标准"为引领，结合"基于深度学习的课程资源整合研究"科研课题的实施，全面调整备课模板，精准制定课时和单元学习目标，梳理并形成了青岛新昌路小学"三次集备六步研"特色校本研修路径，将课程理念活化为教学行为、深化为教学品质、内化为教学智慧，使教科研成为高品位、高品质的教育教学实践活动，从而有效提升了国家课程校本化实施的质量。

随着课题研究的深入以及国家课程校本化实施路径的明晰，我们从关注课堂上"利用课内外课程资源整合促进学生深度学习"，到进一步关注"把握课堂生成资源促进学生深度学习"，引导教师不仅关注课前的课内外课程资源搜集与整合运用，还要将课堂上的生成性资源予以灵活把握和因势利导，从而促进了学生的深度学习，高效达成学习目标。通过对课程资源的学习、理解与有效整合，

学校教师团队整体研究力持续提升。

（二）注重研究成果梳理，丰富课程资源促国家课程深度实施

学校注重引导教师及时撰写科研札记和研究论文，从优秀案例中及时提炼教师课堂中能够促进学生深度学习的课程资源和有效运用生成性资源促进学生深度学习的策略等内容，及时进行总结与分享，让教师真正成为课程资源开发的组织者、设计者和引导者，形成学校课程资源库，将成果进行推广与应用，以丰富的课程资源促进课程深度建构，提升教师团队研究力，从而助力师生成长。

三、成立核心研究团队，探索校本课程开发与实施路径

学校"致教育"课程体系中的"拓展型课程"，基于育人目标的要求，依据"新课程标准"，对国家课程和地方课程进行深度开发和校本化实施。学校成立了学科骨干教师组成的"校本课程开发"核心团队，依托学校申报立项的市级课题"基于深度学习的课程资源整合"，以《义务教育英语课程标准》为基础，以培养学生英语核心素养为总目标，重点在英语绘本阅读方面进行了深入研究与大胆实践。

通过英语绘本阅读课程的开发及成功试点，已探索形成了较为科学的校本课程开发与实施路径，并在其他几大学科教学领域进行了拓展和延伸，如语文的阅读与写作、数学的思维训练、体育的篮球技能、综合实践的劳动技能等。

（一）多维思考，拟定校本课程目标

"校本课程开发"核心研究团队的教师们基于对学校育人目标的思考以及对接学校课程体系建设目标，从学生维度、教师维度、学校维度等多个维度，明晰了英语绘本阅读课程的目标。

（二）基于问题，做好绘本内容选择

我们通过逆向思维，根据前期英语绘本阅读课程试点在绘本选择方面出现的问题，确定了绘本选择的原则：如绘本难度适中、学生语言能力范围内的原则，绘本选材立足儿童视角、贴近儿童生活原则，选择有语用环境的绘本原则等。

（三）多种途径，挖掘绘本阅读资源

通过网络搜索、同行访谈和学生调研等途径，核心研究团队的教师们初步优选确定以下系列分级读物，如《外研社丽声拼读故事会》《大猫英语分级阅读》等。这些系列绘本从难易程度到数量均能满足小学阶段学生阅读需求。

（四）双轨并行，推进英语绘本阅读课程实施

一是从国家课程英语课堂教学方面，我们对英语教材进行深入分析，基于教学目标的有效达成，选用与教材话题相关的英文绘本进行课堂导读、推荐赏读和拓展练习。二是从选修课（每周四下午 1 个小时）和学校课程（三、四年级间周一节）方面，我们立足学科特点，结合英语阅读教学三阶段（pre-reading，while-reading，post-reading），进行整本书阅读。

（五）多元参与，做好英语绘本阅读课程评价

学校结合英语绘本阅读课程目标，结合学生英语学习现状，从教学资源的融合、教材的选用、学习策略、思维能力等方面来进行课堂观察及评价，通过定量与定性的数据收集及信息的分析，科学地进行英语绘本课程评价的探索研究。

学校通过扎实推进课程深度建构，唤醒了教师的研究幸福感，提升了教师团队的整体研究水平。

‖第二节　英语绘本阅读校本课程建设方案‖

侯丽丽　孙晓艳　薛　燕

一、背景与问题

（一）背景分析

1. 英语学科核心素养。

现今社会生活的信息化和经济的全球化，使英语的重要性日益突出。英语作为重要的信息载体之一，已成为人类生活各个领域中使用最广泛的语言。许多国家在基础教育发展战略中，都以英语教育作为公民素质教育的重要组成部分，并将其摆在突出的地位。2014 年 3 月，教育部发布了《关于全面深化课程改革落实立德树人根本任务的意见》，提出了"核心素养"这一重要概念，提出了要加强"核心素养体系"的建设。核心素养体系被置于深化课程改革，落实立德树人的基础地位，成为下一步深化工作的"关键"因素和未来基础教育改革的灵魂，及新一轮课改的方向。英语学科的核心素养包括语言能力、思维品质、文化品格和学习能力四个方面。语言能力是通过语言来理解和表达思维意识的能力。思维品质是思考分析能力，用英语进行多元思维活动。文化品格是理解各国文化内涵，尊重文化差异。学习能力是获得和运用知识的能力。这些都贯穿在整

个英语教学中,同时对英语学科核心素养的形成起到关键作用。

2. 学校"成就最好的自己"的办学理念。

一直以来,学校秉承"成就最好的自己"的办学理念,其中的"成就"即为"致","最好的自己"既指向于教师,也指向于学生。在国家教育方针的指导下,基于学校的办学理念、校情和学生发展实际,学校确立了培养"致知·致善·致美"新昌少年的育人目标。

致知:学会学习,学会求知。主要关注学生智力和认知发展,坚持在教学中要引导学生探究知识的同时,习得学习方法,拓宽学习视野,提升思维品质,尊重学生独立的见解。

致善:关注学生良好的道德品质和社会性发展形成,立德树人。使教育教学成为和谐互动的过程,激发学生"善"之本性的同时,激发学生的学习情感与动机,引导学生建立规则意识,树立正确的价值观和建立良好的人际关系。

致美:从审美的角度看到教育的"初心",引领学生向爱而生、向美而生。通过营造和谐的教育氛围,引导学生在理解美、欣赏美、创造美的同时,学会感受学科之美,发现生活之美,并浸润其中,持续提升自身修养。

而我们的"绘本阅读"课程作为"致教育"课程建设之一,基于英语学科,以学生核心素养提升、基础知识运用、兴趣能力培养为目标,改变教学内容呈现形式,丰富教与学的方式,启动教学资源共享模式,以此推动课堂由封闭性向开放性转变,从而指向了学校的办学理念。"绘本阅读"课程,它对于满足学生的发展、充分发挥学生个性潜能优势,对于满足学校的需要、学科的需要,创建学校特色和特色课程,最终促进学生个性的全面和谐发展,有着独特的意义和重要的作用。

3. 英语绘本定义。

绘本一词来自日本,指的是文字与图画相辅相成的图画故事书,表达特定情感和主题的读本,通过绘画和文字两种媒介在不同向度上交织、互动,来说故事的一门艺术。通俗地说,绘本其实就是图画故事书。英文绘本,指的就是以英语为表述语言的图画故事书。英文绘本阅读,是一种融合视觉与语言艺术的阅读活动。它具有画面优美、情节简单、句型反复、语言押韵、寓意丰富等优点,吸引学生更乐于尝试与接受英语的挑战,而不再对英语学习产生畏难情绪。英文绘本的学习,是一种在阅读中自然习得语言知识和能力的重要学习方式。当学生使用绘本进行阅读学习的时候,他们能够感悟到绘本故事和现实生活具有紧密的联系和相似性,从而引发他们对学习的兴趣。

(二)核心问题

英语基础教育阶段的英语课程应培养、激发学生的英语学习兴趣,使学生树立自信心,提高学生的语言综合运用能力。英语课程要求合理利用和积极开发课程资源,给学生提供贴近学生实际、贴近生活、贴近时代的内容,健康、丰富的课程资源;作为英语教师应该拓展学生的文化视野,努力使学生在学习英语的过程中了解外国的文化,特别是英语国家的文化。这些理论的提出无疑是想让学生接触到原汁原味的英语材料,而这正是我们目前小学英语教学中所缺失的。而"绘本阅读"课程,能吸引孩子的注意力,更能让学生在学习英语之余,同时积累对世界的认知,并吸收故事中所传递的价值观。

基于核心素养的课程改革提倡指向深度学习的课堂教学。目前,英语课堂中浅层学习的现象普遍存在,开展促进学生深度学习的研究非常必要。深度学习的开展不仅对学生英语知识的学习具有极其重要的推动作用,而且能够促进学生整体素质的提升,对英语教学具有重要意义。首先,深度学习的开展让学生所学习的知识能够更加系统化、体系化,让学生在学习知识的同时建立起重要的知识结构,培养学生的发散性思维。其次,深度学习并不是单纯的教师"教",其更重要的是学生在学习的过程中逐渐掌握重要的自我学习能力,让学生能够通过"学"达到"自学"的目的,不断提升自我学习能力,为学生打开一扇重新认识自我的天窗。最后,深度学习的开展对于提高学生的综合应用能力也大有裨益。英语作为一种重要的语言,绝不是单纯的理论知识学习,更为重要的是要将所学的知识应用到生活中,能够更好地进行语言沟通和交际,充分发挥英语的语言作用。通过深度学习的开展可以挖掘学生的内在潜质,辅助学生对英语予以应用,使英语从理论学习逐渐过渡到学生的生活使用中,让学生对英语的学习产生全面改观。

(三)主要任务

在小学阶段开展的英语绘本阅读教学活动是激发儿童阅读兴趣,提高儿童英语水平,促进其情感、认知与人格健康发展的一条有效途径。小学英语绘本阅读教学基于学生阅读素养培养的内在需求,强调早期英语阅读的启蒙性,突出情感性,着力于阅读的兴趣、习惯和技能和谐发展。小学绘本阅读教学以英文绘本为载体,以阅读素养培养为核心确立课程方向和价值诉求,着力培养学生"爱阅读,会阅读,能阅读"。教师在教学过程中要唤起学生对绘本故事的感知,帮助学生探究绘本的内容,从中感悟绘本故事的意义,要帮助学生掌握行之有效的阅读策略,以提高学生阅读英文绘本的兴趣,达到发展学生认知能力和综合语言运用能力的目的,使学生在认知学习、语言发展、文化意识、人格涵养、美感与创造力的开展等方面都能有所成长。这对学生学习绘本的英语语言知识,了解外部世界以及接触英语语言国家的文化都有重要作用,是学校英语教学的有益补充。

通过在平时的教学活动中对各个年级的学生进行观察,发现他们的学习效果还是呈现出较大的差异。这些差异不仅仅表现在他们的英语成绩上,更体现在他们学习语言的方式和行为上,其中学生所获得的英语成绩与英语能力不能简单地画上等号。

学生对英语学习的理解比较正确,他们知道英语作为当今国际上的一门语言,学好英语是非常重要的。但随着知识的深化、目标的提高、挫折的积累,学生的学习兴趣呈逐年级下降趋势,在缺少母语学习环境的小学英语学习的困难确实很大。

家长的个人文化差异、对小学英语学习的认识不同及教育孩子方法的差异,直接影响着学生对待英语学习的态度。

学生的学习习惯养成对英语学习的影响很大。学习自觉性高,课堂听讲认真,作业按要求按时做完的同学,比一些有畏难情绪、懒于学习的学生学习效果明显。

二、目标的确立

(一)学校课程目标

1. 总目标。

秉承"成就最好的自己"的办学理念,通过"致教育"课程建设,以学生核心素养提升、基础知识运用、兴趣能力培养为目标,改变教学内容呈现形式,丰富教与学的方式,启动教学资源共享模式,以此推动课堂由封闭性向开放性转变,实现课程架构的生动别致。

2. 具体目标。

(1)使课程成为促进学生全面发展的重要载体。在课程开发与实施的过程中,将通过架构三级课程、完善课程管理流程、丰富课程内容及形式、展示学习成果等,促进育人目标的达成。

(2)在课程开发与实施的过程中,加强教师队伍建设,提升教师专业素养,以适应课程建设的需要。

（3）形成学校科学的课程管理和课程评价体系。

课程是一所学校的核心竞争力。课程是实现学校培养目标的载体。多元整合的课程才能适应并促进学生的发展。就学校课程建设与管理来讲，在学校这个统一的"场域"之下，国家课程、地方课程与校本课程，是基于学校共同育人目标之下的学校课程，三者之间是一种整合关系。学校将以国家课程的校本化实施为基点，带动学科教学的拓展与延伸。

为此，我们重新架构课程体系，将"致教育"课程分为基础型课程、拓展型课程和发展型课程三部分，三者相辅相成，实现学生的深度学习，实现国家课程、地方课程与校本课程的有机统一，从而使学校的办学理念和育人目标得以落实，成就最好的自己。

在国家课程英语学科校本化实施中，我们引入绘本阅读作为拓展型课程，指向于我们拓展型课程的建设中。发展型课程的趣味英语包括我们学校致知（选修）课程，面向三到六年级开设的英语绘本选修课及三、四年级学校课程作为整堂课的绘本教学。

（二）绘本阅读课程目标

1. 学生发展目标。

（1）激发阅读兴趣。通过绘本教学，为学生提供优质的语言学习经验。优质的英文绘本不只具有能启发学生想象的图画，其故事本身更是一个整体的语言应用实例。英文绘本提供给学生学习英语的真实生活情境和丰富语汇，能协助学生发展语言能力。

（2）培养思维能力。绘本提供了丰富的知识触角与想象空间。英文绘本中所呈现的完整故事情节，能丰富学生的学习经验，调动学生多种感官，进而引导学生加深对于所处环境和世界的了解。英文绘本所提供的多元文学风格与素材和充满想象的世界，能丰富学生的想象力。

（3）利用绘本元素，关注学生的道德培养和全面发展，同时教育学生懂得学会求知、学会做事、学会做人的道理，培养良好的品格、文明的言行，培养学生的人文情怀。

（4）在绘本阅读中引入技巧训练是英语绘本阅读一个很重要的目的。训练学生在有限的时间内准确把握故事的内容和含义，掌握一定的阅读策略的同时提升自己的英文阅读水平,提高学生综合运用语言的能力。

2.教师发展目标。

（1）提高教师科研实践能力。教师通过积极参与课程建设,就会掌握课程开发的一般原理技巧,并能根据自己的优势,对所教授的内容有一个新的认识和理解,做出符合学生发展的课程计划和实施方案,并在实践过程中,不断反思与学习,从而提高自己驾驶课程的能力,实现自身的个性化成长。

（2）提升教师教育哲学意识和水平。"以人为本"这一教育本质,也应包括关注与尊重教师的主观感受。教师在课程开发和实施过程中,可以体会到创造的乐趣、成就学生的快乐,还有知难而上的勇气和毅力等,从而减轻或消除职业倦怠,让自己每天以一种积极、健康的心态投入到工作中,做一个阳光、幸福的教师。

（3）提升教师团队水平。基于学校现状,通过学校课程的建设与开发,培养出具有自主开发课程能力的优秀教师,并通过多种形式的学习、交流、示范、引领,让其成为学校课程建设的排头兵,以点带面,逐步创建出课程开发团队,在成事中成人,以成人促成事,实现教师整体水平的进一步提升。

3.学校发展目标。

（1）学校课程体系形成。通过绘本阅读课程建设与开发,在实践中逐步构建出具有新昌特色的课程体系。这一体系以"致教育"文化为核心,以尊重学生成长规律为基石,依托"小班化"办学模式,把国家课程的二度开发与校本课程的特色开展有机结合,丰富、完善学校课程,实现以课程的改变来促进学校的发展。

（2）学校文化自信形成。通过英语绘本阅读学校课程的构建与运作,精细化管理机制、学习型组织建设,努力践行"成就最好的自己"教育理念,使"点滴尽致"的"致教育"文化核心渗透到学校的各个方面,逐步形成了全体成员的共同价值观,培养出一种自觉的意识及一种自我约束的意识,使这种简单积极的学校文化,具有稳定性和承继性,彰显出鲜明的办学特色,形成新昌教育品牌。

三、内容及资源的选择

（一）对英语绘本内容进行选择的原则

对于小学生来说,由于所学的单词有限,因此教师在为学生选择英语绘本读物的时候不仅要考虑到学生的语言能力和心理年龄,还要考虑到以下几个方面。

（1）句型重复出现的故事:学生可以根据故事中不断重复的句子,自然而然地将句型记住,进而运用于生活交际中。如 Brown bear, brown bear, what do you see? I see a _____ looking at me. 这个故事中每一页都重复着这个句型,学生一下子就掌握了,而且通过里面颜色与动物的搭配复习了这两类词。

（2）耳熟能详的故事:学生都是伴随着儿童故事长大的,如果能让学生去阅读一些他们非常熟悉的故事的英语版内容,相信学生是非常感兴趣的。他们将会很想知道英语中是如何表达这些内容的,而且即使是遇到不认识的单词也没关系,他们可以根据情节来猜测其意思。这也是学生在今后的阅读过程中所要培养的一种能力。

（3）剧情引人入胜的故事:学生注意力往往不是很持久,如果选择的内容不能吸引他们,则不能起到很好的作用。因此,教师为学生所选择的故事必须是能深深吸引他们听下去的故事,这样才能更加激起他们去阅读的欲望。

不同年级的学生词汇量也不相同,对语言的接受能力也不相同。因此,在进行绘本阅读教学时要考虑对绘本材料进行分层引导,让不同年级的学生读到适合自己的内容,这样才能将绘本读得更美。我们将从绘本材料的词汇量和语篇的难易度上对绘本内容进行分层,以期达到最好的效果。

（二）确定绘本资源

根据学情,我校英语组主要使用以下英语绘本:《典范英语》《外研社丽声拼读故事会》《大猫英语分级阅读》等。

《典范英语》是在英国很受欢迎的阅读材料,从英国牛津大学出版社原版引进,共 10 个级别,1～6 级适合我国小学生包括学前儿童使用。

《外研社丽声拼读故事会》由外语教学与研究出版社出版,共 6 个级别。

《大猫英语分级阅读》由外语教学与研究出版社和英国柯林斯出版集团联合出版,包括 13 级分级读物和 4 级自然拼读读物。

我们选择的绘本教材一般都是系列分级读物,每套系列读物本身都经过较科学的分级且各有特点,教师要把握所使用绘本的特点,结合本校学生实际情况系统地使用(表 3-1)。

表 3-1 英语绘本推荐书目

年级	推荐书目	说明
三年级	《典范英语》（1a～1b） 《外研社丽声拼读故事会》1～2 级 《大猫英语分级阅读》2 级	《典范英语》共分十级，由浅入深，循序渐进。《典范英语》（1～6 级）针对小学生，包含 309 个妙趣横生的故事，几个鲜活可爱的人物贯穿故事始终，是一片儿童精神乐园，是一套经典"故事大王"。根据学生年龄特点和知识储备我们在三年级选择第 1 级，四年级选择第 2 级。
四年级	《典范英语》（2a～2b） 《外研社丽声拼读故事会》3 级～4 级 《大猫英语分级阅读》3 级	《外研社丽声拼读故事会》是由外语教学与研究出版社出版的一本专为小学生准备的"英语书"，作者是朱莉娅•唐纳森（Julia Donaldson）。本书讲述了美妙的童话和充满乐趣的身边故事。根据学生年龄特点和知识储备我们在三年级选择 1～2 级，四年级选择 3～4 级。 《大猫英语分级阅读》主题丰富，精准对应《义务教育英语课程标准》话题，符合各年龄段学生心理和认知发展需求。"故事"和"百科"二者兼顾，让学生有机会充分接触不同形式的英语内容，习惯其表达特点。根据孩子年龄特点和知识储备，我们在三年级选择第 2 级，四年级选择第 3 级

四、组织与实施

（一）指向于拓展型课程中的口语表达，将绘本阅读引入国家课程英语课堂教学中

1. 课堂导读。

选择与课堂教学目标话题或是主要句型基本契合的绘本作为课堂教学中的一个阅读环节，跳出问答模式的怪圈，让学生浸润到书中，在老师的指导下充分理解绘本、体验绘本，继而发挥巩固拓展作用。专家建议让孩子们要多接触纸质绘本，减少对电子屏幕的依靠，让孩子更亲近书本才更利于阅读习惯的培养。

2. 推荐赏读。

选择难度适当或者主题契合难度稍大一点的绘本作为推荐阅读资源。这部分内容不需要在课堂上占用大量时间，而是各班选出 3～5 名学生，让他们来担当绘本的推荐介绍职责。负责推荐的学生选择一本自己喜欢的绘本，在老师或

家长的帮助下流利朗读,之后他们可以在课前以班级汇报的形式进行推介,或者把推荐绘本的图片和音频分享到微信群,以点带面,让更多的学生参与阅读,欣赏绘本,让绘本成为课堂教学的补充和延伸。

3. 利用班级"图书角"开展绘本漂流。

让学生把自己家中的英语绘本也带到学校来参与绘本漂流,这样我们就有了更广阔的绘本资源,学生选择这些书不带有任何学习任务,完全是自由自愿为兴趣而读。

(二)致知(选修)课及学校课程

学校致知兴趣拓展选修课课程实施长、课时短。为保证课程的实施与质量。学校调整了每周四下午的原有 40 分钟的课时,将周四下午第一、二节课时调整为 30 分钟 / 课时的短课时,下午 2:50~3:50 一个小时的长课时为学校致知课程时间,并把其纳入到学校总的课时计划中。三、四年级学校课程由三、四年级英语老师为任课教师,间周一节。

阅读教学三阶段为:读前(pre-reading),读中(while-reading),读后(post-reading)。

(1)读前(pre-reading):在这一阶段我们可以做相关知识的激活或让学生进行绘本封面的导读。在学生阅读前,教师做一些背景介绍,这不仅能帮助学生更好地理解课文,还能使他们学习一些与课文有关的知识。教师可以跟学生谈论绘本的题目、讲述者、美工等,或对绘本内容进行预测。"预测"即学生在没有阅读绘本文本内容、只看到绘本标题的情况下,能够通过想象,大致估计出这个绘本是关于什么方面的内容的。

(2)读中(while-reading):活动主要是为了了解绘本信息和训练学生的阅读技巧。主要任务是通过阅读了解文本的大意和通过阅读获取文本的具体信息或细节性信息。

(3)读后(post-reading):活动主要目的是训练绘本信息的输出能力和提升学生的人文素养。教师可以开展以下活动:① 让学生在词语和图片的帮助下复述故事。② 读后让学生谈谈他们的体会和心得。③ 让学生发挥想象预测故事情节的发展或让他们改编故事结局。

五、课程的评价

课程评价包含判断课程系统的效果以及对课程设计合理性做出判断的过程。学校课程评价是价值判断的过程,其目的是检查课程目标、课程设计以及课程实施是否实现了教育目的,实现程度如何,以判定课程之成效,并据此做出改进课程之决策的过程。当前,价值多元、主体多端、内容多维和手段多样,已成为学校课程评价的主要特征。

（一）学生评价

绘本教学的评价不适合用传统的英语教学评价模式,而是以鼓励学生阅读兴趣的建立和阅读理解的能力提升为主。因此对于词汇、句型、语法等方面的考核不应在绘本阅读的主要评价范围内。绘本阅读的评价主要通过阅读测试和调查问卷两种方式评估学生的阅读过程、阅读行为和态度。教师应该从阅读兴趣的培养入手,培养他们良好的阅读习惯以及学生对于英语学习的热情和英语语言的语感。同时,利用各种形式的绘本交流和展示,增强学生之间的互动和分享,从而促进英语综合素养的提高。

1.课堂评价。

（1）创新实物评价,巧设预热环节。有趣的实物奖励对学生的吸引力非常大,学生们纷纷表现出爱不释手,消除了刚上课的拘谨,形成自然而热烈的课堂气氛。教师的肢体评价,更让学生感受到老师对自己的关注度,因此获得情感上的满足。丰富的评价形式,如描述性评价、肢体评价和实物评价,让学生在绘本课的导入环节就被深深吸引,有利于开展下面的绘本阅读环节。

（2）评价主体多元化,互助评价显亮点。同伴的自主观察和评价,不仅能衡量自己所学内容是否扎实,便于及时改进,同时又能督促台下同学认真观看他们的表演,并从同伴的点评中汲取他人优点,学习他人长处,营造一个互助学习的良性学习环境。对于点评精彩的小评委,教师可以给予小组加分和肢体评价,如与学生击掌或全班为之鼓掌。

（3）评价时机合理化,学习动力易激发。适当调整分值,鼓励暂时处于劣势的小组,激发他们的学习动力。将小组评比环节贯穿课堂,把握评价时机,在不同的教学环节都要灵活进行评价,不停调整分值,保证最低分的小组与最高分的小组分值差在 5 分之内,让学生有可以超越的可能性,从而保护他们学习的积极性。

（4）评价维度多样化,成果展示更精彩。对学生的表现性评价是小学英语绘本课的核心部分。作为小学阶段的学生,他们对于表演的极高热情是毋庸置疑的。由于绘本本身就极具趣味性,并且往往以故事作为呈现方式,是学生模仿和表演的极佳选择。有别于一般的英语课堂,绘本将重要知识点都融入天马行空的故事中,因此在评价学生的学习行为和学习结果时,应该为学生提供展示语言技能的机会,组织学生按照绘本故事进行角色扮演或对话,而不是仅仅局限于配套练习题等终结性评价。

2.评价反馈个性化。

(1)读书推荐卡的设计。在每一篇绘本学习之后,可以让学生设计绘本读书推荐卡。在卡上体现书名、作者、绘图者这些基本信息,也可以在读书卡上写上最喜欢的角色或者最喜欢的句子。

(2)开展绘本故事朗读比赛,自编绘本创作大赛,评选出优秀的绘本小书进行展示,让大家可以翻阅,激发创作的积极性。同时,定期针对一本读物,可以制作彩色的海报进行展示。

(3)鼓励亲子阅读,争取家长的支持,让更多的孩子在父母的帮助下读英文绘本。

(二)教师评价

(1)教师专业技能水平在课程建设中不断加强。虽然目前学校只有部分教师参与到绘本课程的授课教学中,但这部分教师在参与课程建设过程中,无论是从专业水平上,还是敬业态度上都发生了很大的改变,对学校其他教师正在发挥着一定的引领作用。

(2)教师的专业成长不仅仅应局限在学科与教育教学方面,教师精神世界的丰富与职业幸福感的体现也是重要的一个方面。在绘本阅读课程的建设过程中,教师的角色正在发生转变。从特色课程开发与建设的观望者,到认同者,再到积极参与及拥护者。这种改变体现了教师更高层次的需求,体现了教育的"以人为本"的本质,在成就学生的同时成就教师的幸福成长,幸福的教师才能培养出幸福感强的学生,从而让我们的教育真正成为有温度的、温暖的教育。

(三)学校评价

(1)通过绘本阅读致知课程的建设,让国家课程的本土化运作有了一定的延伸和拓展。虽然学校对国家课程的二度开发正处在起始阶段,但目前的学校课程与国家课程进行了互补相融。绘本阅读课程的基本形成,在不断的更新与完善中形成了动态的学校课程,并成了学校大课程体系的一个重要内容,对构建完整的学校课程体系起到了引领与促进作用。

(2)通过绘本阅读学校课程建设,学校师生所展现的精神面貌更加富有朝气、活力。幸福感洋溢在每个新昌人的脸上。学校开放办学的心态,家长驻校办公常态化,社区互动常态化,展示宣传常态化,开放的"三常态"让家长和居民走入校园,走进班级,参与课程建设,感受到学校变化。

　　在课程实施过程中,我们发现英语戏剧不但对学生是一种锻炼,对教师也是一种挑战。改变传统单一的授课模式,运用剧本整体教学,着重于学生听、说、读、写、问、创、演七大能力的训练设计,弥补了教学中学生的表达力、创造力和批判性思维训练的缺失。在戏剧游戏活动中,学生大胆开口讲英文,用英文,教师帮助学生适当运用肢体语言,让学生透过戏剧表演掌握英语的实用性,帮助学生在语境的表达上、学习的兴趣上,能够释放自我,进而提升学生英语的演说能力、交流能力、专注力、团队协作能力。

第四章

校本课程建设实践与探索

‖ 第一节　英语绘本阅读校本课程建设初探 ‖

在进行学校课程的深度建构中,学校开始关注学科育人视角下的校本课程建设,带领着团队做了以下"草根式"研究。

一、基于课标,确定校本课程开发方向

学校基于小学英语学科的课程标准,探寻国家课程英语学科的校本化实施路径,即学科育人视角下的校本课程建设。

(一)深入学习课标,聚焦课程资源

《义务教育英语课程标准》指出,英语课程承担着培养学生基本英语素养和发展学生思维能力的任务。英语课程的总目标是:通过英语学习使学生形成初步的综合语言运用能力,促进心智发展,提高综合人文素养。综合语言运用能力的形成建立在语言技能、语言知识、情感态度、学习策略和文化意识等整体发展的基础之上。这五个方面相辅相成,共同促进学生综合语言运用能力的形成与发展。

通过深入的课标再学习,教师应更加明晰语言学习需要大量的输入。英语阅读是语言学习不可或缺的语言输入途径。丰富多样的课程资源对英语学习尤其重要。英语课程应根据教和学的需求,提供贴近学生、贴近生活、贴近时代的英语学习资源。

课标中所提到的"学习资源",也是课程资源的一个方面。学校于2017年7月开启了市级课题"基于深度学习的课程资源整合"研究,将课题研究扎实地与课堂对接。在学校的常态英语课堂中,教师尝试引入与本节课教材话题相关的绘本来进一步丰富英语课程资源,促进学生深度学习,从而分层达成教学目标。学生在绘本拓展阅读环节中,非常投入地参与课堂互动,被这些英文绘本中精美的画面以及富有童趣的故事情节所深深吸引,对于绘本阅读中展开想象续编故事等环节积极思考,表达自己的观点。

综合课标再学习的收获以及常态听课中教师将课题与课堂有效对接的有益尝试,笔者对于英语课程标准、学生综合语言运用能力、课程资源、学校课题"课程资源整合研究"、英文绘本阅读之间紧密的联系逐渐清晰起来。

（二）梳理绘本特点,引入校本课程

随着学校课题研究的深入,越来越多的英语绘本被教师尝试引入常态英语课堂,教学效果显而易见。同时,大家在寻找与教材话题相关的绘本时,丰富的系列绘本让教师都爱不释手。我们开始思考为什么英文绘本这么吸引我们的师生?

通俗地讲,英文绘本指的是以英语为表述语言的图画故事书。经过碰撞和梳理,我们认为英文绘本具有以下特点,画面吸引人,容易激发学生阅读兴趣;语言简洁重复,注重语言的整体输入,有利于学生语言习得;与其他读物相比,绘本更加生动有趣、贴近生活、关注学生情感体验和多元文化的感知与认同,但同时又高于生活,有利于培养学生的思维能力,实现阅读与生活的融合。同时,利用图片指导学生推理、就绘本的核心问题进行分组讨论及辩论等教学策略的实施,还体现了校内外课程资源的整合,有利于促进学生的深度学习。

看来,英文绘本所具有的直观性、生活性、故事性、重复性、节奏性及情感性等特征,有效促进了学生综合语言运用能力的提升。而在常态英语课中,根据当堂课的教学目标,不是每一节课都适合引入绘本,即使适合引入,绘本阅读的时间也确实有限。

基于对课标的学习,指向于丰富课程资源,有效达成课程总目标要求,我们开始探索引入绘本资源,开发英语绘本阅读校本课程,以此深入推进英语学科的国家课程校本化实施,从而持续提升学生综合语言运用能力。

二、注重论证,明晰校本课程开发路径

如果说校本课程开发方向的思考首先要基于课标,那么,在学科课程标准的

基础上，我们还要跳出"学科本位"，从校本课程的"校本性"角度，论证英文绘本阅读校本课程与学校"成就最好的自己"育人理念以及培养"致知·致善·致美"新昌少年育人目标之间的关系。校本课程只有具备这种"校本性"，才具有开发的价值和必要性。

我们主要从三个方面对于校本课程开发必要性进行了论证。

一是进行文献综述。对于英文绘本阅读所发挥的学科育人价值的认识我们还是在浅层次上，在课堂观察等直观感受的基础上，必须大量进行核心期刊及优秀论文的研读。我们从知网上搜索"英文绘本"，共计搜索出 672 篇期刊文章，32 篇硕士论文。

我们结合小学英语绘本教学研究的实际需求，又筛选出 60 余篇期刊文章和 15 篇硕士论文。这些论文和文章，有的是关于英文绘本国内外研究现状分析、小学英语绘本教学研究的历史、现状与未来；有的是关于英文绘本阅读对学生英文学习的促进作用的论述、小学英语绘本教学案例分析、英语绘本的选择与应用等，这些文章中均充分肯定了适切地引入英文绘本教学符合学生的心理认知特点，对小学生英语学习是有帮助的。

通过学习，我们不仅更加坚定了深入推进英文绘本课程建设的尝试，同时也进一步丰富了对英文绘本特点的认知，学习了大量的英文绘本阅读教学的课堂实录，这样就站在"巨人的肩膀上"深化了对英文绘本阅读的认识。

二是邀请专家指导。在指向于办学理念和育人目标的学校课程体系深度建构中，学校多次邀请青岛大学师范学院基础教育处的王有升教授和中国海洋大学教育学院的孙艳霞教授进行专题指导，同时还邀请了区研究指导中心杨蔚主任到校进行绘本阅读专题指导。通过与专家的交流碰撞，学校课程体系逐渐清晰，同时，对于国家课程英语学科校本化实施方面，论证了开发英文绘本阅读校本课程能够对接培养"致知·致善·致美"新昌少年育人目标的达成。

三是形成共同愿景。结合英语组团队的学习和专家的指导，经过多轮英语绘本校本课程建设阶段的反思与讨论，以及"三次集备六步研"的校本研训，老师们更新了课程理念，树立了正确的教学观和学生发展观，达成了这样一种共识：英文绘本阅读校本课程开发的工作是教师团队发展所需，有利于学生语言综合运用能力的提升，也对接学校育人目标达成所需。

在进行文献综述、专家论证之后，我们收获满满，怀有着共同的愿景，我们充满信心地开启了英文绘本阅读校本课程开发工作。

（一）多维思考，拟定校本课程目标

英语团队的老师们在大量学习和充分碰撞的基础上，基于对学校育人目标的思考以及对接学校课程体系建设目标，我们对于英文绘本阅读课程的目标更加清晰。从学生维度，激发阅读兴趣、培养思维能力、渗透情感教育、阅读技巧训练。从教师维度，丰富阅读教学的策略和方法，增强教科研能力、团队合作意识。从学校维度，形成浓厚研究氛围，增强团队研究能力，打造学习型、创新型教师队伍；带动校本课程开发，丰富课程体系架构，实现育人目标。

（二）基于问题，做好绘本内容选择

我们通过逆向思维，根据前期英文绘本阅读试点在绘本选择方面出现的问题，确定了绘本选择的原则：如绘本难度适中、学生语言能力范围内的原则，绘本选材立足儿童视角、贴近儿童生活原则，选择有语用环境的绘本原则等。

（三）多种途径，挖掘绘本阅读资源

通过网络搜索、同行访谈和学生调研等途径，我们初步优选确定以下系列分级读物，如《典范英语》《攀登英语阅读系列》《外研社丽声拼读故事会》《大猫英语分级阅读》。这些系列绘本从难易程度到数量均能满足小学阶段学生阅读需求。

（四）双轨并行，推进绘本阅读实施

基于对国家课程校本化实施的认识，我们主要从两个方面推进英文绘本阅读校本课程的实施。

一是从国家课程英语课堂教学方面，我们对英语教材进行深入分析，基于教学目标的有效达成，适恰选用与教材话题相关的英文绘本进行课堂导读、推荐赏读和拓展练习。

二是从选修课（每周四下午一个小时）和学校课程（三、四年级间周一节）方面，我们立足学科特点，结合英语阅读教学三阶段（pre-reading，while-reading，post-reading），进行整本书阅读。如在 pre-reading 阶段，进行绘本封面导读、书目背景介绍、绘本内容预测等；在 while-reading 阶段，引导学生参与了解绘本信息、训练阅读技巧，巧设层次问题，激发深度思考，进行泛读或者某重点片段的精读；在 post-reading 阶段，通过复述故事、续编故事、谈读后感等，提升学生绘本信息输出能力，联系生活实际，升华情感，同时持续提升学生人文素养。

（五）多元参与，做好绘本阅读课程评价

《义务教育英语课程标准》指出：评价是英语课程的重要组成部分。英语课程的评价应采用科学、合理的评价方式和方法，对教学的过程和结果加以及时、有效的监控，以起到对教学的积极导向作用。

学校运用课堂观察技术，从指向于师生活动时间分配的时间轴、指向于学生深度学习的策略运用、指向于立德树人的学科德育渗透等，设计了多维度的课堂观察表，从激发学习兴趣、教学资源的融合、教材的选用、学习策略、思维能力等方面来进行课堂观察及评价，通过定量与定性的数据收集及信息的分析，科学地进行英文绘本校本课程评价的探索研究。

对于学生的学习情况，我们旨在设置开放性强、趣味性浓的评价方式，力求让学生学有所得，也通过有效的评价方式在学生心中种下一棵热爱英文阅读的种子。

一是学生在读后合作完成读后活动。学生在这个过程中回顾他们阅读中发现的最喜欢的部分和人物，记录笔记，提出问题，表达感想。将思维训练延伸至课后，留给学生充分的回味、巩固的空间。

二是学生尝试在读后完成自己的"迷你书"。学生可运用板块式、思维导图式、"关键词"引领等方式，将符合绘本话题的自身生活经历撰写成"书"，如一次有趣的旅行、我的家庭成员、我的兴趣爱好等，让学生在写写画画中进行语言的"别样输出"。教师通过实物展示或网络展示学生的优秀作品，帮助学生获取自信心与成就感。

三是学生进行绘本故事的续编活动。学生可以对他们感兴趣的绘本结局进行百花齐放式的预言，在班级中进行讨论与表演。这样不仅培养了想象力丰富的"小编剧""小导演"们，还提高了学生的语言表达能力，综合语言运用能力。

四是学生尝试进行"绘本故事我来演"的活动。学生针对绘本中比较感兴趣的部分，在班级中进行角色表演。教师运用"小评委"的形式进行打分、评奖，最终达到快乐阅读、开心玩演的良好效果。

三、扎实推进，绘本课程开发初显成效

在国家课程和校本实施过程中，教师的教科研能力不断提高，学生对英语学习的兴趣及综合运用语言的能力也不断提高。

在青岛市第十四届小学生英语比赛中，有93人参赛，35名选手进入复赛，占本届复赛选手的34.3%，是青岛市进入复赛人数最多的公办小学。他们一路

过关斩将,团体节目《小红帽》获得青岛市中小学生英语比赛银奖(小学组最高奖项),孙翊然同学荣获小学一到三年级组银奖,潘羽丰同学荣获四到六年级组银奖,金煜翔、吴若水和李研蓓同学荣获四到六年级组铜奖。

英语组张瑞百惠老师工作一年半,基于自己较高的专业水平,在英语教研组良好氛围的影响下,在参与英语绘本校本课程的实践中,从课程目标的准确把握,学习策略的正确运用等方面都能较好地进行展示,让我们看到了课程建设对教师成长的影响。

在我校英语绘本阅读课程的实施过程中,我们发现英语戏剧不但对学生是一种锻炼,对教师也是一种挑战。改变传统单一的授课模式,运用剧本整体教学,着重于学生听、说、读、写、问、创、演七大能力的训练设计,弥补了教学中学生表达力、创造力和批判性思维的缺失。在戏剧游戏活动中,学生大胆开口讲英文、用英文,教师帮助学生适当运用肢体语言,让学生透过戏剧表演掌握英语的实用性,帮助学生在语境的表达上、学习的兴趣上,能够释放自我,进而提升学生英语的演说能力、交流能力、专注力、团队协作能力。

正是在这样的实践成长中,学校的办学影响力不断提升,以课程的改变来促进学校的改变与发展,让学生的核心素养不断提升,让学校的整体变革不断迈向深入,最终由优质走向品质,成为一所现代化的、有品质的学校,为学生的终生发展奠基。

附:青岛新昌路小学英语绘本展示具体实施课例

"Home Is Best!"

个人教案第一稿

<table>
<tr><td colspan="5" align="center">课时备课</td></tr>
<tr><td>课题</td><td>Home Is Best!</td><td>课型</td><td>Reading</td><td>课时</td><td>1</td></tr>
<tr>
<td>学情
分析</td>
<td colspan="5">　　本课为绘本阅读指导课,有别于学生平日多见的教材中会话形式的文本。本课阅读绘本内容情节曲折,故事丰富,足以吸引学生的注意,从而激发阅读兴趣。绘本内容语言结构清晰,为学生的表达提供了语言支撑。五年级的学生基本掌握了本次绘本阅读所需要的单词,例如:dangerous, hungry, east, west, best 等,因此本文难度与学生已知知识相当。同时学生喜欢表现自己,愿意参与各项阅读体验活动</td>
</tr>
<tr>
<td>学
习
目
标</td>
<td colspan="5">　　1. 通过阅读绘本故事,学生可以掌握、认读并运用以下新单词及词组:noisy, dirty, has to, bumps into,并且体会外国谚语:East or west, home is best.
　　2. 通过想象,师生通过共同阅读、小组学习、独立阅读以及听力训练等方法阅读绘本,学生掌握有感情地朗读、处理关键信息、泛读精读、图文结合等基本阅读策略。
　　3. 通过视听、表演、复述等训练形式,学生在阅读中训练阅读思维逻辑能力,能根据故事情节进行合理预测。
　　4. 通过体验和阅读绘本故事,学生懂得适合自己的才是最好的,培养学生热爱家庭、热爱学校的情感</td>
</tr>
<tr><td>课程资源包</td><td colspan="5">word cards, pictures, PPT, story book</td></tr>
<tr><td colspan="6" align="center">教与学的活动过程</td></tr>
<tr><td colspan="4">第一稿设计</td><td colspan="2" align="center">二次备课</td></tr>
<tr>
<td colspan="4">
· Step 1. Pre-reading

Greetings:Good morning, boys and girls!
Sharp Eyes:Before class, let's play a game:Do you know what animal is it?
Ss say the words of animals as quickly as they can.
And where do these animals live? In the river or in the forest?
Ss match the animals with the two places. So we can see, different animals live in different places.
　　Look at the picture, this is Mr. Parrot's house. Is Mr. Parrot happy? Does he like his house? Let's read the story together.

· Step 2. While-reading
1. Why he doesn't like his house?
Ss:He doesn't like his little and old house. So he leaves here to look for a new one
</td>
<td colspan="2">

Choose 2 or 3 ss to read happily. 选择几名同学进行有感情地朗读
</td>
</tr>
</table>

个人教案第二稿

<table>
<tr><td colspan="6" align="center">课时备课</td></tr>
<tr><td>课题</td><td>Home Is Best!</td><td>课型</td><td>Reading</td><td>课时</td><td>1</td></tr>
<tr><td>学情分析</td><td colspan="5">　　本课为绘本阅读指导课，有别于学生平日多见的教材中会话形式的文本。本课阅读绘本内容情节曲折，故事丰富，足以吸引学生的注意，从而激发阅读兴趣。绘本内容语言结构清晰，为学生的表达提供了语言支撑。五年级的学生基本掌握了本次绘本阅读所需要的单词，例如：dangerous，hungry，east，west，best 等，因此本文难度与学生已知知识相当。同时学生喜欢表现自己，愿意参与各项阅读体验活动</td></tr>
<tr><td>学
习
目
标</td><td colspan="5">　　1. 通过阅读绘本故事，学生可以掌握、认读并运用以下新单词及词组：noisy，dirty，has to，bumps into，并且体会外国谚语：East or west，home is best。
　　2. 阅读故事情节，学生了解鹦鹉寻找自己最终的家的过程，激发阅读图书的兴趣，培养学生丰富的想象力。
　　3. 通过想象，师生利用共同阅读、小组学习、独立阅读以及听力训练等方法阅读绘本，学生掌握有感情地朗读、处理关键信息、泛读精读、图文结合等基本阅读策略。
　　4. 通过视听、表演、复述等训练形式，学生在阅读中训练阅读思维逻辑能力，能根据故事情节进行合理预测。
　　5. 通过体验和阅读绘本故事，学生懂得适合自己的才是最好的，培养学生热爱家庭、热爱学校的情感</td></tr>
<tr><td>课程资源包</td><td colspan="5">word cards，pictures，PPT，story book</td></tr>
<tr><td colspan="6" align="center">教与学的活动过程</td></tr>
<tr><td colspan="3" align="center">第二稿设计</td><td colspan="3" align="center">三次备课</td></tr>
<tr><td colspan="3">

• Step 1. Pre-reading

1. Greetings: Good morning, boys and girls!

2. Sharp Eyes: Before class, let's play a game: Do you know what animal is it?

Ss say the words of animals as quickly as they can.

3. And where do these animals live? In the river or in the forest?

Ss match the animals with the two places. So we can see, different animals live in different places.

4. Look at the picture, this is Mr. Parrot's house. Is Mr. Parrot happy? Does he like his house? Let's read the story together.

• Step 2. While-reading

1. Why he doesn't like his house?

Ss: He doesn't like his little and old house. So he leaves here to look for a new one

</td><td colspan="3">

　　在此环节中增加 parrot，为后文做铺垫

　　No Parrot's house

</td></tr>
</table>

第二稿设计	三次备课
2. Look，（the picture of the first place）this place looks nice, so he's very… Ss: Happy! Teacher does a demo to read happily and asks：Who can read happily like me? （Choose 2-3 ss to read happily. ） T：Can he live there?　　Ss：No. T：Because…　　　　Ss：Somebody lives there. 　　Now he's very sad. Who can read sadly? 3. If you're Mr. parrot，which home do you like best? Why? （Show the pictures of other five places. ） Ss can choose their favorite places to talk about. 4. Mr. Parrot goes these places, are they fit for him? Now you can read the story from page 3 to 8. 5. Show the pictures of other five places. ① This place looks good, let's listen! （the sound of wind） 　　What's wrong with it? Show the pattern：This place looks good. But it is too cold. ② Look at this one，what do you think? 　At first，ss can talk about this place with their own words，then they read the passage together. ③ Now he goes to the building, can you hear it? （the sound of bell）It's too… Ss：Noisy.　（Teach the new word：noisy） Who can act it out with actions? It's too noisy. ④ The chimney and sky are not good，let's listen and fill in the blanks. Who wants to share your answer? 6. All of these places are not good，look at this one，volunteer to choose? Ss match the adjective words with the pictures. 7. Until this，can you imagine what happened at last? Ss can imagine their own endings. Let's read page from 9 to 10. Is his house little and old now? Why? What can you get from the story?	引导学生观察故事封面，获取主要信息：But where is Mr. Parrot's house? Look at here，what can you see in the picture? （title，house，writer，parrot…） 适当降低所填单词的数量和难度

第二稿设计	三次备课
· Step 3. Post-reading 1. After reading, do you like the story? You can have a group discussion then act it out! Here, you can say anything you want for house. And other group, you can mark with stars. 2. That's a real warm story, now try to retell the story in your group, let's see who has a good memory. 3. Mr. Parrot loves his house now. Do you love your family or school? Today, our friend, Selina and Jessica, want to say something about their families. Let's enjoy the videos. 　　Play the video and ask : How about you? 　　Ss can show to the class. 4. We all know, Xinchang Primary School is our family. What can you do for our school? 5. At last, I want you to read more books about family and love	在问完此问题后给予停顿的时间,让学生思考 At first, ss can have a group discussion. 学生们可以先在小组内进行讨论,争取更多的表达机会

板书设计

Home Is Best!

far　　somebody else　　cold

dirty　　warm and nice　　dangerous

noisy

续表

分层作业设计	Rainbow Homework（彩虹作业）： Tell the story to your parents. Read more English story books
课后 反思	本课较之前做了很大变动,在讲述绘本过程中,更多地询问学生对这些地方的意见,让学生用自己的语言发表看法。同时对于不同的段落采用不同的教学方法,训练不同的阅读技巧。例如,体验式阅读、结合音频资料阅读、填空、猜测等方式。在角色扮演中,学生可以自己为角色设计台词,表演后也可为其他小组评价,进一步烘托了课堂气氛,提高了学生的学习积极性。同时,情感升华的着力点放在学校和家庭,并且播放学生录制的课外拓展视频作为范例,增强学生参与度。在板书的设计上也做了些许变动,配合关键词,更加清晰明了。本课在讲授过程中有效问题增多,但是在提问学生时没有顾及全面,有些学生举手数次没有被叫到,有些学生被叫到很多次。同时,阅读前的活动过少,没有很自然地过渡到"鹦鹉及房子"的主题,也没有带领学生整体感知绘本封面以获取主要信息。在时间的把握上,应该放手给学生更多时间,参与到个人活动和小组活动中

个人教案第三稿

课时备课					
课题	Home Is Best!	课型	Reading	课时	1
学情 分析	本课为绘本阅读指导课,有别于学生平日多见的教材中会话形式的文本。本课阅读绘本内容情节曲折,故事丰富,足以吸引学生的注意,从而激发阅读兴趣。绘本内容语言结构清晰,为学生的表达提供了语言支撑。五年级的学生基本掌握了本次绘本阅读所需要的单词,例如:dangerous, hungry, east, west, best 等,因此本文难度与学生已知知识相当。同时学生喜欢表现自己,愿意参与各项阅读体验活动				
学 习 目 标	1. 通过阅读绘本故事,学生可以掌握、认读并运用以下新单词及词组:noisy, dirty, has to, bumps into,并且体会外国谚语:East or west, home is best. 　　2. 阅读故事情节,学生了解鹦鹉寻找自己最终的家的过程,激发阅读图书的兴趣,培养学生丰富的想象力。 　　3. 通过想象,师生利用共同阅读、小组学习、独立阅读以及听力训练等方法阅读绘本,学生掌握有感情地朗读、处理关键信息、泛读精读、图文结合等基本阅读策略。 　　4. 通过视听、表演、复述等训练形式,学生在阅读中训练阅读思维逻辑能力,能根据故事情节进行合理预测。 　　5. 通过体验和阅读绘本故事,学生懂得适合自己的才是最好的,培养学生热爱家庭、热爱学校的情感				
课程资源包	word cards, pictures, PPT, story book				

教与学的活动过程	
最终设计	
• **Step 1. Pre-reading** 1. Greetings：Good morning，boys and girls！ 2. Sharp Eyes：Before class，let's play a game：Do you know what animal is it?（One of them is parrot. ） Ss say the words of animals as quickly as they can. 3. And where do these animals live? In the river or in the forest? Ss match the animals with the two places. （But here is no parrot's house） So we can see，different animals live in different places. 4. But where is Mr. Parrot's house? Look at here，what can you see in the picture?（title，house，writer，parrot…） Does he like his house? Let's read together • **Step 2. While-reading** 1. Why he doesn't like his house ? Ss：He doesn't like his little and old house. So he leaves here to look for a new one. 2. Look，（the picture of the first place）this place looks nice，so he's very… Ss：Happy！ Teacher does a demo to read happily and asks：Who can read happily like me ? （Choose 2–3 ss to read happily. ） T：Can he live there? Ss：No. T：Because… Ss：Somebody lives there. Now he's very sad. Who can read sadly? 3. If you're Mr. parrot，which home do you like best? Why? （Show the pictures of other five places. ） Ss can choose their favorite places to talk about. 4. Mr. Parrot goes these places，are they fit for him? Now you can read the story from page 3 to 8	

最终设计	
5. Show the pictures of other five places. ① This place looks good, let's listen! (the sound of wind) What's wrong with it? Show the pattern: This place looks good. But it is too cold. ② Look at this one, what do you think? At first, ss can talk about this place with their own words, then they read the passage together. ③ Now he goes to the building, can you hear it? (the sound of bell) It's too… Ss: Noisy. (Teach the new word: noisy) Who can act it out with actions? It's too noisy. ④ The chimney and sky are not good, let's listen and fill in the blanks. Who wants to share your answer? 6. All of these places are not good, look at this one, volunteer to choose? Ss match the adjective words with the pictures. 7. Until this, can you imagine what happened at last? Ss can imagine their own endings. Students can discuss about their ideas. Let's read page from 9 to 10. Is his house little and old now? Why? What can you get from the story? • **Step 3. Post-reading** 1. After reading, do you like the story? You can have a group discussion then act it out! Here, you can say anything you want for house. And other group, you can mark with stars. 2. That's a real warm story, now try to retell the story in your group, let's see who has a good memory. 3. Mr. Parrot loves his house now. Do you love your family or school? Today, our friend, Selina and Jessica, want to say something about their families. Let's enjoy the videos. Play the video and ask: How about you? Ss can have a group discussion then show to the class. 4. We all know, Xinchang Primary School is our family. What can you do for our school? 5. At last, I want you to read more books about family and love	

续表

板书设计	 **Home Is Best!** far somebody else cold dirty warm and nice dangerous noisy
分层作业设计	Rainbow Homework（彩虹作业）： Tell the story to your parents. Read more English story books
课后反思	本课在课前活动中将"parrot"放入词语复习环节，与绘本内容进行更好地衔接和导入。在绘本之前，带领学生阅读绘本封面的信息，通过封面让学生读一读、猜一猜，激发学生阅读兴趣。在讲述过程中，让学生用动作表现"noisy"，既学习了新的词汇，又让学生真正动了起来，以多种方式进行绘本阅读。在听录音填空时，适当降低填词的难度，课后练习环节，增加了小组讨论的次数，确保每个学生都能在其中结合自己的经验表达自己。反思本课，学生在回答问题时可以采用更丰富的评价方式，鼓励学生，同时让学生回答问题时范围再大些。小组合作学习时，应明确每位成员的任务。有的学生可以"说"，有的可以"做动作"，允许有的孩子认真地"听"，教学中既要面向全体学生，也要考虑到学生个体之间性格、能力等方面的差异，实施分层教学

课堂观察表

时间	2019 年 1 月 4 日	班级	四年级	学科	英语
执教人	张瑞百惠	课题	Home Is Best!	课型	Reading
观察者		杨越（市南区实验小学）			
观察点		基于深度学习的教学策略应用			

	教师提问纪实（注明问题类型） （记忆型、理解型、应用型、分析型、评价型、创造型）		有效性分析 （结合问题类型对学生深度学习情况进行分析）
有 效 提 问	有效提问策略 　　根据布鲁姆的教育目标分类学，一般教师提问的问题分为六种类型：记忆型问题、理解型问题、应用型问题、分析型问题、评价型问题和创造型问题。教师在教学中，应该有意识地减少记忆型和理解型问题，增加应用型、分析型、评价型和创造型四类高层次问题，以培养学生的思辨能力，让学生得到启迪、学以致用，体现英语教育的工具性。 　　高层次问题的设计，例如，应用型、分析型、评价型和创造型	问题 25 个	100%
有 效 提 问	记忆型： Do you know what animal is it? What can you see from the cover? But where is Mr. Parrot's house? Is this his house? Does he like his house? Now he goes to the building, can you hear it?	6 24%	低层次问题 10/25 40%
	理解型： And where do these animals live? In the river or in the forest? Can he live there? Who can read happily like me? What can you get from the story?	4 16%	

有 效 提 问	应用型： Who can act it out with actions? (It's too noisy.) Who wants to share your answer? If you're Mr. parrot, which home do you like best? Why?	4 16%	高层次问题 15/25 60%
	分析型： Why he doesn't like his house? Mr. Parrot goes these places, are they fit for him? What's wrong with it? Is his house little and old now? Why? After reading, do you like the story? Do you love your family or school? Play the video and ask: How about you?	8 32%	
	评价型： Look at this one, what do you think?	1 4%	
	创造型： Until this, can you imagine what happened at last? We all know, Xinchang Primary School is our family. What can you do for our school?	2 8%	

研讨实录

王秀芹　我们选择了六个维度、四个视角来开展这次课堂观察。我们针对每个视角，又选择了不同的观察点，做了不同的课堂量表，然后进行了人员分工。请大家看一下我们的四个维度：课堂文化，学生学习，教师教学和课程性质。我们的视角是：在课堂文化中，我们选择的是学生在学习兴趣方面的表现。在学生学习方面，我们选择的是学生思维参与情况。在教师教学里，活动组织、有效提问和教与学的时间。最后一个视角是课程性质里面的课程资源培养学生的品格。

在"学习兴趣"方面，我们进行了课堂观察。首先，请大家看我们的课堂观察量表，我把其中的前半部分给大家呈现一下。为什么我们要制作这样一个课堂观察量表来观察学生的学习兴趣呢？我们知道，英语课程目标中的情感态度是指动机、兴趣、合作精神等几个方面。特别是二级标准中有这样的描述：能体会到英语学习的乐趣，敢于开口，积极尝试使用英语，参与各种活动，在小组活动中能与其他同学积极配合和合作，因此我们这次学习兴趣方面的课堂观察定了三个基本点。它们是学生的发音，学生的表情和学生的合作。从学生的发言中我们能明确学生是否有明确的学习目的，能认识到学习英语的目的在于交流。

从参与课堂活动中，能确定学生是否有学习英语的愿望和兴趣。从敢于用英语表达中，确定学生是否有学好英语的信心。从学生的表情方面，我们可以注意观察到学生的状态是否平和、高兴、兴奋、紧张、沮丧。这样确定学生是否能体会英语学习的乐趣。在学生合作方面，观察学生是否参与了，是否积极参与，在参与中是否有主导的意识，还有没有哪些同学没有参与。从小组合作的观察中，确立学生是否有强烈的合作意识，是否有克服困难的勇气。基于以上原因我们制订了这个课堂观察量表。我们统计的数据是这样的：全班集体发言，学生在教师的引导下总共29次，个人发言次数共47次，其中有6个同学的发言次数超过3次。发言最多的人数是1人，共发言了7次。这个同学是第三组中的第三位同学。没有个人发言的学生是11人，占了将近全班的40%。其次，学生表情情况统计，学生的表情基本是在平和状态中度过这堂课，其中在角色扮演环节中，部分学生情绪比较高涨，处于兴奋的状态。在后面的环节中，学生的表现比前面的环节要快乐得多。基础知识部分的几个环节，学生的举手次数和频率非常高，在后面的评价和总结中，各个组的举手频率就非常的低。这也可以涉及我们英语运用语言的能力方面中的一些问题。最后，就学生小组合作方面的统计，在六个组中，学生的活跃程度是不同的。第一个组总共有8个同学发言，第三组是12个同学，第四组是8个同学，第六组也是8位同学，基本上还比较平均。但是也存在一个问题，其中我们有两个组的两位同学举手20多次，一次也没有被老师关注到，我们不确定这个学生下节课是否还能举手。因此我们感觉在教师授课的过程中，能不能关注一下上述问题，一个同学竟然有多达7次发言，而还有那么多同学没有得到发言的机会。在扮演环节，学生还是比较积极，参与性比较强，有强烈的合作意识。在其他小组，部分同学还是不活跃的，也不太主动。我们观察的结论是：通过以上数据，我们认为本班同学学习英语的目的还是比较明确的，有积极的学习态度，对英语学习还比较感兴趣，大部分同学能体会到学习英语的乐趣，在小组活动中大部分同学还是积极参与的。但是也存在有11位同学没有参与个人发言，没有参加个人发言的意思就是没有运用英语的体验，也就不会有运用英语的乐趣，教师的关注度还需要加强。

王霞 我们所观察的视角是学生思维的参与。思维品质是英语学科核心素养的重要方面。小学阶段，由于学生年龄较小，对英语思维能力的培养，更多的体现在日常的课堂教学中。英语课标指出，英语课程应根据教学需求，提供贴近学生、贴近生活、贴近时代的学习资源，因此我们要创造性地使用教材，拓展学用渠道，使国家课程校本化。

英语绘本的学习以精美的图片和生动的故事为载体,在观察图片和分析故事的过程中,提升学生思维能力。

基于以上的观点,我们设计了学生思维参与观察量表,观课教师可选取几个学生思维参与的环节,针对部分学生进行记录,通过学生的表情、发言、小组合作、语言输出等方面概括本节课学生思维参与的情况,最后由观课老师提出相应的建议,帮助授课教师更好地修改教学活动,提升学生的思维品质,达到更好的教学效果。

首先,阅读前,话题导入,思维激发。我选取的活动是说一说 5 个小动物分别住在哪里,6 人小组中有 4 人能够积极参与回答老师的问题,他们的表情非常自信,参与的兴趣也很浓厚,这个活动贴近学生已有的生活经验,因此思维参与度很高。同时这一活动也激发了学生后面学习的好奇心。

其次,阅读中,语言学习,能力培养。我选取了 3 个思维参与的活动进行观察。第一个活动是精读绘本故事,学生通过多种方式,如图片、音频、文字等进行语言信息的分析,通过不同的形式,如有感情地朗读、描述图片、听音填空、表演体验等进行信息的加工、概括,这很好地体现了学生思维参与的灵活性。但是其中填词的练习题对学生要求过高。因此小组中只有一两个学生能够通过自主查找词解决问题。开始反馈时,小组内有两个人举手,但随着同伴的语言示范,组内全部学生能够自信、积极参与问题的回答。第二个活动是想象故事的结尾,我观察的这个小组当中,小组内有两名学生积极参与回答老师的问题,想象是思维过程中不可缺少的重要因素,学生根据对绘本故事的理解,展开丰富的联想,很好地培养了学生的逻辑思考、预测、推理等思维能力。第三个活动是让学生说What can you get from the story. 引发学生的思考,学生结合已有的知识经验,透过绘本信息的表面现象,抓住其本质,促进学生的深度学习。但是由于是四年级的学生,受语言的限制,每个组只有一个学生能够回答这个问题。这个时候教师其实可以适当地引导学生进行表达。

最后,阅读后,语用训练,促进思维。我选取的是谈论自己家庭的这一活动,学生通过同伴合作,每组都能有一到两名学生能够有效运用本节课所学的内容进行展示,这一活动在激发学生思考的基础上,促进了学生的语言表达。

综上所述,我们一致认为张老师设计的这些活动具有明确的思维培养意识,通过恰当的教学方式,启迪学生深度思考,学生的思维能力得到培养和提升。

在这里也给张老师提一点小建议。当抛出一个问题后,先不要急于走教学流程,或者直接出示 PPT 呈现答案,应多留给学生思考的时间,课堂教学节奏的把控,也会影响学生思维的发展,通过适度等待,让学生的思维向纵深发展会更好。

杨越 我们从"有效提问"策略的应用观察和课堂教与学时间的记录维度进行了课题观察和记录。

本节阅读课,在读前读中读后三个环节中,教师共计提问问题25个。根据布鲁姆的教育目标分类学,一般教师提问的问题分为六种类型:记忆型问题、理解型问题、应用型问题、分析型问题、评价型问题和创造型问题。其中前两种问题类型,即记忆型和理解型问题,属于比较简单,蕴含思维含量较低的问题类型。后面四种问题类型,即应用型、分析性、评价型和创造型问题,则属于较高层次的问题,其思维含量高,这些问题的回答能够体现出学生的思考质量和思考深度。

根据我们的观察,本课教师提问的25个问题中,记忆型问题6个(占比24%);理解型问题4个(占比16%),一共是10个,占总问题数的40%;后面的高阶性问题,应用型问题4个(占比16%),分析型问题8个(32%),评价型问题1个(4%),创造型问题2个(8%)。合起来一共是15个,占总问题数的60%。

本节课,教师提出后4种高层次问题共计15个,占到了总提问问题的60%。说明教师在教学中,有意识地减少了记忆型和理解型问题,增加了对应用型、分析型、评价型和创造型四类高层次问题的设计,其目的是引导学生认真阅读、深入思考,促进高品质的思维发展。

纵观整节课,我们认为在有效提问的策略应用上,有如下两大特征。

一、通过有效提问,发展学生的思维品质

学生的思考能力,是在教师通过有效提问引领学生逐渐发展和获得的,因此教师的问题设计直接影响学生思维品质和质疑精神的培养。

我们发现,在读中环节,教师提出了这样一个问题,如果你是鹦鹉先生,你最喜欢哪个家? 为什么? (If you're Mr. Parrot, which home do you like best? Why?)还有另外一个问题,鹦鹉先生为什么不喜欢他的家? (Why he doesn't like his house?) 这些是应用型、分析型的问题。学生需要对文本进行深度阅读,在课堂上教师是带着学生进行听读的,学生需要联系自己的生活经验,认真思考后才能针对以上问题发表自己的见解,并对自己的观点进行阐释和论证。通过观察我们发现,课堂上,学生在这两个问题的回答中表现积极、兴趣浓厚、观点独到,充分说明教师的问题引发了学生的积极思考,是有效提问。类似的应用型和分析型的问题共计12个,接近所有问题的50%,这些有效的提问对学生思维品

质的发展、学习能力的提升以及思考习惯的养成发挥了良好的促进作用。

二、通过有效提问，培养学生的创新能力

未来教育的目标是培养创新型人才，而创新型人才的核心特点是善于质疑和敢于创新。在学校的常规课程中，我们的学生总是视教师的话语和教材的内容为权威，不敢求新求异。要想让学生的思想灵活，思维开阔，就必须打破学生的传统思维定式，培养他们的求异思维和创新能力。

本课中，教师提出的两个创造型问题引起了我们的注意。第一个问题是：你能想象故事最后发生了什么？我们观察到，学生的回答有：Mr. Parrot is hungry. Mr. Parrot is cold. Mr. Parrot is hot.

第二个问题是：学校是我们的家，你能为我们的学校做些什么？学生的回答有：I can clean my classroom. I can help my teacher. I can help my classmates.

这些开放式的问题没有标准答案，学生可以发挥想象创生属于自己的答案。这些答案既可以是学生联系上下文逻辑推理后的结论，也可以是学生丰富的想象力的展现，当然也有可能是学生对客观世界独有的认知。无论哪一种，都是学生求新求异思维的表现。

教师的有效提问是培养学生思维品质、创新能力的第一步，其最终目的是发展学生解决问题的能力。如果学生能够在学习中经常经历分析问题、解决问题的过程，那么这种具有综合性、迁移性、系统性的思维发展和能力提升将会让学生受益终身。

除了以上对有效提问策略应用的观察外，我们组的两位教师还对课堂上教师活动和学生活动的时间进行了观测与记录。PPT上展现的是上一次的观测结果，通过与本节课的数据比对，发现变化不大。蓝色部分是学生活动时间，约占总时间的 53.8%，黄色部分是教师活动时间，约占总时间的 46.2%。虽然图表显示，学生活动时间高于教师活动时间，但二者差异并不大。而真正地以学生为主体体现深度学习的课堂，学生活动时间应再增加 20% 左右。回顾刚才的课例，教师的问题设计虽然体现了对高阶思维的培养，但在实施中，往往是教师抛出有价值的问题后，教师等待的时间不够充分，紧接着便请学生回答问题，这种未经深思熟虑的问题回答，或者是还有一些学生有自己的想法但是还没有来得及表达。如果教师在这些环节中能再放手给学生，等待的时间再长一些，那么我相信课堂上的花会开得更加灿烂。

通过对教师教学的观察，我们给出的建议如下：

教师应该舍得给予学生深度阅读、深入思考的时间。因为,真正以学生为中心的教学,教师不但要深入钻研教学内容,采用多种有效的教学方法与策略,设计科学、合理、独具匠心的活动,还要关注学生的学习过程,把课堂时间还给学生,把深度思考还给学生,把思维发展和想象创造的时空也还给学生。只有这样,教师才能真正引领学生展开深度学习。

黄宏 在 pre-reading 阅读前活动中,教师通过图文结合的方式,迅速打开了学生的英语思维模式,学生参与度高,回答问题积极;通过观察绘本的封面,并猜测小鹦鹉喜欢他的房子吗? 让学生带着问题阅读,自然而然地引入绘本学习。

在 while-reading 阅读中,张老师让学生通过默读和掠读,初步感知整篇故事,了解故事起因及大体经过。让学生带着两种不同的情绪,即 happy 和 sad,有感情地朗读绘本故事,体会两段文字中鹦鹉心情的变化及原因,融入故事情境中。用联想的方法假设你是鹦鹉先生,你最喜欢哪个家? 将学生带入故事情境中,找出这些地方的优缺点,让学生学会表达自己的观点。再带着问题进行片段精读,找到文中关键形容词,判断每一个地方是否适合成为鹦鹉的新家以及出现问题的原因。在绘本即将读完的时候,让学生预测故事结尾,既可以提升学生联系上下文的逻辑思维能力,又能发展学生丰富的想象力和表达能力。

在 post-reading 阅读后,老师通过表演、复述的形式,在课堂中交流绘本内容,培养学生注意倾听,积极思考,积极运用所学英语进行表达;播放微视频引导学生谈谈自己的家庭生活,家人之间能相互做什么事情,升华情感教育。

同时本节课教师还穿插运用了大量不同的学习策略,如独立阅读在学习中培养学生集中注意的能力;在合作学习中有小组活动、表演对话等,积极与他人合作,共同完成学习任务,学生积极运用所学进行表达、交流;通过声音文件加深学生体验式阅读,同时在练习过程中加入固定句式模仿、听短文填空朗读、视听等方式,引导学生多感官、多方位地感知绘本,最后学生自然而然地升华情感教育:East or west, home is the best.

在活动组织方面,我们小组给出的最后结论为:本节课张老师设计的活动形式生动有趣,抓住了学生的学习兴趣,巧妙地将绘本故事融入现实生活中,激发了学生的表演欲望和阅读兴趣。通过认知策略、交际策略、阅读策略的交替运用,对学生的深度学习起到了很好的促进作用,学生能够通过绘本阅读达到由“爱小家”到“爱大家”的情感升华,并且极大地丰富了学生的英语语言运用。同时我们也针对课堂中的两个小活动给张老师提出一点建议:第一个在阅读前活动组织中,张老师很用心地让学生看着封面,找出封面上给出的书名、作者,以及图片上的物品等,并让学生预测鹦鹉喜欢他的房子吗? 这个活动设计对于五年级的学生来说,稍显简单,其实可以在带领学生观察封面的时候,让他们通过题目、封面图画在小组内猜一猜故事的内容,既充分培养学生的想象力和口语交际能力,又能为后续的深度学习做铺垫。

教学片段分析

课内外资源及生成性资源的运用

张瑞百惠

英语绘本是一项不可或缺的课堂资源。绘本具有画面优美、情节简单,句型反复、语言押韵等明显优势。在学习绘本的过程中,学生们不单单是在认知学习和语言发展上有所突破,更是能从中感受到丰富的寓意,这些都是很吸引学生的特性。对于培养小学生早期英语阅读能力有很大的帮助,不仅可以提高学生对英语学习的兴趣,还可以增加英语学习的词汇量。而且大多数的绘本可以与生活联系起来,因此也可以间接地将英语学习融入日常生活中,改善缺少语言环境的劣势。

小学英语课堂一直致力于将课堂还给学生,学生为课堂主导者,自主开展个人活动、双人活动、小组活动等进行深度学习。教师将课内外教学资源及课堂生成性资源有效地整合和利用,能促进学生的思维发展,更好地吸收和利用语言知识。

在"Home Is Best!"绘本阅读课中,绘本本身即是一种课外资源,通过图片、文字等丰富的信息,促进学生的课内学习,拓展了语言知识。授课过程中,为了顺利完成学生掌握的,例如体验式阅读、处理关键信息等基本阅读策略的能力目标,在授课时我们大大拓展、整合和利用了课内外资源,以多种方式进行绘本阅读活动。在小鹦鹉去的地方中,我们选取了树洞,在阅读时利用"风声"的音频,让学生身临其境地感受到寒冷,从而抓取出"cold"这个关键词,再进行句型的练习。在讲授"noisy"这个新词时,我们也截取了教堂钟声的音频资源,在环境中让学生用动作表演"noisy",完成知识目标。

在完成阅读后,为了提升学生懂得适合自己的才是最好的,培养学生热爱家庭、热爱学校的情感,因此我们设置了学生分享能为家里、学校做什么的环节。分享之前,我们用两个录制的学生课外拓展视频资源为学生提供了范例。在这个环节中,学生不仅借助视频资源知道了应该说什么、如何说,发展了自己的语言能力，完成了教学目标，又能通过交流、分享的方式共同提高和进步，加深学习的深度。有了足量的知识输入，学生就能完成语言的自主输出，自由表达自己的想法，提高英语学习兴趣。在达到教学目标、突破重难点的同时，更体现了资源使用的灵活性和多样性，以及把握优质教学资源和合理运用的必要性。

教育要更好发挥其作用，必须整合一切可以利用的技术和资源；课堂要想更高效，应当整合一切课内外资源；教师要想更优秀，一定要整合各种教学技术。教师整合出效率，课堂整合出效益，这才是课堂资源整合的真正意义，这样学生才能在课堂的有限时间内进行有效学习、高效学习。

由此可见，课内资源在激发学生高阶思维方面有着举足轻重的作用。

在英语教学活动中，我一直坚信，充分的课堂预设会为动态的生成保驾护航，使得课堂生成更加合情、合理、有效。预设是生成的基础，而生成则会提高预设，二者结合，相辅相成。学生现场生成的回答，如果可以有效把握和利用，往往能拓展更多知识，同时增强学生的自信心。在本课中，我充分感受到了处理好预设与生成的关系，就会促进和引发学生的深度思考。

在讲授绘本之前的热身活动中，我带着学生观察绘本的封面，以获取故事的大概信息。What can you see from the cover? 在我之前的预设中，学生们的答案可能是观察到主人公 parrot，房子，题目和作者等，但是学生们给了我更为惊喜的答案。有的学生说：I can see the apples. 有的学生说：I can see a big tree. 我趁机引导学生用更多词汇和句子来描述鹦鹉居住的环境。看着更多学生更大胆地表达自己所获得的信息，我的内心十分高兴。

在绘本正文的讲授中，我提出了这样一个问题：Until this, can you imagine what happened at last? 让学生根据已经阅读到的故事情节，合理推测未知的结局。一个同学起来说：Mr. Parrot is cold. 另一位同学说：Mr. Parrot is hot. 这两个学生给出的答案是截然相反的两个方向，我抓住这个契机继续追问为什么冷？为什么热？这又引领了学生做更深入的思考和讨论。讨论以后，学生们觉得鹦鹉先生热可能是因为他忙来忙去，冷可能是因为他饥寒交迫，这样的现场生成资源对学生的思维发展是有帮助的。即便学生在表述的时候不是那么流畅，没有那么多的语言积淀，但是由于一个小小的现场回答，不仅进一步训练了学生的预测能力，有助于完成教学目标，也拓展了学生的词汇和句式。

看似不经意间的生成性回答，就让学生多学习了这么多知识，可见如果处理好预设与生成的关系，日积月累，学生将从中收获多少呀！高质量的预测需要研究教材，更需要研究学生，是对教学目标、教学期间及学习方法的预设。但是同时,只有把握住课堂上生成的教学契机,让学生真正成为学习的主人,他们的思维空间才能得以拓展,课堂才能更加精彩。

‖ 第二节 趣味国画校本课程建设初探 ‖

趣味国画校本课程建设方案

一、背景与问题

(一)背景分析

1. 美术学科核心素养。

在中国五千多年的历史长河中,中国画作为优秀传统文化在我国艺术教育中的地位显得尤为重要。中国画作为美术学科中独具表现形式的民族绘画,更是中华民族引以为傲的艺术瑰宝。且中国画集诗、书、画、印为一体的特性,从古至今,也是中国文化、哲学、审美情趣、智慧的大综合。

2015年国务院办公厅发布了《关于全面加强和改进学校美育工作的意见》,使国画这种古老的艺术形式在新的美育背景下,又被赋予了新的教育意义,国画教育也将作为中小学美术教育的重要组成部分。作为一种教育工具,国画对学生动手动脑、创新能力和实践能力的培养是其他课业形式所不能替代的。

校本课程的开展将进一步引导学生从中华文化资源宝库中提炼题材、获取灵感、汲取养分,在深入探寻中国优秀传统艺术的审美过程中获得愉悦、感受魅力,学会运用丰富多样的艺术形式进行表达。

现在,小学美术课程中的国画课程,已经不能满足学生对国画的深入学习和追求,但由于国家课程教材选取的内容以及各地方学校和美术教师对中国画的理解差异,让中国画教学主要停留在以学习传统中国画为主要内容的教学创作中。因此,在校本课程中实施国画教学,有利于让学生集中进行更为系统和专业的训练,增进学生对传统文化艺术的理解,培养学生特长,提高学生艺术修养,促进学生德、智、体、美全面发展。

2. 基于学校"成就最好的自己"的办学理念。

校本课程的建设始终遵循学校"成就最好的自己"的办学理念,其中的"成就"即为"致","最好的自己"既指向于教师,也指向于学生。在全体师生的努力下,办一所能够让每一个人更加优秀的学校,办有质量的教育。在国家教育方针的指导下,基于学校的办学理念、校情和学生发展实际,学校确立了培养"致知·致善·致美"新昌少年的育人目标。

"趣味国画"课程作为"致教育"课程建设之一,基于美术学科,以学生核心素养提升、兴趣能力培养为目标,改变教学内容呈现形式,丰富教与学的方式,启动教学资源共享模式,以此推动课堂由封闭性向开放性转变,从而指向了学校的办学理念。

"趣味国画"作为学校的致知校本课程,一直坚持校内与校外相结合,普及与提高相结合,依托致知课程、社团活动,结合学生不同年龄特点和喜好,有难易层次地开展国画探索系列活动,并引导学生通过网络、书籍、艺术场馆等渠道进行多方位的欣赏和感受,带领学生进行中国传统的美术探究,校本课程普及面广,让每个学生的艺术特长在一次次活动中得到了充分的提升和发展。

学校艺术节期间,每周都会开展以国画为主题的"艺术大讲堂——教育漫谈"等活动。讲堂中教师课内外结合的讲解,家长专业精到的展示,名家高度的引领与指导给学生带来崭新的艺术享受,更是全面普及了国画。

学校还通过各种实践活动,培养学生的美术创造能力。在"献礼十九大新昌学生作品展"中,学生进行了以书画为主题的创作;学校还通过微信公众号,开设了"新昌童心绘"专栏,鼓励更多的孩子参与到艺术实践中来。

学校还积极参与市教育局组织的各种教研活动,美术教研组每学期都会举办多期美术新课程课例研讨会,结合校本课程不断提出改进意见,让课程逐渐系统化,确保课程有序高效的开展。

3. 趣味国画的定义。

《义务教育美术课程标准》进一步指出,"在基础美术教育中,使全体性的实现成为可能的关键正是在于激发学生的学习兴趣"[1]。

在小学阶段传统国画教学指的是用工笔、写意、勾勒等基本技法形式以及钩、皴、点、染、浓、淡等丰富多彩的表现手法,通过线条和墨色的变化来表现物象的一种绘画形式。"趣味国画"教学相对于传统国画的表现方式而言,并不是全部推翻,而是在新时代视觉文化发展的基础上进行的富有创意与趣味性的表达方式,是用具有趣味性、创意性的探索方式来传承中国画艺术。在"趣味国画"的教学中,教师通过内容生活化,吸引学生学习兴趣;绘画形式的多样化,引导学生画得更起劲;教学方法的多元化,让学生的学习热情更高涨。学生在国画的学

---

[1] 中华人民共和国教育部. 义务教育美术课程标准 [M]. 北京师范大学出版社 2011 年版.

习过程中通过多样的艺术实践来体验笔墨。从而让"趣味国画"教学在尊重学生天真意趣的前提下,让学生在国画探索中感受到水与墨和色的相互融合与渲染的效果,深入体会妙趣横生的绘画创作。

"趣味国画"让学生的国画教学跟随国家课程,结合校本课程的双向发展。在这一过程中儿童率直纯真的天性所表现出的创造性更为难能可贵,所产生的审美价值更为独特纯真。这就要求"趣味国画"从本学科特点出发,充分利用教材中的趣味性因素,采用灵活多样的教学方法来提高学生对美术学习的兴趣。

(二)核心问题

国画教育以造就富有创造力的身心健康的人为目标,让学生运用感官去感受和体验生活,在实践操作中获得乐趣和成长,为培养创新型人才和实现美育打好坚实基础,致力于打造市南区国画特色教育。

把国画作为小学阶段的校本课程,有利于继承和发扬中华民族的优秀传统文化,提高学生艺术修养和艺术特长。学校每周两次的校本课程,利于形成学校特色。培养学生对国画的兴趣,给爱好国画的学生一个良好的学习环境,并培养他们的主动性、积极性和创造性。契合当前素质教育中的主题性发展,让学生在自由的空间中想象、成长。在快乐的学习氛围中,找到学习国画的方法,为进一步学画打下坚实的基础。

学生在美术教育的"传承、感悟"中感受源远流长、灿烂辉煌的中华文化,体会传统文化厚重的底蕴和博大精深的魅力。同时也更多地了解了中国书画大师,领略中国水墨意趣,感悟中国水墨精神,表达当代童心世界。在活动中激活学生潜在的艺术灵性,解放学生表达与表现的天性,让学生从大师的艺术精神及作品中汲取营养,尝试运用现代的表现手法进行水墨的实验和创意,进一步感受中国传统文化的魅力。

(三)主要任务

国画的趣味性教学,着重强调探索与尝试,让学生体验到笔墨游戏的快乐,了解掌握国画的基本绘画技法,并能进行大胆创新。教学时根据儿童的年龄、心理、智力特点,选择教材教法,以通俗易懂、简练易学为主。选择儿童能够接受和容易掌握的国画表现技法,进行创造表现活动。

传统的国画教学内容不外乎山水、人物、花鸟,"趣味国画"的教学内容则要求符合学生的心理特征和身心发展需求,贴近他们的生活事物。在课程的题材上,可以是"好吃的水果""我的家园""多彩的校园"等,学生对这些对象较为熟悉、感兴趣,也是较为容易绘制的对象,所以绘画起来非常轻松自在,也可以让不同层次的学生创作满意的作品,遵循了学生的生理和心理发展逻辑。课程的设置层层推进,绘画内容也由易到难、由简单到复杂,学生在进行绘画时经常考虑到如何用笔、用墨和用色,这对学生绘画综合能力和创新能力的提高是非常有益的。

"趣味国画"从题材和内容中让儿童接触、了解、喜欢国画这门民族艺术,愿意用国画的方法表现自己对生活的独特感受;培养儿童对艺术的敏感性,挖掘儿童的审美创造潜能,促进儿童自主全面地发展。

二、目标的确立

(一)学校课程目标

1.总目标。

课程是培养人、发展人的主要载体。秉承学校"成就最好的自己"的办学理念,通过"致教育"课程建设,"趣味国画"校本课程会积极挖掘当地和学校的艺术特色,进一步探索多样的技法与趣味的教学,注重提炼精选凸显文化特色的经典性元素和标志性符号,在过程中不断实践、反思,形成学校的美育活动特色。将继续依托青岛的地域特色和海洋文化,以国画为切入点,以艺术教育为突破口,以创办特色学校为目标。依托专家引领,发动广大师生积极参与,充分展示学校师生的艺术创造力。传承发展国画艺术,形成学校国画艺术特色品牌。

2.形成学校科学的课程管理和课程评价体系。

我校为了继承和发扬中国优秀传统文化,促进学生身心健康发展,提高学生艺术修养,将"趣味国画"定为校本课程,进行特色校本课程的开发与研究。校本课程还依托学校市级课题"基于深度学习的课程资源整合研究"落实在课堂教学之中。

基础教育阶段的艺术校本课程应培养和激发学生的学习兴趣,提高学生的创新能力,拓展学生的文化视野。因此,校本课程的开发就是一条基于学校现实特色化的道路。美术校本课程要求合理利用和积极开发课程资源,选择对学生发展有用的、感兴趣的、能够学会的知识与技能的课程,以及贴近时代与学生生活紧密相连且内容健康丰富、积极向上的课程资源。多元整合的课程才能适应并促进学生的发展。

(二)趣味国画课程目标

使学生能够学会使用国画用具,了解水墨特性,掌握基本的绘画技法,体会到笔墨的韵味,并能创作国画作品。通过自主体验、游戏探究、创作实践等学习活动,锻炼绘画技能,培养绘画兴趣。使学生能够了解并反复尝试和体验笔墨,学会认识、实践中国画的多种表现形式,从而提高想象力、创造力和绘画造型能力。激发学生在美术创作过程中的学习兴趣,体会国画艺术的博大精深,让传统文化得到更好的传承和发扬。

1. 教师发展目标。

校本课程开发过程中必须立足于教师的个性,要让教师真正成为校本课程开发的直接参与者,而作为研究主体的教师,在校本课程开发和重建过程中更要充分突显自己的个性。最终,它有利于实现学生全面而主动的发展,校本课程开发首先必须评估学生的需要,充分重视学生个体的经历和体验的价值,把握好学生个性潜能发展的独特领域和生长点,把这些因素都纳入到校本课程开发的过程之中。

2. 学校发展目标。

(1)学校课程体系形成。通过趣味国画课程建设与开发,在实践中逐步构建出具有新昌特色的课程体系。这一体系以"致教育"文化为核心,以尊重学生成长规律为基石,依托"小班化"办学模式,把国家课程的二度开发与校本课程的特色开展有机结合,丰富、完善学校课程,实现以课程的改变来促进学校的改变与发展。

(2)学校文化自信形成。通过趣味国画学校课程的构建与运作,精细化管理机制、学习型组织建设、努力"成就最好的自己"教育理念,使"点滴尽致"的"致教育"文化核心渗透到学校的各个方面,逐步形成了全体成员的共同价值观。我校也始终坚持校内与校外相结合,普及与提高相结合,依托社团活动,依托校本节日,并结合学生的不同年龄特点和需求,开设校本课程,让艺术教育在校园内生根发芽,枝繁叶茂,形成新昌教育品牌。

三、内容及资源的选择

(一)对趣味国画内容进行选择的原则

以水墨画为题材内容,并通过笔墨感受、泼墨游戏、想象创造等活动实施教学。学生能够认识、了解国画的多种表现形式,感受到国画作品中用笔和用墨的变化。在观察、分析、研究、互动的游戏过程中,以国画工具为中心,想象创作画面。绘画方法创新,作品具有趣味性。

根据教学对象的年龄和理解能力,主要定为写意花鸟鱼虫、蔬菜瓜果,选取小动物、花花草草和水果为主要内容,是因为学生对这些对象较为熟悉,感兴趣,也是较为容易绘制的对象,可以让不同层次的学生创作满意的作品。

作品要求用笔手法较为多样,且能根据点画的不同表现特征加以运用。点画之间粗细、长短、轻重的关系处理较为明确,墨分五色安排合理。能初步协调作品内容与落款的位置关系,整体布局较为统一完整。作品整体有情趣,花鸟鱼虫造型生动,具有水墨画特有的美感。

通过对"趣味国画"教学中教学内容、形式、方法等方面的探索,建立一套适合学生年龄特点、儿童乐意接受的教学计划和方法体系。在教材、教法上继续深入研究,不断总结经验、调整计划。

(二)确定国画资源

"趣味国画"会根据学生的发展规律进行课程内容设计,根据教学对象的年龄和理解能力,课程主题主要定为写意花鸟,每个学期的内容都会有所区分。在学生第一次接触时主要以兴趣引导为主,所以设置的主题为"趣味彩墨",课时安排有:"国画基础练习""彩与墨""墨迹画""樱桃熟了""水墨的花""彩墨的花""彩墨的鱼""茂盛的树""好吃的水果""蔬果组合""有趣的脸""我爱运动""京剧人物""未来的我""美丽的家乡""综合练习",等等。

根据学生发展规律,共设置了八类内容,分别为:趣味彩墨、趣味装饰、趣味果蔬、趣味花卉、趣味草木、趣味虫鱼、趣味山水、趣味乡景和艺术大师欣赏集作。

四、组织与实施

趣味国画应该成为较为完整的儿童国画教学体系,课程的实施始终按照规范的程序管理,环环相扣。遵循五大原则,落实教学目标,完善课程内容。较为符合儿童年龄特点的国画教材,有利于儿童学习国画的教学方法、形式和手段。

(一)趣味国画实施的五大原则

创造性原则:在教学中应充分发挥儿童的创造性,以儿童的创造力和创新意识的培养为主要目标。

趣味性原则:教学内容的选择、方法的使用等都应考虑儿童的实际生活经验,充分激发和调动儿童的学习兴趣和积极性。

系统性原则:国画教学必须遵循儿童的生理和心理发展逻辑,在帮助儿童建构审美心理结构方面应该是有序的、连续的、层层推进的,同时也是由易到难、由简单到复杂的。

审美性原则：在儿童国画教学中，无论是活动目标的制定、活动内容的选择，还是活动的实施都应注意审美性。

个别对待原则：儿童在发展水平上存在着个体差异，教师应了解他们之间的差异并在实际教学中因材施教。

"趣味国画"课堂在全校四五六级中组建国画小组，他们通过考核和推荐两种形式产生。考核就是通过一定的绘画基础测试，来选拔出绘画水平较为优异的学生，推荐就是在日常的美术课堂中，将绘画水平突出的孩子，推荐进入小组学习。每一个进入小组的孩子必须是非常热爱美术创作的。

（二）致知（选修）课及学校课程

学校致知兴趣拓展选修课课程实施长、课时短。为保证课程的实施与质量。学校调整了每周四下午的原有 40 分钟的课时，将周四下午第一、二节课时调整为 30 分钟／课时的短课时，下午 2：50～3：50 一个小时的长课时为学校致知课程时间，并把其纳入到学校总的课时计划中，每周一节。

每个学期会安排循环团体辅导活动。小组人数设定在 30～40 人，最后保证全校中高年级热爱国画的学生都能参与进来，又比大班上课的效率要高。

"趣味国画"课堂是在美术教室中进行的。教学时主要以四人为单位的小组合作进行，在小组中有目的、有计划地进行科学分组，合理安排座位，小组成员搭配也要合理，好、中、差三个层次的学生要搭配好。每次合作学习的次数和时间要适当。在小组合作学习中学生讨论的机会增多了，学会了与人沟通，发现了他人的优点；并学会了宽容，能客观地评价他人；培养了学生合作学习的精神和能力，激发了学生的学习热情，使学生在合作互动中得到了全面和谐的发展，更有利于美术课堂的艺术创作。

"趣味国画"根据学生的年龄、心理、智力特点，选择教材、教法，让学生学习用一些他们能够接受和容易掌握的国画表现技法，进行创造表现活动。

在国画小组学习时，第一课就是要欣赏感受国画的美，趣味国画课堂中以学生最熟悉的点、线、面入手，如在"樱桃熟了"中体会不同的点的画法和色的运用；在"水果乐园"中体会国画中点、线、面相结合，并让他们用自己最喜欢的色彩去表现；在"水墨的花"这一课中，让学生只用水和墨去画出花朵的美，使学生在勾勒画法中体会到水和墨相互交融，墨在纸上留下的干湿浓淡的美感；在"彩墨的花"中让学生以色彩和墨相结合，充分体会到国画带来的水墨渲染下的不同效果的美感。在学生实践的过程中，要加深学生对国画中水墨渲染效果的认知，并在上一节勾线法的学习中深入学习没骨法的创作，引导学生注意彩和墨的搭配、墨色加水后的晕染效果和笔法的运用。课程的难度也在逐渐加深，由简单到复杂，层层递进。

课程中还会加入"墨迹画"等画法，学生会提前准备好塑料盒、底板、墨汁、宣纸、棉签、肥皂、小棒等工具。学习墨迹画的技巧、初步掌握墨迹画的方法。学生自主创作时，能够在已有画面的基础上添加肥皂泡沫，让画面产生变化。引导学生创作出更多的画面效果，逐步感知墨迹画的美，发展想象力。

在"美丽的家乡"一课时，引导学生学会水破墨、墨破水等绘画方法，画出富有家乡特色的房子。画面要做到构图饱满，用色大胆，作品色彩可以比平时见到的色彩更夸张，在传统国画的基础上，让画面具有装饰趣味，引导学生大胆创新。

在低年级学段进行国画教学时，还结合学生年龄特点和动手能力，进行了"彩墨的痕迹"这节课的尝试，组织学生利用生活中常见的果蔬进行绘画。用果蔬当作毛笔来探寻笔墨的痕迹，大大激发了学生的创作热情，感受到在玩中创作的乐趣。学生感受到身边的许多物品都可以作为美术创作的素材。

国画绘画方法多种多样，在教学中可以增加没骨法、填色法、点染法、晕色法、平涂法、擦染法、洒落法、拓印法、加剂法等，这样使学生利用各种表现手法来对心中的事物进行描绘，使之获得成功感，提高学生的创作热情。通过多样的艺术实践，使他们感受到美术带来的乐趣与作用，从而提高学生的审美能力和创造能力，引导他们感知自然事物和美术作品的形式美、内容美，发展学生的观察、想象和思维能力。

五、课程的评价

社团活动课程的评价机制是指检查课程的目标、编订和实施是否实现了教育目的，实现的程度如何，以判定课程设计的效果，并据此做出改进课程的决策。在课程评价的过程中，教师应以学生全面发展为主体，创设健全、合理、向上的评价体系。还可以利用多种平台资源进行交流和展示，增强学生之间的互动交流，更好地促进教与学。

"趣味国画"校本课程在期末成绩评定方面，采用国画作品主题创作和课堂"优秀学生"形式进行成绩评定。教师每节课要做好考勤评价记录，根据每个学生参与学习的态度进行评价，分为"优秀""良好""一般""差"等级，并作为"优秀学生"的评比条件。课堂中还可采取如创新实物评价、成果展示评价等多种评价方法。

创新实物评价是结合多种评价方法,每月会根据学生的课堂表现和作品的完美程度等发放美术"喜报",鼓励学生更好地表现,学期末会根据集得"喜报"的数量,对学生进行期末的总体评价。

成果展示评价既丰富了评价形式,每节课对优秀的学生作品进行课堂展示,并定期举办班级国画展览,学生成果可通过参赛、画展等形式得以展示,还可以让学生将最满意的作品留校珍藏。小学生对于展评作品有极高的热情,由于趣味国画作品本身就极具视觉性,有别于一般的美术课堂,应给予每个学生展示作品的机会。

通过趣味国画致知课程的建设,有利于让学生集中地进行更为系统和专业的国画训练,也更有利于继承和发扬中华民族的优良传统文化,增进学生对传统文化艺术的理解,培养学生特长,提高学生艺术修养。

六、结语

"趣味国画"校本课程从学生主体出发,通过改变教与学的方式,搭建多元的展示平台,提供丰富的学习资源,激发学生全员参与的兴趣和欲望,并帮助学生获得独特的学习经历和收获,助学生成为最好的自己。学生能够在国画课程中体会到彩墨的乐趣与魅力,激发了学习兴趣。有利于让学生集中地进行更为系统和专业的训练。在小学阶段进行中国画这一传统艺术的创新学习,无疑是对中小学美术教育的一个有益的补充,更有利于整合我校的艺术资源,体现学校的办学特色,促进学校的艺术发展。

附:青岛新昌路小学美术校本课程具体实施课例

课例一 "彩与墨"

课程内容

【知识了解】

1. 教师要让学生通过体验,感知不同色彩在宣纸上的不同效果,了解墨和中国画颜料的性能,学会简单的调色调墨,并初步体验到"文房四宝"的特殊性。

2. 教师运用讲解示范教学的方法,使学生了解彩墨画的特点,感受彩墨画的乐趣。引导学生将画笔蘸上颜料或墨,结合水在宣纸上尝试作画,学会控制水分,还可以用吸水布和吸水纸辅助,学会熟练地操控毛笔。

3. 在彩墨游戏中发现彩墨的技法,深入感受水墨画的趣味性。

【拓展应用】

本课"彩与墨"是小学国画教学中较为基础的课程。课堂教学中应以学生最为熟悉的点、线、面入手,绘画时要注重彩与墨的搭配,墨色与水分的晕染,以及绘画笔触的运用。引导学生创作出较为满意的作品。

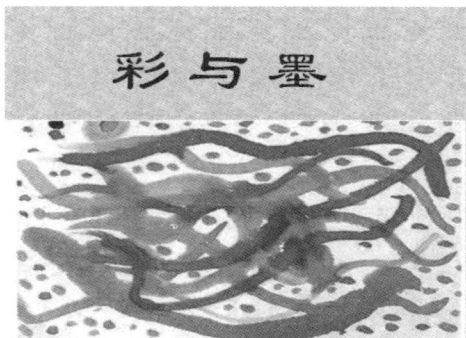

教师备课

<table>
<tr><td colspan="7" align="center">课时备课</td></tr>
<tr><td>课题</td><td>彩与墨</td><td>课型</td><td>新授</td><td>课时</td><td colspan="2">1—1</td></tr>
<tr><td>学情
分析</td><td colspan="6">　　三、四年级的小学生很喜欢做游戏,本课"彩与墨"的课题对学生来说比较陌生,课程中主要运用游戏激趣,通过笔墨感受、泼墨游戏、想象创造三个活动实施教学,帮助学生认识、了解水墨的多种表现形式,感受笔和墨的变化,体验创造表现的乐趣</td></tr>
<tr><td>学
习
目
标</td><td colspan="6">　　知识与技能:认识中国画画具;认识水墨画特性;学习用笔用墨的简单技巧。培养学生的想象力、创造力和绘画造型能力。
　　过程与方法:导入激趣—尝试体验—思考探究—创造表现—交流欣赏。
　　情感态度价值观:学生在游戏的过程中体验、感受彩墨画的偶然性和意外效果,提高动手能力,增强学习彩墨画的情趣,同时激发学生热爱民族艺术的情感和合作意识。
　　教学重点:让学生在游戏中感受彩墨的各种变化和趣味。
　　教学难点:通过水分控制彩墨的浓淡变化,从而产生不同的美感</td></tr>
<tr><td>课程资源包</td><td colspan="6">音乐、视频、海洋资源</td></tr>
<tr><td colspan="7" align="center">教与学的活动过程</td></tr>
<tr><td colspan="4" align="center">教学设计</td><td colspan="3" align="center">二次备课</td></tr>
<tr><td colspan="4">一、游戏导入
师:(谈话示范)我们通过有趣的水墨游戏,发现了水墨……
　　从水墨在生宣纸上具有渗透、扩散的特性导入,用直观演示法展示水墨渗透、扩散的过程,引导学生观察。
师:水墨的这个特性有什么作用呢?
生:画中国画。
师:用彩墨来做游戏,探究彩与墨的奥秘。
(板书课题,导入新课)

二、感悟体验
师:把墨倒在生宣纸上,让它自然散开,可以发现什么呢?
　　老师介绍泼墨画,提炼出泼墨画的作画步骤:泼(把墨倒在纸上)—形(形成一定形状的墨迹)—添(根据形状想象添画)—成(成为一个具体或者抽象的形状)。
　　观察老师和同学们如何通过泼墨的方法,形成各种有趣的形象。

三、绘画表现
　　同学们看过了这么多有趣的泼墨画作品,肯定也想亲自试试。下面我们来看看怎样才能画出一幅好的泼墨画作品</td><td colspan="3">　　观察分析,初步了解生宣纸的特点,促进学生深度学习

　　体会在随意中产生的意外效果和偶然现象,体验彩墨的基本特征</td></tr>
</table>

教学设计	二次备课
1. 泼:让学生自己先动动脑筋,想想应该怎样泼。在师生之间的相互交谈中,帮助学生掌握各种泼墨的方法和窍门。其中需要注意的是,由于教室空间的限制,不赞成学生直接把墨倒到纸上。建议可以用滴、甩、点、纸拓印等方式泼墨。同时也需要让学生知道,不一定要泼浓墨,中墨、淡墨都可以泼。甚至可以通过泼不同深浅的墨,使画面更富有变化。 2. 形:水墨在生宣纸上渗透、扩散,会形成各种有趣的墨迹。要注意用废纸把多余的墨吸掉。 3. 添:这里是本节课的重难点所在。一般我们选择在墨迹完全干透之后再添画,以防止添加的墨线扩散。在等待的过程中,我们会结合添画步骤图,看看大师们是怎样在墨迹的基础上添画的。我们也可以玩"猜一猜"游戏,猜猜大师们可以把这些墨迹变成什么。时间允许的话甚至可以请学生上台尝试一下添画。如果墨迹干了,学生就可以尝试着在自己的作品上添画了。添画之前还可以引导学生把画纸转换一下角度,看看会不会有更好的想法? 4. 成:添画完成后,同学们的墨迹都变成了各种各样的"大怪兽"。让学生给自己的"怪兽"起一个名字吧。教师在这个过程中要抓紧时间给学生的作品拍照,准备好下一环节的欣赏展示。 【作业设计】将水墨泼在生宣纸上,让其任意渗透、扩散,形成墨迹。再根据想象添画成人物、动物等形象。 学生实践,教师巡视指导。 四、展评回顾 1. 展示学生的优秀作品,请同学们介绍一下自己的"大怪兽"。 2. 回顾本节课的学习内容,在这节课里,你发现了什么?你学会了什么? 3. 预留足够的时间给学生收拾卫生,整理学习用具	鼓励学生发现问题、分析问题。培养学生探讨问题、分析问题的能力。分析画面中产生的干湿变化、浓淡变化,了解墨色变化与水分的掌握有关 调动学生积极参与评价活动。激发学生热爱祖国民族艺术的情感
板书设计	**彩与墨** 泼—形—添—成
分层作业设计	1. 将水墨泼在生宣纸上,让其任意渗透、扩散,形成墨迹。 2. 有能力的同学可以根据想象添画成人物、动物等形象

续表

课后反思	本课教学设计以做游戏为主导,引导学生体会在随意作画中产生的意外效果和偶然现象,体验彩墨的基本特征。课堂氛围活跃,又通过笔墨感受、泼墨游戏、想象创造三个活动实施教学,帮助学生认识、了解水墨的多种表现形式,感受笔和墨的变化,体验创造表现的乐趣,以此触发学生对水墨画的深度学习,也为后期国画学习奠定基础。 　在艺术实践环节设计分层作业,有能力的同学还可以根据想象添画成人物、动物等形象,既增强了学习彩墨画的情趣,又提高了动手能力,让不同层次的学生都能创出较为满意的作品。展示时还调动学生积极参与评价活动,激发学生热爱国画艺术的情感

课程素材

　　通过本课"彩与墨"的学习,学生初步了解了中国画颜料的性能,并学会了基本的调色和调墨。课程中教师还应指导学生注意处理画面中线条的粗细、长短、轻重的关系,使画面整体构图、布局较为完整,具有艺术性。

　　下列作品中画家运用了点、线、墨块和色块,使这些画面显得既有层次又有节奏感,使人产生无限的遐想。

　　作品中鲜艳明快的色彩渲染上淡淡墨色,加上小画家们独特的构思和想法,真是设计感十足的作品,呈现给了我们无限想象,赋予了水墨画新的趣味性。

　　作品欣赏:

课例二 "彩墨的鱼"

课程内容

【知识了解】

1. 引导学生掌握笔、墨的使用方法，以及颜料调配，感知水墨画的独特效果。

2. 引导学生感受笔墨韵味，激发学生热爱中国画的情感。

3. 教师示范绘画步骤：首先准备好颜料、墨；控制好毛笔水分，蘸重墨，起笔露锋，中锋下压一笔画出鱼的身子。再用笔上残留的颜色画出鱼尾、背鳍（中锋下压），用重墨点出鱼眼、鱼嘴，调淡墨中锋勾出鱼头、鱼的身体，侧锋画出鱼的双鳍。换大笔，调淡墨，和颜色。最后进行染色，注意要画出动态不一的鱼。

【拓展应用】

本课着重引导学生掌握国画中关于鱼的笔法、墨的使用方法，以及颜料调配。感知水墨画的独特效果。感受笔墨韵味，激发学生热爱中国画的情感。

充分调动学生的主动性，引导学生大胆尝试。教师示范，在绘画过程中，注意画面布局。引导学生创作出更多生动有趣的国画作品。

教师备课

课时备课					
课题	彩墨的鱼	课型	新授	课时	1—1
学情分析	三、四年级的小学生都是爱说、爱动、爱跳的,上课的气氛活跃,但没有太大的耐心,偶尔还会有厌烦的情绪。他们对新鲜事物充满了好奇心,在造型表现方面的能力有待提高。上"彩墨的鱼"这一课就要抓住学生"好奇心"这一特点,激发学生的创作欲望,让学生更加积极主动地投入到美术创作中				
学习目标	知识与技能:学习了解鱼的基本知识和基本特征,学会用彩墨的方法画鱼。 过程与方法:运用所学笔墨知识和方法大胆地进行作画,培养学生的绘画表现能力,以及驾驭画面的能力。 情感态度价值观:在笔情墨趣中,发现彩墨魅力,体验民族艺术,大胆地亲近彩墨,表现鱼的生命和美丽,并获得欢愉和满足。 教学重点:欣赏、分析、认知鱼的结构特征和结构变化,教会学生用彩墨画鱼的方法,表现不同造型的鱼,从中体验彩墨学习的乐趣。 教学难点:用彩墨表现出富有情趣的画面				
课程资源包	音乐、视频、海洋资源				
教与学的活动过程					

教学设计	二次备课
一、游戏体验、探究方法 听音乐做游戏(学生尝试作画,音乐伴奏)。 学生用手中的画具随意玩玩、画画。教师引导学生用更多方法(滴、吹、印、刷画画)。 小结:教师引导学生交流,总结出用笔用墨的方法。 用笔——水分多晕开;水分少,颜色干。 用色——水加得多颜色浅。颜色和颜色可以融合,可以变出新的颜色。 谁玩出了新花样(滴、吹、印、刷、染、泼)	学生听音乐做游戏,进一步体验色彩中水分的多少对笔触的影响,从而导入课题

教学设计	二次备课
小结:不同的方法产生了不同的效果,教师添画成鱼。 板书课题:彩墨的鱼。 二、欣赏评述、探究新知 1. 更多有关海鱼视频的欣赏。 　　我们生活在大海边,对海洋中的鱼非常熟悉。请你留意观察它们的外形、颜色、身上的花纹,总结出鱼的特征。 　　2. 小结。 　　外形　　用词概括:形态各异 　　颜色　　用词概括:五颜六色 　　花纹　　用词概括:多种多样 (课件)虽然它们外形各异但都有头、躯干、尾、鳍等部分。 　　3. 欣赏:我们欣赏了自然界当中形态各异的鱼,可是用彩墨如何表现这些鱼呢? 　　(1)用笔灵活,用色简单,是有选择地运用色彩。 　　(2)特点:用色饱满。 　　(3)主要体现的是鱼的动态。 　　4. 展示韩美林先生有关鱼的彩墨画作品,引导学生欣赏(课件)。 　　提问:(1)这幅画给你什么样的感觉? 　　造型简练、色彩鲜艳、彩墨融合、画面装饰性强、点线面的运用恰到好处,画面充满了情趣。 　　(2)画面在构图上给你的感觉是什么? 　　整幅画中一种鱼按不同的方向去排列,在构图上感觉很新颖、很奇特。同学们也可以借鉴画家的这种构图形式。 　　5. 探究彩墨画的两种技法。 　　(1)教师演示渲染上色。引导学生注意色彩冷暖搭配和对水分的把握。 　　(2)请学生总结作画步骤。先勾线再泼染。给这种画法起个名字? 　　你还能说出别的画法吗?步骤反过来行不行,我们来试试。 　　(3)教师演示没骨法画鱼的方法。学生总结画法的步骤并起名字。 　　(4)看大屏幕,这就是课本上提到的两种彩墨画方法。这两种画法画出来的鱼有什么不同? 其实彩墨画的表现方法多种多样,希望同学们在绘画的时候能够创造出更有新意的绘画方式! 　　(5)教师再根据画面构图适当添加水草或珊瑚等,也可以用涂色或点染的方法画背景,使整个画面充满情趣。背景的用色要注意色彩的搭配。 　　6. 欣赏学生作品。 　　欣赏有关鱼的各种艺术品,提高学生对鱼文化的了解。 　　提出问题:你喜欢哪幅作品?为什么?想不想尝试一下这种画法?	在体验的基础上有目的欣赏,发现绘画过程中笔墨的运用技巧 在小组探究讨论中知道运用多种添画方法进行作品的创意性表现 继续指导学生学习用彩墨画鱼的不同表现方法 引导学生自主探究学习,教师示范引领学生体验笔墨的使用方法 学生通过艺术实践,可以更好地掌握绘画的基本步骤,并可以进行创新的艺术创作

教学设计	二次备课
学生边说教师边示范。 勾染画法:用中锋墨线或彩线勾勒出鱼的外形,然后画出鳃、鳍、嘴、眼,再以墨线进行装饰,最后用浓墨或淡色渲染。 色破墨法:在画中上了墨,在未干时,用彩色点打上去。 没骨画法:侧锋直接用颜色渲染出鱼的外形,然后再用颜色,或者用墨通过点染的方法来进行装饰。 没骨画法的特点:不用勾轮廓,不要打底稿,将运笔设色有机的融合在一起	分层作业设计:有能力的同学可以尝试画出海草、珊瑚等海洋生物作为装饰
三、艺术实践 　　艺术实践:以彩墨的形式,运用多种技法,大胆用笔用墨,画1～2幅有关于鱼的中国画。体现彩墨画的笔趣、墨趣、水趣、情趣。 有能力的学生可以尝试画出海草、珊瑚等海洋生物作为装饰。 注意鱼的大小、疏密及前后关系。 PPT循环播放学生作品,学生实践,教师巡视指导(重点指导学生小组合作进行绘画表现)。 四、评价感悟 1. 采用学生自评、互评、教师总结的方式进行,围绕学习过程中的收获与体会畅谈自己的感受和新的发现。(你最喜欢谁的作品?谁的作品有趣?谁的作品笔墨味浓厚?) 2. 给学生充分表现的机会,根据学生学习情况给予一定的激励和肯定	提高学生在自评、互评中的表达、交流与评述的能力。激励学生继续观察、捕捉生活素材,热爱生活中的美

板书设计	彩墨的鱼 外形结构、表现方法、画面构图 用墨:浓淡、干湿、点染、勾勒
分层作业设计	1. 运用彩墨的形式以及多种技法,大胆用笔用墨,画1～2幅有关于鱼的中国画。体现彩墨画的笔趣、墨趣、水趣、情趣。 2. 有能力的同学可以尝试画出海草、珊瑚等海洋生物作为装饰
课后反思	本课教学目标完成较好,学生参与度高涨。教学时以"听音乐做游戏"为引导,又加入海底世界的视频,充分激发学生的创作兴趣。鱼的结构特征也在欣赏、观察中得到认知。学生在创作中融入"没骨法""勾勒法",创作出生动有趣的海洋乐园。案例中将视频、音乐、海洋资源与对国画课程的整合与运用,激活了学生思维,引发学生的深度学习。教师示范环节,进行绘画步骤的示范,拓宽了学生的知识面,从而使学生的绘画创作更加精彩,提高课堂效率。同时充分调动起学生的创作欲望和展示机会,提高学生的创作水平。课程中还将德育渗透到课堂教学,引导学生形成保护海洋,热爱海洋生物的意识

课程素材

本课学生学习了解鱼的基本知识和基本特征,学会用彩墨的方法画鱼。

绘画方法:

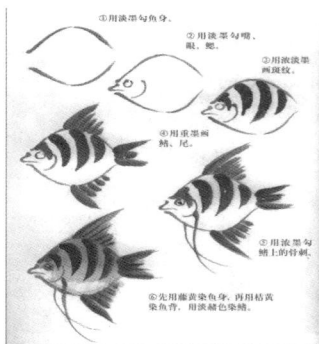

勾杂画法　　　　　　　　没骨画法

作品欣赏:

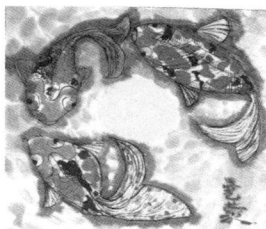

资源应用案例

以多样化的学习形式促进学生深度学习

——以"彩墨的鱼"为例

李　敏

国画作为一门陶冶情操、培养美感的艺术形式，在素质教育不断发展的今天，其教学的方式与方法也在不断地改革创新。在新美术课程标准背景下的"彩墨的鱼"教学，提倡以游戏等多种方式来进行充分发展小学生好动的天性、创造性的才能。本课的教学重点是鼓励和引导学生发散思维，鼓励学生个性的发展和表现。并且大胆地整合了课内外资源，更好地促进了学生的深度学习，既是结合学校课题——基于深度学习的课程资源整合与研究，也是实践我校推进实行的"构建悦动课堂"项目。"彩墨的鱼"在教学中重点强调海洋资源整合的运用，在教学上注重激活学生思维、引发学生深度学习，更能激发学生热爱海洋资源、保护海洋环境的意识。"基于深度学习的课程资源整合与研究"致力于点燃学生对国画创作的激情，进一步去探索多样的技法与趣味性教学。

一、资源探索"彩墨的鱼"

"彩墨的鱼"教学适合小学生年龄和兴趣特点，以提高学生的绘画技巧和绘画能力为目标。在教学中注重灵感和乐趣，引导学生使用简练、概括、夸张的绘画方法，将国画的基本技法融汇于学生稚拙的笔墨之中，学生在涂抹的过程中体会到彩墨的趣味性，提升了自身的美术素养。且三、四年级的小学生都是爱说、爱动、爱跳的，上课的气氛活跃，但没有太大的耐心，偶尔还会有厌烦的情绪。他们对新鲜事物充满了好奇心，但在造型表现方面的能力有待提高。"彩墨的鱼"一课就要抓住学生好奇心强这一特点，激发学生的创作欲望，让学生更加积极主动地投入到美术创作中。

"彩墨的鱼"课题的选择比较通俗易懂、简练易学。学生对鱼比较熟悉和感兴趣，也是较为容易绘制的对象，所以绘画起来非常轻松自在。教师在课前根据学生的兴趣特点、搜集了和课堂相关的大量图片、音乐、视频，图片包含实物图片、大师作品、学生作品、不同风格作品等多个种类。音乐以清扬、欢快的曲调为主，引导学生听音乐来创作。视频以海底世界五彩斑斓的海鱼为主，刺激了学生的视觉，同时与海洋课程相结合，充分激发学生热爱海洋资源的意识。

二、整合运用"彩墨的鱼"

在课堂教学中，首先以"听音乐做游戏"为引导，进一步体验色彩中水分多少对笔触的影响，从而导入课题。又加入海底世界的视频，那五彩斑斓的海洋世界吸引了学生的眼球，激发了学生的创作兴趣。鱼的结构特征也在欣赏、观察中得到认知。在体验的基础上有目的地欣赏，发现绘画过程中笔墨的运用技巧。

学生在创作中融入"没骨法""勾勒法"创作出生动有趣的海洋乐园。案例中将视频、音乐、海洋资源对国画课程的整合与运用，激活了学生思维、引发学生更为深度的学习。

教师示范环节，进行绘画步骤的示范，拓宽了学生的知识面，从而使学生的绘画创作更加精彩，提高课堂效率。在小组探究讨论中知道运用多种添画方法对作品进行创意性表现。

本案例还进行了分层作业设计，有能力的同学可以尝试画出海草、珊瑚等海洋生物作为装饰。

本课还充分调动起学生的创作欲望和展示机会，提高学生的创作水平。在评价感悟中提高了学生的表达、交流与评述能力。激励学生继续观察、捕捉生活素材，热爱生活中的美。课程中还将德育渗透到课堂教学，引导学生形成保护海洋，热爱海洋生物的意识。

三、"彩墨的鱼"教学效果

在新美术课程标准的背景下的"彩墨的鱼"教学，通过内容题材生活化，吸引学生学习兴趣；绘画形式的多样化，引导学生画得更起劲；教学方法的多元化，让学生的学习热情更高涨。与此同时，"彩墨的鱼"的趣味性教学也体现在课堂教学中，通过课堂中的情境创设游戏笔墨；多元的教学方法深化笔墨，从而让"彩墨的鱼"教学在尊重学生天真意趣的前提下，让学生在国画的探索中感受到水与墨、色的相互融合和渲染的效果，通过具有趣味性、创意性的探索方式来传承中国画艺术，并引导学生形成保护海洋、热爱海洋生物的意识。多样化的教学形式既是课堂上高效利用，又是课下的整合与延伸，更好地促进了学生的深度学习！

在美术教育的这条道路上，我们要继续与时俱进、与美同行，为学生创造更好的艺术氛围。

第五章

以精致化管理保障课程建设与实施

‖ **第一节　探索制度流程化落实，推进精致化管理** ‖

薛　燕　张　琳

学校探索管理制度的流程化落实，从"提升德育课程实效""优化教学管理路径"两个维度，以规范为底线，依托精致化管理，逐步形成流程化实施的路径，保证了学校教育教学管理的规范性与实效性，持续提升了团队整体管理效能，逐步达成"打造精致学校"的办学目标。

一、问题与背景

（一）基于对学校管理与现代化学校制度的认识

习近平总书记历来高度重视抓落实，反复强调"一分部署，九分落实"；山东省委书记刘家义同志在全省"担当作为、狠抓落实"工作动员大会上也强调，工作中要以习近平新时代中国特色社会主义思想为指导，弘扬奋斗精神，崇尚真抓实干，踏着时代节拍，加快追梦步伐。

众所周知，管理是人类各种组织活动中最普通和最重要的活动。每所学校都有自己独有的管理文化与管理特色，最终目的都是为了促进团队中每个人的成长与发展。而现代学校制度是确保学校依法规范运行的重要举措，是确保学校科学高效开展教育教学活动的根本保证。大家虽然明确制度的重要性，在实际的常态管理中也都在进行制度的学习与完善，但办学成效不尽相同。显而易见，落实才是关键。

指向于"打造精致学校"的办学目标,学校不断强化了各项工作落实的力度,创新举措,立足校情,让管理制度化,制度流程化,依托精致化管理,持续提升了管理效能,从而助力师生成就最好的自己。

1. 立足校本,丰实精致化管理内涵。

精致化管理是学校追求完美、提高质量的重要过程,是促进学校可持续发展的有效途径。精致化管理注重从细节入手,将责任具体化、明确化,要求每一个人都到位、尽职,对工作负责,对岗位负责。在日常管理中,强调每一个步骤都要精心,每一个环节都要精细,每一项工作都是精品。而我们的精致化管理在于教育教学管理制度的校本化实施——制度流程化实施。

2. 依据校情,理清流程化管理意义。

流程化管理就是根据工作类型及解决处理方式,制订相关的标准化的处理步骤和程序。在这其中,要明确每件工作的性质,明确每个岗位的定位,明确工作中每个人的权利、责任与义务,将事务中的处理程序进行标准化认定。在常态工作中,按照事先设定的程序来进行对应处理。流程化管理的一个主要特点,就是管理过程和操作程序的规范化、简约化。为此,我们在实践中不断优化工作流程,以此推动精致化管理的有效落实。

二、取得的经验与成效

（一）以制度流程化实施,落实精致化管理

在学校管理中,制度与流程都在运行中不断地优化。要从制度化、科学化、细致化等方面合理地设计管理流程。每一项流程的制订,都要基于学校规范管理的需要,从问题出发,在实践中不断地探索、磨合,寻求问题解决的最佳途径,逐渐形成思路,提炼管理范式。学校主要从"提升德育课程实效""优化教学管理路径"两个维度推进制度流程化的实施。

1. 以制度流程化实施落实"立德树人"根本任务。

学校是培养人、发展人的重要阵地,"立德树人"是根本任务。学校将宏观的教育目标,逐一细化、落实,通过课程引领和环境塑造,根据学生的思想道德发展需要,制订相关流程,予以扎实落实。

（1）关注细节,提升德育课程实效。升旗仪式作为一门德育课程,是对学生进行生动的爱国主义教育的最佳契机。为提升德育课程实效,学校出台了《少先队升旗仪式流程》,依据流程提前两周规划,主题、内容、形式、学生展示发言稿,

都要经过班主任、大队辅导员、德育干部、校长层层审核与指导,坚持正确的育人导向。精心的准备使每周的升旗仪式都成为师生接受爱国主义教育、提升综合素养的平台。

再比如"春秋季研学课程"的实施中,学校每次出行前周密计划,在确保安全的基础上,明确提出研学主题;过程中全程跟进,指导观察、体验;回来之后,学校层面要召开校务会对于活动的亮点和问题及时进行反思、汇总,教师要指导学生完成研学报告及评价展示。通过《春秋季研学活动流程》的制订与实施,使研学课程的开展更加规范,将学习效果发挥到最大化。

(2)点滴尽致,细化行为习惯培养。良好的习惯是养成教育有效开展的成果。养成良好的习惯是行为教育的最高层次,习惯是经过长期练习和反复实践而养成的自动化的稳定的行为方式。为提升学生行为习惯培养实效,学校先后出台了系列行为习惯培养流程,并在常态中予以落实。

如学校制订了《组织学生放学流程》。学校在观察、反馈中逐渐形成每天实行的"放学三个一",即整理好自己的衣物、带好所有的物品、进行一分钟安全教育,逐步完善为《组织学生放学流程》。组织放学的老师根据流程予以实施,确保了学生放学的秩序与安全。学校还将放学秩序规范的班级,从整理书包到校门口站队等整个组织放学的过程,拍摄成视频,在全校推广。

学校还制订了《下课出教室流程》《习惯养成星级示范班级评选流程》等。每个流程都有较为详细的实施步骤,明确地提出了要求,使学生行之有规,养成好习惯。

2. 以制度流程化实施夯实教学管理。

教学管理是学校实施精致化管理的核心。教学管理首先要做好课程管理,一是要认真执行上级提出的课程设置、课时规定、课程标准、课程内容的任务,按照学校的实际开发学校课程,开齐、开足各类课程;二是要做好常态教学研究的校本化落实。

(1)教学管理的常态落实。认真执行上级提出的课程设置,按照学校的实际开发学校课程,开齐、开足各类课程是我们规范办学的底线。常规管理重在常态,为提高管理效能,学校采取了"六度"常态管理策略。

有速度。这里的速度主要指以下两个层面:一是指常态管理的反馈及时性。学校的日常管理过程中,会发生很多事,有很多是即时性的。那就要早发现,快反馈,关注细节,把握管理的契机,将问题消除在萌芽状态,以及时的反馈促改进。没有及时性,管理的效能就会大大降低。二是指高效率完成工作,提倡今日事今日毕,问题解决在当下。

有尺度。制度是标准,是规范,有了标准,就要统一把握尺度。为了更好地把握常态管理尺度,校长与干部们对于常态管理现状经常进行沟通,思想达成一致的同时,结合出现的问题,统一尺度,鼓励、提示、提醒、评价……有的体现在对个人的工作评价中,有的记录在年级组的过程性评价中,由评价个人逐渐转向评价团队,由评价结果逐渐转向评价过程。管理过程中,学校提出:干部对教师是一种"严肃"的爱,这"爱"是指一切以工作标准为准则,一视同仁。常规管理有尺度,坚持原则是贯彻落实的必要条件,以身作则,身体力行,会让管理更有信服度和说服力。长此以往,教师也会逐渐理解并坦然面对、接受工作反馈,用良好的心态不断完善自我。

有长度。有一种态度叫坚持。常规管理涉及学校工作的方方面面,做好常规管理就要有一种长期意识,坚持常态不放松。很多工作年年做,常规的工作,定好流程、标准、完成时间,只需要照此实施就可以。比如:候课、上下课队、作业批改、常态教研、"五公开"工作等,坚持"布置要求—检查反馈—培训强化"的基本流程,落实到人,按时完成,不搞突击战术,做到事事有落实。常规管理重在坚持。

有协同度。良好的常规管理也是团队文化的体现。很多工作需要互相配合,有领导的支持,同事间的协作,老师的理解。学校倡导干部间相互支持、相互补台。学校组织团队活动、发布教师中的好人好事、邀请心理专家、法制专家入校培训、进行调代课制度的培训与落实……不断增强大家的团队意识,增强凝聚力。干部团队的协同、年级组的协同、教研组的协同,都是常规管理机制良好运行的基础。加强团队文化建设,落实常态管理。

有温度。一谈到管理,好像是"管"与"被管"的关系,其实,如果我们想在前面,想得全面,实行人性化管理,一切为了学校和学生的发展,老师们都会理解,也会自觉遵守。比如这学期实行的《学校常规管理日常态调研》,涉及"候课""上课""教学秩序"等12大项的内容,每天按照各个时间节点,根据明确的调研标准和要求,当日护导干部进行巡视并及时记录、反馈,亮点及问题都予以呈现,以利于发现问题改进工作,以此促进常态管理的规范落实。在常态调研流程试运行的第一周,学校下发了详细的要求,同时,开始启用照片反馈的形式,将巡视过程中发现的问题随时抓拍,做到亮点出现人,问题只出现现象,然后单独与责任人沟通、改进。先及时提醒,给老师一个熟悉规则的过程。第二周就发现,老师的工作不是懈怠而是更加严谨了。管理,既要按制度办事,还有阳光人文的一面,严而有爱,让管理充满温度,要始终坚信管理的目的是为了发展人。

有精度。学校的文化核心是"点滴尽致",各方面工作都重在抓常态、抓过程。细化常规管理目标,出台"学校一日常规";将"十三五"市级课题研究落实在课堂,与教研紧密融合;加强质量监控,逐步讨论制定学校教学质量监控体系;通过常态听课对暂时落后的学生进行有针对性的观测,制订切实可行的帮扶措施,具体到对他们的听讲状态、作业完成等项目的关注。我们认为,精度既体现在对校情的精确把握,对学校发展方向的正确引领上,更体现在对常态管理细节、标准、流程运行的精益求精中。

学校初步提炼出的"六度"管理策略,是基于校情的尝试和对常规管理的探索。其实不管什么样的管理策略,一个很好的基础就是与教师进行良性沟通。我们的培训时间也是与教师沟通的时间,培训不仅是常规制度,还有案例式的心理、安全、师德培训,让教师自己感悟做好常规管理的重要性,明确对制度的落实与执行,严谨工作,不出问题,也是对自身的一种保护。

充满正气的干部、教师团队,真抓实干的工作氛围,重视常规过程管理的态度,践行着以师生发展为本的管理理念。

(2)常态教学研究的校本化落实。依托立项的市级课题"基于深度学习的课程资源整合研究",学校着力进行了"科研训一体化"的研修路径探索,从备课模板改革入手、学科课程目标切入,以如何有效整合课程资源,促进学生深度学习为着力点,探索形成了"三次集备六步研"的校本研修流程,初步实现了课题研究与常态课堂的紧密对接,推进了科研和教研集备的融合与扎实开展,提升了常态教研的实效。

如学校在"三次集备六步研"集备展示流程中,明确指出"三次集备"的实施步骤以及每步研讨形成的资源库。

学校形成的"三次集备六步研"的研究流程,将集备落实在教材与策略上,落实在每一个研究点上,落实在课堂上。采用微观研究的实施路径,围绕学校和教师在课程实施中遇到的具有普遍性和典型性的亟待解决的问题,在教育理论指导下,进行解剖教学问题、转变教学行为、创新教学方法、丰富教学思想、提升专业化水平的研究活动。"科研训"密切融合,形成的"三次集备六步研"的实施流程,不仅保证了常态教研的落实,对于提高教学研究效能、提升教师研究力也起到了很好的推动作用。

（二）制度流程化实施，注重科学与规范

1. 流程管理，强调民主与开放。

在制度的制定上，一定要做到有法可遵，有章可依，有据可查。同时，还要立足校本，从学校、教师甚至学生的实际情况出发，多元参与，体现民主管理。学校的常规工作制度和流程，均多次征求教师的意见，通过试运行，再不断完善。这样一来，教师参与其中，他们既是制度及流程的制订者，也是执行者。每个人只有亲身参与制度的制订与完善，才能充分地理解与尊重学校规则。流程制订后，学校还每月召开年级组长会商讨工作中需要改进的地方。只有科学化、民主化的流程才能发挥管理的作用，起到实效，才能成为精致化管理的有效抓手，为学生的成长服务。

2. 流程管理，重视执行与落实。

学校流程化管理中流程的制订并不难，难在落实。没有检查与反馈，再好的流程，时间一长也会流于形式。因此，制订流程之后还要加强落实，才能保证流程管理的实效。所以，持续提升干部、教师的执行力，是精致化管理的关键。

为此，学校加强干部团队建设，提出"求真务实，雷厉风行"的工作作风；坚持实施走动管理，形成规范化、常态化的"六度"管理策略（有速度、有尺度、有长度、有协同度、有温度、有精度），并通过一日巡视、日常态调研、教学专项调研等予以落实。

3. 流程管理，刚性与人文并重。

制度与流程是严格的，但是管理应该是有温度的。学校采取多种举措，让精致化管理充满人文气息。

学校给教师搭建专业成长的平台，成立教师发展专家团。一学年，特聘高校教授、市区科研专家、教研员、全国名师等26人次走进课堂指导教学。学校举行青年教师教学论坛暨比武活动、担任值周校长、定期组织年级组好人好事分享等措施，为青年教师和骨干教师搭建适合自我展示的平台，助他们成就最好的自己。

学校关注每一位教师的思想动态，多次邀请心理专家给教师们进行"阳光心态，幸福生活"的心理培训；从教师的需求出发，进行年级组分层培训。教师自主选题、自主设计，在学校的协助下自请专家，以小团队的形式展开自主体验。多肉植物栽培、教师化妆技巧、心肺复苏、心理培训、艺术鉴赏等丰富的内容，因有针对性、人数少、培训教师关注度高，培训效果好，受到了欢迎。因为对人的温

暖与关注,激发了大家共同参与管理的积极性和能动性,使人人成为优秀的管理者,使管理目标得以落实。

好的管理在于好的流程,好的流程在于好的执行。随着各种制度流程化的实施,学校的办学目标得以实现,办学水平逐年提升,有效地推进了"精致学校"的打造,促进了全校师生的可持续发展。

‖ 第二节　以德育机制创新,推进精致化管理 ‖
——建立学生"发展联盟",成就新昌致美少年

薛　燕　韩　敏　王　阳

立德树人要贯穿教育的全过程,而立德树人根本要求的落实,要充分体现教育规律和人才培养规律。学校秉承"成就最好的自己"办学理念,在班级"家庭制"管理模式试点的基础上,多维度、多层面、多途径的以课题研究的方式,全面推进学生"发展联盟"这一学生自主管理模式,以学生为中心,尊重学生的差异,因材施教,通过德育工作机制的创新,成就新昌致美少年。

引言:一面锦旗的故事

学校建模队在 2018 年全国建模比赛中荣获佳绩。建模队中的五名学生家长感动于建模队领队傅老师较高的建模专业水平和对学生"妈妈"般的关爱,集体来到了学校,向校领导和傅老师送来了锦旗,表达感谢之情。家长在与校领导交流中提到:自己的孩子虽然参加建模队需要花费大量的练习时间,但因为有了班级中"家庭制"的管理方式,孩子具有较强的自律能力和强烈的责任感,作为班级中其中一个小家庭的"家长",不仅能够高质量完成自己分内的学习和活动任务,还主动帮助家庭成员全面发展。家长的一席话引起了学校的关注。由此,通过深入的调研之后,学校学生"发展联盟"的德育创新机制研究开始启动。

一、秉承"联盟"建构理念,确定研究目标

结合学校"点滴尽致"的核心文化,基于校情,以班主任为纽带,以班级为单位,科学合理地逐步构建起各班的"学生发展联盟"。秉承"以学生为中心,尊重差异,激发动力,因材施教"的学生"发展联盟"建构理念,学校改变传统的班级管理、学习、活动的方式,充分发挥学生自主管理的优势,优化班级组织管理架构,将班级放手给学生,使其在合作、交流、反思的过程中实现"做中学",变"被

动"为"主动",依托"联盟"合作互助学习模式,着力打造一批优秀的发展联盟团队,以点带面,促进全体学生的共同成长,成就最好的自己,从而为学生的终身发展奠定基础。

二、科学分步试点,"学研做一体化"推进

学校校务会定期组织召开学生"发展联盟"专题推进会议,确立了发展联盟"学研做一体化"推进路径,以及具体的试点及推进工作流程。

(一)依托"三方面引领",做好前期论证和规划

1. 专家引领。

学校邀请区域有影响的德育专家,对学生发展联盟这一新型班级管理方式展开调研,并论证优化方向和推广路径。

2. 试点班级引领。

学校充分发挥试点班级的示范引领作用,邀请该班班主任整理试点过程性材料及阶段性收获。通过案例培训,成果分享,激发班主任、学科教师参与研究的积极性和主动性。

3. 德育分管领导引领。

充分发挥德育分管领导的先进理念和工作经验,在试点班级引领的基础上,拟定学生发展联盟推进方案,确定和细化工作流程,以年级组为组织体系,以班级为单位,班主任带领学生成立发展联盟。

(二)开展"实战性"培训,学研做一体化落实

学校实施学生"发展联盟"创新德育机制的思路如下。

学——专家讲座、试点班级案例分享,全体班主任展开试点。

研——对于讲座中或实践中的问题及时进行交流与研究。

做——将实战性培训策略落实到教育教学工作中,依据发展联盟特点,各班成立"发展联盟",并以此为组织形式,组织学生参与学习及活动。

学校通过调研,了解阶段性推进情况,并根据班主任试点中的问题和需求,展开新一轮的培训,以此形成成立发展联盟的"学研做一体化"推进路径。

学校组织全体班主任进行培训,明确了发展联盟的研究目标,成立过程及具体实施中的有效策略。级部组织交流推进发展联盟过程中的亮点案例和问题分析,进行级部讨论研究。班级落实发展联盟培养的具体要求,注重过程性资料的收集。学校结合大队部的德育管理,建立发展联盟评价体系,对优秀联盟进行表

彰展示,推动发展联盟的稳步提升。级部形成个性化的学生发展联盟的研究目标,形成级部发展特色,构建联盟培养体系。班级发挥联盟优势,调动家长资源,建立健全稳定的班级自主管理、互助发展、"家庭、学校、社会"一体化的联盟组织。

(三)做好阶段小结,梳理联盟成立和运行有效策略

各年级班主任在学校的组织、指导下,具体负责实施发展联盟的构建。在实践过程中,老师们逐步梳理出联盟成立的有效策略。

1. 合理确定人数和遵循原则。

根据各班人数,建议比传统的"小组"人数少,以5～7人为宜。联盟组建应遵循互信、竞争、个性发展、自由选择、有利交流等原则,依据性别比例、兴趣倾向、学习情况、交往能力、守纪情况等合理搭配。这样做既能保证联盟内各个成员之间的差异性和互补性,也便于各个联盟间开展公平的良性竞争。

2. 动静相宜组织策略。

联盟成员组成建议静态,也可以是动态的。教师应把学生的个别差异看成一种积极的教育资源,在教学或活动中,实施以联盟为单位的评价促进方式。还可根据学生的学习情况定期进行人员调整,以保证联盟间学生竞争的活力,增强联盟内学生合作的凝聚力。联盟的座位建议为"方阵式座次"形式,按长方形围坐,就是让学生能够面对教室的侧面,成员两两相对地坐着,避免出现学生背对黑板的现象。

3. 充分尊重和发挥联盟自主。

建立平等和谐的师生关系,真正把学生当成小主人,对学生尊重、信任、关心、鼓励。特别是要给暂时落后的学生以更多的温暖和关爱,使学生充满自信。学生都有自己的独特性,存在差异,要从研究差异入手,承认个性,尊重个性,因材施教。为每个学生的个性发展创设一个和谐、愉快的氛围,让人人都有展示个性、体验成功的机会。

各发展联盟根据自己的特点,创设自己富有个性、积极向上、朝气蓬勃的名称,使联盟内成员间相互鼓励、奋发向上、团结协作。发展联盟成员通过讨论选择名言、警句或者格言,形成自己的联盟宣言,以便激发整个联盟的进取心、凝聚力。发展联盟内设盟主1名。盟主应选组织能力强、学习态度好、乐于助人、有一定的号召力、责任心强、协调能力强、有一定合作创新意识的学生担任。他的主要任务是组织联盟成员有序地开展常规管理、讨论交流、探究活动,完成联盟任务,并对成员的学习、行为、思想等进行监督、督促、指导、鼓励。盟主可以轮流担任,促使联盟成员共同成长。加强盟主培养,一是要加强对盟主的思想教育,提高他们的积极性,激发他们干好本职工作的内驱力。设立对盟主的评比表彰项目,为他们树立短期目标,调动他们的积极性。二是定期召开联盟盟主会议,教给盟主管理成员、与之沟通的方法,及时了解各联盟存在的问题,给盟主们出谋划策,帮助解决疑难问题。

发展联盟的目的是让每一个成员都参与校园的管理、学习、活动的过程,使学生各项能力获得提高的同时,收获友情、懂得交往、乐观快乐。班主任在学生"发展联盟"成立及运行中应注重培训学生的合作沟通能力。对联盟暂时不足的方面有意识有思考地安排联盟任务,使联盟在解决共同难题的过程中成事,在成事中成人。可创设情境,促使学生在实际锻炼中学会如何与他人共同完成任务、合力共赢。

（四）多元化评价推进,激发学生成就最好的自己

学校将"联盟目标落实,进步就是成功"作为联盟评价的最终目标,将过程评价与结果评价相结合;将个人评价与联盟整体评价相结合;多角度、多尺度地评价联盟发展。

（1）评价内容:包括学科知识的掌握、联盟任务完成情况、班级常规的遵守、活动比赛的参与、联盟活动的组织、暂时落后学生的帮扶、联盟的团队意识等方面。

（2）评价方式:教师根据联盟的日常表现对联盟实行星级评价,盟主对成员的个人表现(包括纪律、作业等指标)进行打分。

（3）结果运用:班主任根据自己本班的情况探索联盟评价结果的运用。如有的班主任根据每星期各联盟获星数量,评出 2～3 个"金牌联盟",在班会上进行通报表彰,每月评出 1 个"钻石联盟"和优秀盟主,颁发奖状,并在校报上通报表彰,对联盟中的优秀个人授予证书等。通过以上激励措施,增强了联盟成员的荣誉感,增添了前进的动力。

三、学生"发展联盟"德育创新机制的优势分析及阶段性成果

学生"发展联盟"是一种适应当前教育改革,培养学生核心素养的一种有效探索。学校在边学边做这种行动研究的基础上,努力用科研课题研究的方式,学研做一体化深入推进,并取得了阶段性成果。

越来越多的班主任、学科教师认同这种创新性的德育管理机制,并通过逐步

深入的试点充分地感受到学生"发展联盟"的研究成果。

教师们认为,通过成立和深入推进学生发展联盟创新机制,由于人数控制在5～7人,便于组织管理,同时通过联盟管理策略的探索,使教师从班级管理中抽离出来,以指导者、调控者的角度推动班级自主管理和联盟成员合作发展。教师掌握专业的评价策略,运用现代技术进行评价落实,对过程中遇到的问题有针对性地解决,并能形成自己的班级特色。参与发展联盟的学生,在学习生活中,学会合作互助,能在活动中展现自己的特长,并发挥所长帮助联盟发展。学生具有较强的团队意识,充分地体验到"个人促进团队,团队成就个人"的关系。同时,依托学生"发展联盟",还形成了有效的家委会组织网络,促进了联盟活动的开展、信息的传达、任务的落实反馈……真正发挥了学校、家庭、社会的教育合力,为学生的发展携手同行。

在"联盟"实施过程中,我们也看到了不同班级、学生、家长的喜人变化,大家在相互学习与碰撞中,转变观念、实践反思,共同成长。

崔媛青老师在案例中分享到:

自从实施这种联盟PK之后,盟主们可谓"八仙过海,各显神通",为了调动联盟内各层面孩子的积极性,有的实行"一对一"的重点帮扶战术,有的进行联盟内座位的重组,有的进行组内分工,让每个人都有事可管……当每个学生都为了一个目标而共同努力时,整个班级的面貌可谓焕然一新。在这个过程中,学生们变得更加包容、智慧。我惊喜地发现,原先最不爱整洁的小邱,自从成为自己联盟的卫生盟主后,不仅自己的课前准备做得及时,还能主动检查联盟内其他成员的课前准备、物品摆放;原先听写错误百出的小钰,在联盟成员的帮助和鼓励下,每天充满"斗志",甚至会为了听写全对,把生字反复抄写、改错;原先课堂作业效率最低的小林,现在成为全班课堂作业完成最快、正确率较高的孩子,用他自己的话说最重要的是掌握了"见缝插针"的学习方法;原先最挑食的小霖,每天在联盟成员的注视下践行"光盘行动";原先最不愿参加值日的卓安,成为每周值日到校最早的孩子……这样的实例不胜枚举,每个学生都在自己原有的基础上得到了成长、收获了进步。

徐真老师班级的学生在作文中写道:

自从有了"家"(一)

这个学期,徐老师在班里实行了发展联盟。每个联盟小组就是一个"家",每个"家"有5人,其中有一个"家长"和4个"孩子"。在接下来的一个学期里,我们会在一起互相学习、生活,会在一起团结合作、共同进步。

"家庭成员"的爱心和热情,我都是看在眼里,记在心里的。上周三,我的脚受了伤,一个周不能上学。那天下午,我刚从医院回来,打开手机,看见同学们给我发了这么多条信息:有的关心慰问我;有的热情地为我发课堂笔记;有的给我发作业;有的要到我家看望我;有的向我推荐一些治疗方法;还有的借给我拐杖……本来我的心情十分沮丧,可同学们的关心让我变得豁然开朗。

……

自从有了"家"(二)

这学期,学校试点班级成立"发展联盟",我们班也要组八个"家",结果,我被十分"不幸"地抽到了第一"家"。

为什么说我"不幸"呢?因为这个"家"有两位令人很"头疼"的学生——小强和小名。他们可以说是班里最调皮的学生了。为此我们绞尽脑汁,想出了一个办法——积分管理制度。

……

自从建立这个联盟,我自己也进步了不少。平时一下课,我才不管其他同学有没有摆好课前准备,只给自己摆放好后,就溜之大吉了,而现在出教室前,总会习惯性地看一下"家人"的课前准备有没有摆放好;以前,我写完作业就直接交给老师,现在呢,不仅要写完自己的作业,还要帮助"家人"解决学习问题,然后统一交到老师那里。

自从有了"家",增强了我们互帮互助、团结一心的意识。希望我们的"家庭成员"再接再厉,更上一层楼!

黄琴老师在实践反思中写下这样的思考:

对于"发展联盟"这种新的班级管理模式,我的理解是在发挥学生的主动性和创造性基础上,强调学生自主管理能力和主人翁意识的形成,给每一位成员提供参与班级建设的机会,让学生有一种归属感、存在感和自我约束感,从而为增强整个班级的活力和凝聚力提供可靠的保证。同时联盟积分量化的多元、可控性管理机制,更加有序、高效,最大限度地调动了联盟内各位同学的工作积极性。

这不仅可以让不同层次的学生,特别是原来基础差的学生有机会在联盟表现,这帮助他们真正地建立自信心后,正确的价值观念也随之建立起来了,而且让学生明白一个道理:只有积极的付出,才能有改变的可能。

【案例】

着眼"学生发展联盟合作学习"下的深度学习

王　阳

日新月异的社会节奏,加速着信息大爆炸时代的来临,而顺应发展,对于"人"的要求也越来越高。推延至小学教育,早已褪下传统的、记忆为主的浅层学习,从而以培养学生掌握多元的、主动的学习为主要目标。他们通常指的是形成性的、积极运用的、深度的学习,即深度学习(deeplearning)。在从教中发现,课堂资源往往以课本为主线,以教师已有经验为辐射,从而形成"知识树"呈现在学生面前。而作为学习主体的学生,从学习的起点——"课程资源"的选择、处理上就在被动接受,又何谈深度学习? 由此产生了一个想法,"有没有一种方式,能让学生主动地参与课程资源的开发,让学生成为重要的课程资源,并在"成为"资源、与资源互动中实现深度学习? "跟随这个问题我进行了以下的研究。

一、何为深度学习? 何为课程资源? 两者如何相融并集中于学生身上?

深度学习是美国学者 Ference Marton 和 Roger Saljo 在 1976 年提出的,它与机械地、被动地接受知识,孤立地存储信息的浅层次学习相对,深度学习强调了学习者积极主动地学习,灵活、熟练地运用知识解决实际问题,因而深度学习是指基于理解的学习。学习者能够批判性地学习新的思想和事实,并将其融入原有的认知结构中,能够在众多思想间进行联系,并能够将已有的知识迁移到新的情境中,做出决策和解决问题。

依据我国学者对课程资源所做的定义,一般认为课程资源有广义与狭义之分。广义的课程资源指有利于实现课程目标的各种因素;狭义的课程资源则仅指形成教学内容的直接来源。综合两种观点,可以将课程资源视为课程设计、实施和评价等整个课程教学过程中可利用的一切人力、物力以及自然资源的总和,包括教材、教师、学生、家长以及学校、家庭和社区中所有有利于实现课程目标,促进教师专业成长和学生个性的全面发展的各种资源。

既然深度学习讲求主动学习,而又涉及建构主义的认知架构和迁移运用已有知识解决新问题的思维方式,一切的重心都集中在了学生的身上;而广义的课程资源则涵盖一切可以实现课程目标的各种因素。那我便以班级管理的"家庭制"为抓手,关注合作互助学习,从而加强学生自学以及课堂生成性资源的利用,落实基于课程目标的深度学习。

二、"家庭制"作用于课堂教学的原则

"家庭制"的产生出于班级管理的需要,家庭成员采用异质分配,每人各有所长。为了发挥"家庭制"对于学生参与课堂资源建构及深度学习的作用,继承并完善"家庭制"的相关属性。

管理原则:深度学习讲求主动学习,区别于想学什么学什么的散漫学习,家庭制对于学习主题、核心探究问题等课程性目标予以明确。在解决焦点问题时,家庭成员表态,小家长分工,对问题多维度剖析并结合已有经验,有针对性地落实在探究学习的分工任务中,实现家庭成员的深度学习。合作效率一直是课堂上合作环节的关键。除了老师抛出的探究性问题应该更有目标性外,家庭中有一位经验丰富的"小家长"可以起到画龙点睛的作用。在培养小家长时,一方面对家庭合作时的分工要安排好,像是记录员、汇报员等,明确分工会让合作过程更高效;另一方面,把控每个人发言的节奏,根据讨论记录进行观点的总结提升。要想火车快,全靠车头带,这样一个家庭的合作学习力就能更大程度地发挥。

生成性原则:学生是宝贵的课程资源,也是课程资源开发的主体和学习的主人。通过家庭合作学习,在课堂教学过程中学生原有的知识、生活经验,平时的活动方式,交往时的情感等都是可利用和整合的资源。每个学生都拥有自己的世界,他们的生活经历不同,具备的知识也不同,而他们的生活经验、原有知识储备等都是宝贵资源。同时学生都是独立的有个性的人,他们之间存在着差异,而这些差异恰恰是我们可以利用的。像分析能力的差异,学生对文本的理解会出现多元性;阅历的差异,学生对外界事物的认知会有所不同……而在"家庭制"的合作学习中,教师在培养学生处理信息的能力外,还要关注每个人对资源的不同解读,在合作交流中应鼓励求同存异,允许有不一样的看法,对待问题的解答思路不再单一,而是从多维度立体的呈现。

三、基于深度学习下,课堂生成性资源的整合

捕捉学生的争论点。由于认知不同、能力各异,对于同一事物同一问题学生常常会产生不同的认识。而在此时,教师能将不同的意见捕捉到,作为课堂资源呈现出来,一方面生生之间的差异性会使学生拓宽视野、抓住关键,对事物或文本产生更加深刻的解读和认识,由片面到全面;另一方面,交流认识的过程也是思维、能力相互学习和提高的过程,对分析资源的技巧和思路,会在学生的表达中自然流露,学生不仅知其然,更知其所以然,从而实现真正意义上的生生互动。

就像在教学"读书要有选择"一课中,同学们对于"学生可以选择哪些类型的读物?"产生分歧,一位学生认为除了课文中的"第一第二第三"外,还应加入工具书,因为他爷爷那时候很穷,学习之余就是看字典。而另一位女生认为不应该加,文中提及"遇到疑难问题"再选择工具书,而平日作为阅读选择不适合……两种观点在其他学生的陆续补充中,第二种被大多数学生认可。而我肯定了第一位同学的联系生活实际看问题,也引导他学习另一位同学从文中找关键信息的能力。

接纳学生的独特体验。家庭学习的交流过程中常常会有百花齐放的场面。通过这种学习方式,他们学会了取长补短,学会了遇到问题大家商量,学会了互相帮助。在以往上课时,往往有学生对问题答非所问,甚至"牛头不对马嘴",无论是老师简单否定,或奚落一番,还是其他同学跟着嬉笑,必将损害这位同学,甚至波及其他同学的思维热情。追求"多元答案"则是学生探究性学习的内驱力,老师与其判断他们答案的正误,倒不如听听答案产生的依据或许有更大的惊喜,也为学生的耐心倾听做出了榜样。随着"家庭制"学习的开展,大家开始愿意接受"不同的声音"。在学习李清照《如梦令》时,大家发现"误入"这个词很有意思。一个男孩抢先说道"这个很好理解,前面说到'沉醉'说明是她喝大了。"我评价:"大醉不知归家路,你很有生活"一女孩说"我们家认为是眼前的荷花池太美了,作者看着看着就划船进去了"另一个女孩起身道"我觉得她本来就不想回去,她在为自己找借口""为什么这么说?"此时全班的目光都聚焦在她身上。她补充道:"前面分享预习时宋雨谦说过,李清照是婉约词的代表,而她本身也酷爱花,这首词出现了荷花,而她另一首《如梦令》中也有花,所以她这么爱花惜花,本身就不想回去。"我趁势追问"另一首《如梦令》你能给大家吟诵一下嘛?""昨夜雨疏风骤……知否,知否?应是绿肥红瘦"后句全班轻合,而后掌声雷动。我问学生们:"你觉得谁说的对?""都对!"。对于"误入"一词的透彻解读,使得对待"醉"的理解全面而又深刻。更重要的是,学生对他人的精神世界充满期待,而对于展示自己,也会更加自信。

妙用学生的误解。再精心的课堂设计也会得到意想不到的答案,而对待学生的误解,教师应当敏锐地辨识并及时筛选,发现"错误"背后的资源价值,在维护学生参与热情的同时,促进学生实现深度学习。在执教"卢沟桥烽火"一课中,在提到文章给你最深的印象时,所有家庭讨论后一致认为我军英勇无畏,机敏善战,从而将日本军队打得落花流水。我顺势说"哦,看来啊,这日本侵略军实在是不堪一击,那我们取得抗日战争的胜利也就不意外了"。学生顿时警觉,大家都知道抗日胜利的不易,随即便回归文章再次品读。陆续有学生发现"明晃晃的大刀"可能暗示着我军已弹尽粮绝、"鲜血四溅"其中可能也有我军将士的鲜血……发现得越多,学生越觉得胜利背后的不易。

联盟积分量化管理增强了班级凝聚力,调动了联盟内各位同学工作、学习的积极性,促进了班级管理整体水平的提高。而班级管理整体水平的提高,反过来又促使学生的自我管理能力的提高,以团队的力量再影响学生个人更好地自主成长。在实施的过程中,我们也会遇到各种问题,比如评价如何能够更好地起到激励与制约作用等,这都是需要在今后的工作中常思考,常做常新,不断地学习与提高的。

家长对联盟实施的真实感受:

我的孩子是一个自律又要强的孩子,学习、纪律从未让老师、家长费心,是一名非常优秀的学生。可是自从上个学期,学校推行"发展联盟"活动之后,一切就变得不一样了,班级"联盟"积分从第一到倒数第一,只是一个瞬间,这是她万万没有想到的。每天放学回来,她不再是神采飞扬,而是闷闷不乐,但是好在她很快意识到,作为盟主,除了保持自己的优秀外,更有责任、有义务带领联盟成员一起进步。从采取措施到实施执行,从制定目标到分解任务,行动迅速有效。当我看到她每天晚上为成员们准备第二天的听写内容时;当我听着她讲述今天怎样鼓励成员们不要放弃,继续努力时;当她告诉我,她又想到了一个新的方法可以分享给大家时,我看到了她在这个团队中的成长。

现在,看到联盟成员们都在不断进步,联盟的积分也越来越多,我由衷地为她感到开心。"联盟"活动,不仅培养了孩子的集体荣誉感,也让孩子懂得了什么是责任,促进了孩子的自主成长,更让家长感受到学校和老师对孩子成长所付出的努力,作为家长我由衷地表达感谢之情。

全面贯彻党的教育方针,遵循教育规律和学生成长规律是我们开展教育教学活动的立足点。整合利用各种资源,统筹协调各方力量是我们开展教育活动的基本方式。实现全科育人、全程育人、全员育人是我们要努力达到的最优化结果。学校把立德树人的教育总要求落实到日常工作中,通过创新和优化学生"发展联盟"德育管理机制,抓好常态,突出重点;抓好关键,突出细节,让学生在亲身体验中学会互相尊重,学会合作,内化良好的品质,逐步形成正确的人生观、价值观,做一个自主、自信、心中有他人的新昌致美好少年!

附　录

‖ 附录一:行进在音乐教学整合的路上 ‖

李衍娟

【摘要】《义务教育音乐课程标准》中一个基本理念就是"突出音乐特点,关注学科综合"。这不仅体现了音乐的审美价值,而且也体现了音乐作为人文学科的学科价值。本文以"旋律与诗文整合,有效落实三维目标;不同歌曲整合,增扩课堂容量;音乐与体验整合,让音乐回归生活"三方面为切入点,通过课堂教学中的实例加以说明,阐述了在音乐课堂中整合的一些方法和策略,从而阐明如何更好地进行音乐教学的整合,有效地进行深度学习。

【关键词】　深度学习;课程资源整合;学生主体;终身学习

　　"整合"是指若干相关部分或因素合成为一个新的统一的整体的构建,序化过程。课程整合是指分化了的知识体系形成有机联系,成为整体的过程。[1]

　　随着新音乐课程理念的推广,音乐课的内容已经不仅仅满足于唱歌,而是逐渐发展成为包括多种学科在内的综合型艺术课,并将突出音乐学科与其他学科的有机整合。结合新课标,现在的学生应该多方面的体验音乐,掌握知识。通过实施音乐学科综合性整合的课堂教学模式,赋予音乐课堂教学新的内涵,也极大地促进了教师专业的深入发展,促进了学生的深度学习,促进了育人目标的纵向落实,促进了音乐课堂的全面提升。

一、旋律与诗文整合，有效落实三维目标

例如在教学"思乡曲"一课中，我把旋律的行进方向与作品背后的故事进行整合，引导学生深度学习。

我先出示《城墙上跑马》的旋律，让学生视唱并观察旋律的走向。了解旋律是一句一句盘旋往下的以后，再介绍这段旋律的来源及其闻名世界的原因。接着抛出问题：这中间发生了怎样耐人寻味的故事呢？然后再进行认识音乐家，认识乐器，了解这首音乐作品背后的故事，简要介绍历史，组织观看日军轰炸视频短片……

在这种氛围中聆听"思乡曲"的主题音乐，学生的情感马上有了变化，个个神情都很凝重，感受旋律表达的情感不再是难点，音乐用低沉、慢速手法表现的乐曲情感很快被学生掌握，学生如泣如诉的哼唱证实了对乐曲的正确理解。

随后，再认识小提琴，用它最适合表现忧伤、叹息式的旋律，使得声音更加缠绵，结合小提琴那微妙的颤音，表现出了当时国人那种国破家亡，流离失所，何日才能回家的伤痛。音乐家马思聪先生感受到了，我们透过乐曲的哼唱也体会到了，这就是音乐的魅力。

最后，围绕这个主题组织学生进行深度学习。我用一段快速的朗诵介绍了新中国成立，许多海外的游子不能马上回到祖国的怀抱。但这时，《思乡曲》随着电波每天向着海外传送，深情地呼唤着海外游子。一起来听听音乐是怎样召唤他们的。深情、热切、热情……一个个饱含情意的词语从学生嘴中迸出。加快速度后的旋律，又让学生听到了幸福、温暖、欢快、迫切。呼唤一次比一次强烈，音区一次比一次高亢，表现的情绪一次比一次激动。这样不停的重复，深切的千呼万唤，海外的游子听到了，台湾的诗人余光中也听到了，他寄来了《乡愁》。我把诗歌《乡愁》的朗读悬浮在《思乡曲》背景音乐中进行，更加深了歌曲、诗情的意境。"言为心声，音为心语"，学生们也在这环环相扣中进入音乐艺术的境界，得到了诗文的濡养，享受到了艺术的熏陶，从而更准确地完成了旋律记忆，了解乐曲背后的故事这些教学要求；达成了了解乐器与乐曲是如何完美结合，歌曲与诗文、音乐与语文学科有机结合的目的。

通过这样的整合，我把音乐欣赏中抽象的音乐概念、复杂的音乐原理与各学科相整合，使学生很快进入意境，在一堂课中进行深度学习，拥有了更多的收获、更丰富的体验。通过音乐学科与其他学科的有机整合，不但开发了学生的潜能，发展了学生可塑造的各种能力，培养了他们健康的审美情趣，也让我在整合的环

境中受益更多,懂得了怎样才叫以学生为主体,如何才能做到更高效的教学。

二、不同歌曲整合,增扩课堂容量

整合的方法有很多种,我们可以同类整合,也可以对比整合,在音乐学科当中我们也会经常运用到。

《茉莉花》是大家都非常熟悉的一首歌曲,本堂课的教学目标是要了解江苏民歌《茉莉花》,知道其历史发展、演唱风格及特色,并了解其在世界上的地位及影响。为了达成这个教学目标,我采用了同一题材的歌曲的整合。在学习江苏民歌《茉莉花》的同时,我首先进行同类整合,根据各地流传的茉莉花歌词基本相同,但曲调各有差异的特点,引入其同宗"家族"性的民歌——东北民歌《茉莉花》,河北民歌《茉莉花》,分析这三首民歌的相似处与不同处,并用表格形式,精炼的词语归纳不同地区民歌《茉莉花》的地方风格,使学生了解了同一题材内容下为什么风格会有不同。

为了达成了解其历史地位的目标,我又进行了对比整合,先借力于带有《茉莉花》主题音调的流行歌曲,如歌曲《亲亲茉莉花》《送给妈妈的茉莉花》《山丹丹艳茉莉花香》,使学生了解《茉莉花》作为一首传统民歌,其主题音乐动机为作曲家们所钟爱而在创作中被反复引用,并借助流行歌曲的形式得以新的发展,这是现代的《茉莉花》。而在中国近代,我引导学生了解《茉莉花》是最早传播到国外的一首中国民歌,英国首任驻华大使的秘书英国地理学家约翰·巴罗于1804年出版的《中国旅游》中第一次记录下这首民歌音调,意大利歌剧家普契尼更在江苏民歌《茉莉花》的基础上为其歌剧《图兰朵》创作了《东边升起月亮》,引导学生感受了外国歌剧中的中国元素,知道《茉莉花》是迄今为止唯一一首被用在西洋歌剧里的中国民歌,在情感的不断升华中充分体会到"只有民族的才是世界的"真谛。

在这堂课程资源整合的学习中,我以《茉莉花》为学习切入点,充分发挥教材在教学中的导向作用,运用同类整合,对比整合增扩课堂容量,使学生们不仅仅了解到中国各地《茉莉花》的风格差异是来源于地域、文化、语言等因素的差异,了解其在古今中外传播的影响力,更在课程资源整合的力量中,感受到中国民族音乐巨大的魅力和旺盛的生命力。传统的、经典的音乐在当代仍然可以得到延续,得到发展,得到传播,强烈地增进了学生们的民族自豪感,在潜移默化当中完成了教学目标,并极大地优化了课堂学习效果。

音乐课程资源的开发整合,需要教师创造性地使用教材,选取有用、有趣的素材重组教材,运用新课程教学理念,对教材内容进行适当的补充和延伸,使教学内容更加系统化和深度化。在不同的资源整合中,使学生获取知识,形成技能,经历体验过程和方法、情感态度价值观的形成过程,为学生终身学习和音乐审美素质可持续发展奠定基础,这样的音乐课堂才能真正焕发出生命的活力。[2]

三、音乐与体验整合,让音乐回归生活

生活是一个动态的人文世界,音乐中的各种音乐要素都来源于人们的劳动生活。所以音乐课堂教学也应该在音乐生活世界的实践中进行,音乐教师的教学需要符合学生的生活经验,贴近学生的生活,音乐与生活的整合恰恰是体现了这一音乐综合艺术的手段。当学生在学习歌曲时,对于某些音乐知识不能正确地理解,对于某些音乐情感不能产生共鸣时,就需要靠教师结合学生已有的生活经验,循循善诱、由浅入深地引导。

例如,在学唱歌曲《雨中》时,我将音高的不同比喻成小雨滴落在高低不同的地方,将音乐要素与生活实际紧密结合,大大提高了学生的学习兴趣,更好地解决了音高部分的难点。在学习休止符的演唱时,结合歌曲的情境,将八分休止符比喻成小水坑,将四分休止符比喻成大水坑,既增加了学生学习兴趣,又将生活中的情景与音乐要素巧妙结合,降低了学习难度,使课堂教学生活化。

再如,学习二年级歌曲《大海》,这是一首优美抒情的三拍子歌曲。学生们从小在海边生长,我想应该更容易进入情境。但演唱时表达的情感并不尽如人意。我想我应该采用更形象有趣的方式来引导学生们。我找到了一根跳绳,请一位同学来跟我合作。我们首先把跳绳拉直:"同学们,想象一下,什么时候的大海是这样的?"学生们马上回答:"风平浪静的时候。"我把绳子抖了抖,又问:"什么时候的大海是这样的?"同学们回答:"有风的时候。"接着我把主动权交给学生们,他们充分发挥自己的想象力,表现了海浪冲到岸边的样子;表现了惊涛骇浪的大海……经过一根跳绳的引导,同学们对大海有了更加直观的理解,想象着自己生活中曾经见过的大海,接下来的歌曲学习,学生们的情感表现就越来越棒,抒情优美的旋律表达在跳绳这种直观形象的演示中充分表现出来了。

教育家陶行知先生曾经说过:"生活就是教育,在生活里找教育,为生活而教育。"[1]通过将生活中的情境与歌曲中的音乐要素相结合,通过将生活中的体验与歌曲情感相融合,以此唤起学生的生活经验,让他们回归"生活空间"。这种整合方式让学生变被动学习为主动学习,变接受学习为探索学习。让学生带着浓厚的兴趣走进音乐课堂,让学生时时保持一种对音乐学习的积极心态和愉悦体

验,让学生在参与丰富多彩的音乐活动中,有趣地、快乐地掌握基本的音乐知识和技能,获得审美愉悦体验,使音乐真正走入学生的心田,感受到学习音乐是一种生活的需要,音乐是与人类生活同在的,为学生的终身学习奠定基础。

艺术源于生活,音乐与相关文化的密切联系是音乐课人文学科属性的集中体现,它涉及音乐与社会生活、音乐与其他艺术学科、音乐与艺术外学科等各个方面,音乐学科其实是一个知识面广、信息量大、参与性强的学科,所以音乐教学也需要多学科的调剂与整合。[3]

整合是目的、是方法、是过程、是思维。在音乐教学实践中,利用音乐与学科、与生活的交流与整合,能帮助学生更好地理解音乐的表现及其内涵,提升学生们的综合审美能力,建立多元教学体系,更受到学生们的喜爱和青睐,也更丰富了教师的教学手段。通过这些有效整合,不仅丰富了音乐艺术的表现形式,而且对促使学生更深刻地感受音乐、理解音乐和表现音乐,开拓学生的音乐视野,发展学生的形象思维和抽象思维能力,提高学生的音乐文化素质和欣赏综合能力有着非常重要的作用。整合让音乐课程获得一种深度,同时也使我们的课堂教学内容更加丰满,教学形态更加生动,教学效果更加凸显!

【参考文献】

[1] 方明.陶行知教育名篇[M].北京:科学教育出版社,2005.
[2] 牛海溶.以语悟情 以语激情[J].新课程,2017(7).
[3] 王秋玉.新课标下如何搞好初中音乐教学[J].中国音乐教育,2014(4).

‖ 附录二:美术教学玩跨界 ‖

傅文超

【摘要】 美术教育作为一种素质教育,不但要让学生掌握一定的美术知识、技能,更重要的是通过多渠道、全方位、科学有效的教学方式让学生感受到美,能将美的意识与生活相联系,唤醒学生的个人情感,培育艺术修养,发展创造能力,提升综合素质,学会从美的角度看世界。

【关键词】 课程体验;课程整合;美感;深度学习;艺术潜质

新课标中指出:"注重美术课程与学生生活经验紧密关联,使学生在积极的情感体验中发展观察能力、想象能力和创造能力,提高审美品位和审美能力,增强对自然和人类社会的热爱及责任感,形成创造美好生活的愿望与能力。"[1] 面对一个个有思想、有感情、思维活跃的个体,作为学生学习活动的支持者、合作者、引导者,我致力于整合课内外素材,激发学生学习兴趣,开展主题式深度研究学习,为学生创设典雅有致的美术学习氛围,指导学生掌握发现美、表现美的方法,让学生的不同艺术潜质获得不同程度的发展。

一、跨进诗词美文,感受艺术意境

自古以来有诗、书、画同源之说,三者的最高境界便是"诗情画意"。就如达·芬奇所说:"画是哑巴诗,诗是盲人画",作用都是表达感受、抒发情感。我在美术教学中时常考虑将中国传统文化与绘画表达及美术欣赏结合起来,引导学生形成更完整的美术观念,不再认为美术仅仅是涂色与画线,而是人类文明的载体之一。

在进行"树"这一主题学习时,我们跨进古诗《咏柳》的绝美文辞中开启教学。"碧玉妆成一树高,万条垂下绿丝绦。不知细叶谁裁出,二月春风似剪刀。"学生们吟诵的朗朗上口。接下来,我们就从贺知章的诗词美文逐步感受艺术意境。首先用"碧玉"形容柳树的翠绿晶莹,表达树冠的颜色美。第二句"万条垂下绿丝绦"写柳枝,形容树枝的动态是下垂着的,犹如丝带万千条,突出了柳树轻柔的线条美。第三句"不知细叶谁裁出"突出了柳叶精巧细致的形态美。第四句承接前一句的自问自答让一位学生插了话,他悄声地说:"二月春风似菜刀。"引得邻座同学掩面而笑。我顺水推舟问学生们:"同样是刀,为什么换成菜刀就成了笑点?"一学生说:"前面不是问了么?'谁裁出'又不能拿菜刀裁,太危险了!"活泼好动的学生往往思维比较跳跃。我沉住气引导学生进一步理解:你看前面形容柳丝茂密,用了"万条"。一般的树都是枝繁则叶茂,而柳树的生长特点与众不同,是枝繁而叶不茂,柳叶长得很细小。贺知章基于细致的观察,发现了柳树叶子的这一特点,设计了这种前呼后应的方式,来表达春天里柳叶的精致之美。经过点拨,学生们回想起自己使用剪刀时的感受,不是大刀阔斧而是精心加工,就如春风拂面、细柔精致。通过第一次绘画作品可以看出,学生们能有意识地抓住柳叶细小而有规律排列的要点进行刻画,棵棵柳树在柔美的柳藤线条中风姿摇曳,展现了学生们美好的艺术心境。

从诗词中的文字语言描绘导入绘画,在学生们的潜意识中播下文学的美与绘画的美是相通的这一认识,不仅促动了美术学习的兴趣,而且还提高了对诗词内涵的认识和理解,文化修养和审美情趣便得以熏陶。

二、跨入生活感知,发现艺术之美

生活是创作的源泉,大自然是一本包含各种知识的综合教材。法国著名艺术家罗丹有一句名言:"自然总是美的。"形态各异、千姿百态的植物形象蕴含着丰富的自然科学知识,是学生们乐于表现的内容。面对植物世界的神奇美丽,我们对生活环境中的各种树木展开深度研究与学习。了解了植物受南北方地质、温度、湿度等外在条件的影响,造成了树木形态上的显著差异,正是一方水土长一方树木。

我有意让学生去触摸、环抱各种各样的树,丈量它的腰围,感受树的粗壮。触摸树干上斑驳的树皮,想象迷彩的美感与作用。捡起褪落在地上的老树皮,在手中慢慢摸索着,感受它的粗糙与质朴。仰望参天大树,感叹它们的坚挺和树冠的高大,想象根系的发达……如通过仔细观察、准确测量梧桐树,学生还得出规律,在梧桐树干离地2～3米处会产生分枝,这些分枝最先也是粗壮的,它们弯曲着、富有力量地向上伸展,逐渐变细。在青岛的一些老街道上,这些分枝的末端枝繁叶茂,高大的树体覆盖着整个街道,把一条条老街装扮成绿色隧道。从百科书中,学生们还查阅到梧桐树属于落叶乔木,因此每到秋风四起时绿叶便慢慢变成金黄,潇潇洒洒飘落在大街小巷。经过加工,宽大平整的梧桐树叶还被同学们用来绘制树叶画,别有一番趣味。

通过对树的基本结构、外形特征、姿态等方面进行深入细致的观察、对比、分析,发现了自然存在的"对生"与"错生"现象,并有意识的改善画作的构图布局。在由整体到局部、局部到整体的细致观察中,发现了树干、树枝、树叶上线条的疏密变化与粗细变化。有的学生还展示了树皮、树枝、树叶等局部放大的图片,在讨论探究中发现不同树的各部分外形特点和自然纹理变化。能画出树叶与树枝、树干与树冠的穿插交错、遮挡关系,这增强了学生对树整体的造型认知。

接下来我又引导学生进行深度学习,探讨为什么有些树的树叶都往一个方向倒?树上还有哪些种类的线条?树皮上的线条与树叶上的线条有什么不同的生长规律?在美感提升上,通过欣赏表现树的各种形式的艺术作品,让学生感知大自然中树的生动姿态和优美线条,而艺术作品中的树更加突出表现了这些特点,不但增强了美感,还懂得了尊重事实。一切真实的事物是最美的,是最值得推崇的,最有生命力的。从而引导学生体会:艺术家的创作表现既来源于生活,又高于生活。最终使学生能轻松、大胆地表现出富有童真的线描作品。

通过作品,印证了这样做的有效性。学生们认识到了线条具有丰富的表现力,能掌握线条造型的基本方法,感知植物世界中丰富新奇的形象,能运用熟悉的造型表现方法进行创作表现。由此,绘画表现方法的习得便建立在了对自然观察的基础上,自己提炼、总结、生成。深度学习感知到的自然形式美感深深吸引、感染着学生,加深了对教学重难点的理解,也增强了学生深度学习认知的程度,进而会主动发现美、表达美。

三、跨入学生心境,培育艺术修养

德国文化教育学家斯普朗格说过:"教育绝非简单的文化传递,教育之为教育,正在于它是一种人格心灵的'唤醒',这是教育的核心所在。教育最终的目的不是传授已有的东西,而是要把人的创造力诱导出来,将生命感、价值感'唤醒'……一直到精神生活之根。"[2]

青岛的雪松,成了学生们艺术表现的对象。有的学生在深度学习中研究了陈毅的诗词《青松》——"大雪压青松,青松挺且直。要知松高洁,待到雪化时。"雪松,有着它独特的树语,高洁、积极向上、不屈不挠,赞颂了英雄愈挫弥坚、坚韧不拔的精神和宁折不弯的刚直与豪迈。

在第三次绘画时,学生们精心挑选了自己喜欢的树种,根据自己对树的理解搭配诗歌。诗画一体的作业形式跨越学科,不仅能激发学生的学习兴趣,也能让学生在诗情画意中完成绘画创作,在提升学生美术素养和审美能力的同时也能让学生从多元化的角度鉴赏作品。有的学生画了雪松,这样写道:松,你与众不同,在于笔直的干。有的学生画了梅花树,这样写道:你没有姹紫嫣红,但我独爱你的雪白,独爱你的芳香,我爱你不惧严寒,我爱你傲雪凌霜。

最后在"与树做好朋友"的创意中,有的学生用废旧物品搭建了一棵大树;有的学生巧妙利用掉落的树枝、树叶等装饰点缀生活环境;有的学生欣赏了中外艺术家表现树的经典作品,等等。这些延展升华的实践创作,调动视觉、听觉、嗅觉、触觉等多感官参与体验,实现深度学习的心灵呼应。跨入了学生的心境,不仅树立了环保意识而且表达出了对树浓厚的情感,培育了艺术修养。

综上所述,美育的过程是一个学生在形象、感受、理解、表达中来回碰撞,从中升华出各种能力的提高的过程。[3] 充分利用小学生心理特点,通过营造生动的情境,激发了学生爱护植物、珍惜自然环境的美好情感,感受到触及心灵深处的精神愉悦。在对"树"这一主题多渠道、全方位跨界整合开展的深度研究学习活动中,学生们眼、耳、口、手、脑、心等多种感官共同参与,集观察、思维、绘画、表达于一体,从对树的陌生到认识、熟悉,从对树的观察与表现概念化、符号化,到感受不同造型的树带给我们的不同美感,借助语言、文字启迪思维,激发创作欲望,借助绘画抒发内心的认识与情感,并真正理解了"为什么树是人类的好朋友"。不仅开发了多元智能,更促进了想象力、创造力、表达能力等各项综合素质的协调发展,在体验中享受触动心灵的美,发掘天生的艺术潜质,满足学生个性特长发展需求。

基于尊重、归于发展。跨界之后,使学生的思维更加活跃了。在多跨度中懂得合作观察、分享交流、共享收获。形成相关技能和钻研及创造的品质,体会美术的乐趣与美好。在深层次的欣赏艺术中用心体验、感悟生活,逐渐培养学生高尚的人格与修养。

【参考文献】

[1] 中华人民共和国教育部 . 义务教育美术课程标准(2011 年版)[M]. 北京 : 北京师范大学出版集团, 2012.

[2] 李冬芳 . 构建和谐课堂提升学生美术核心素养[J]. 中国美术教育, 2017.

[3] 宋喜梅 . 说画——打造美术高效课堂的有效途径[J]. 教师博览(科研版), 2012.

‖ 附录三:走进生活,提高德育教育的效果 ‖
——浅谈整合资源,促进学生深度学习

韩　星

【摘要】 人教版《道德与法治》教材中有这样的叙述:通过在实践活动中领悟,可开启儿童道德与法治之旅;通过增加诵歌谣、看连环画等,可凸显儿童的学习主体地位;使用儿童化的表述方式,可使儿童的德行在优秀传统文化的浸润中得到滋养;与学科有效整合,走进生活,促深度学习,参与有益的活动和社会实践,可以催升生命体验。

【关键词】 生活体验;资源整合;凸显学习主体地位;深度学习;提高德育教育效果

从 2016 年起,义务教育小学起始年级"品德与生活"教材名称统一更改为"道德与法治"。面对新教材,如何实现道德与法治的有机结合,课内外资源的有效整合,更好地开展课堂深度学习,提高德育教育效果呢?我做了以下的研究。

一、回归儿童生活，在实践活动中领悟

回归儿童生活，是品德与生活课程标准的核心理念，也是最近十年来德育理论与实践探索的重大成果。在实践活动中领悟，是低年段儿童道德学习的重要方式。

通过参观活动，学生们不但对学校这个概念有了具象的认识，还能用自己的语言来表达"我们的校园真好"的思想，自然而然地增进学生对校园及学校生活的亲近感。深度学习是学习者主动、积极的行为，学生必须积极参与，而不只是消极被动地接受信息。学生在实践活动中领悟德育教育思想，胜过教师枯燥的理论说教，由此可见，教师用理论知识结合学生的生活实际就能设计出最佳的教学方案，把生活中的参观、游览整合进课堂，就能取得更好的教育效果。

二、整合游戏与教材，开启儿童道德与法治之旅

新版《道德与法治》教材重视贯彻和落实党和国家对法治教育的要求，在一年级上册凸显规则意识教育的内容，并注重以螺旋上升的逻辑，促进儿童法治观念的形成与发展。低年级儿童法治观念的培育重点应该是在正确儿童观下规则意识的形成与发展。

规则意识教育的内容分布在多个单元之中：第一单元中有"这样做对吗"，第二单元有"校园里的号令""上课了"，第三、四单元有"冬天真好玩"。内容涉及校园规则、交通规则、游戏规则、课堂规则等，贴近新入学儿童的生活实际。例如，第一单元第四课"上学路上"是让学生了解交通安全问题和隐患等交通规则的。在讲解这一节课的时候，我在课堂上给学生播放了很多交通事故的视频，通过视频中一些惨痛的画面，让小学生知道不遵守交通安全的危害。在"交通信号要知道"这一节课中，我把教室布置成马路路口，如在地面画上斑马线，设置红绿灯等。通过让学生表演过马路的环节，让学生了解信号灯的作用，知道不同的情况下有不同的"信号"，要听从"信号"指挥，遵守交通规则，学习保护自己的安全。课下继续拓展，还让同学们自主设计了一些班级规则的标志，如禁止乱扔纸屑、拖地中请绕行、请轻声交谈、请把桌面收拾整洁等标志，更好地培养学生们的规则意识，我认为这就是法治教育。

教师作为学习的促进者、帮助者、组织者和引导者，在促进深度学习中应做到积极主动参与学生的学习过程，鼓励学生与学生之间的交流，培养学生群体合作的能力，使用活泼的教学方法，运用开放性的探究方法，以引导更深入的学习，使学习既可以在面对面的环境中进行，也可以发生虚拟的环境中。

三、唱歌谣、讲故事，凸显学生学习主体

唱歌谣、讲故事是孩子的本性，应采用孩子喜闻乐见的形式引导他们学习。新版《道德与法治》一年级上册教材依据教学要求，随文编写了 14 首儿童歌谣，比旧版教材增加了 10 首。例如，"我的好习惯"这个单元，学生们创编了爱整洁、有精神、不拖拉、不马虎的小儿歌。"太阳眯眯笑，我们起得早。手脸洗干净，刷牙不忘掉。饭前洗洗手，饭后不乱跑。清洁又卫生，身体长得好"。"马虎做事真可怕，处处不便危害大，害人害己真麻烦，赶走马虎最关键"……我在教学中让学生边诵儿歌，边加以手势动作，有时还会进行情境表演，让学生在朗朗上口的歌谣诵读中达成本节课的学习目标。让学生在潜移默化中养成良好的行为习惯。这样既调动了学生们学习的热情，又让他们受到感染和教育。

众所周知，儿童对阅读故事非常喜爱，可以说，没有不爱听故事的儿童。旧版一年级上册教材只有"钟姐姐对我说"一则连环画故事。大幅增加连环画故事的数量，遵循了儿童心智成长的逻辑，也体现了教材从儿童出发的思想。在教学中我通过讲连环画、读绘本的形式，和一年级的学生在故事中品味不同的真理。在《看看谁精神》故事中，我还扮演小熊裁判，和学生们分角色表演了绘本故事。但教材中的故事没有结尾，留给大家一个"人人都能精神好，这可怎么来投票？"的问题，小熊裁判不知道该选谁了。学生们兴致昂扬，我们便一起开始用绘画的形式，续编故事的结局。当这课结束后，孩子们不仅懂得了"精神的含义"不能只看外表，更重要的是由内而外的气质，续编故事时，还学会了辩证的思考问题，这便是道德与法治课的教育效果。

深度学习是一种多学域教学理念的整合，在于形成一种深度学习的观念。在教学中，教师可以利用新教材进行原创，也可以改编或选用儿歌童谣和歌曲，还要巧妙利用富有童趣，启迪智慧的连环画读本、自己绘画续编故事。让教材为儿童的欢乐世界，从真正意义上落实"从儿童出发"的理念。

四、引入中华优秀文化，使学生得到德行滋养

在统编《道德与法治》"三条主线"和"两个融入"的脉络中，教材将"中华传统美德"教育融入其中。例如，在讲授"全家福"这课时，我提前准备了自己的全家福照片，通过组内介绍交流，让更多的伙伴了解各自的家庭成员。观看了《黄香温情》《子路借米》的视频故事后，又让大家通过讲述和表演自己和父母长辈之间的感人故事，再次体会伟大的亲情和家庭责任感。于是发动大家邀请自己的父母长辈也参与我们的学习分享，便新增了"我的家风家规""爸爸妈妈激

励我""感恩贴吧"三个板块。我收到了许多家长写给孩子的激励语、家风家规和孩子们记录的感动瞬间，并让他们在黑板上张贴出来，自豪地讲给大家庭。"伟大不是做了惊天动地的大事，而是能坚持不懈地认真做好每一件事"；"坚持、坚持、再坚持，你会发现自己离成功越来越近了"；"周六是我的生日，爸爸送我一个元祖小蛋糕，我没舍得吃，打算晚上作为神秘礼物和妈妈一起分享，因为我的生日是妈妈受苦受难的日子……"；"最近妈妈工作很忙，每天加班到很晚，有时饭都顾不上吃。我能做的就是每天按时完成好作业，不让妈妈费心，然后在睡觉前给妈妈端一盆热水泡泡脚……"看着这一张张充满爱的字条，看着学生们眼睛里感动的泪水，我觉得这次尝试成功了。

教学结束时，我还送给学生们一棵许愿树，让他们许下一个美丽的心愿，并以此为目标，不断鼓励着自己努力去实现。在这充满爱和正能量的教室里，不仅拓展了课本的内容，学习的氛围也浓厚了，更重要的是增进了彼此的感情，让学生们更体谅父母，让老师和同学走进他们的生活。深度学习强调了学习者积极主动地学习，灵活、熟练地运用知识解决实际问题，因而深度学习是指基于理解的学习。学习者能够批判性地学习新的思想和事实，并将其融入原有的认知结构中，能够在众多思想间进行联系，并能够将已有的知识迁移到新的情境中，做出决策和解决问题。[1, 2]

在教材的引领下，我们尝试中高年级多以诗词古文、古代名人语录启迪学生思考，落实德育目标。低年级则多从《弟子规》中，挖掘爱亲敬长、道德品行、孝贤乐学的佳句。比如，"我和我的家"一课，我们观看了《孔融让梨》，在绘本的故事结尾，我们用"兄道友，弟道恭"让学生懂得与兄弟姐妹和睦相处；在"吃饭有讲究"中，通过由古至今的进餐礼仪，引导学生文明用餐，并在班级午餐时进行评比。多样的学习方式，将远离学生语言环境的传统文化带入，又为道德与法治课程的实施增新趣、融深意。新教材精选了很多经典古诗文，名人名言，农谚等。如《弟子规》《三字经》《治家格言》《论语》等传统经典，在教学中以"宝典箱"的形式呈现，将中华传统美德中的"孝亲、勤俭、自强、厚仁、贵和、好学"等伦理观念和行为规范有机融入教材，通过幻灯片，视频、配乐朗诵等形式，展现在学生面前以"文"化"德"，使儿童的德行在优秀传统文化的浸润中得到滋养。[3]

为提高道德与法治课堂上的德育教育效果，应不忘初心，回归学生的生活，不忘中华传统美德，利用丰富有趣的课堂教学形式，让学生们在实践活动中热爱中国共产党、热爱祖国、热爱人民，爱亲敬长、爱集体、爱家乡，初步了解生活中的自然、社会常识和有关祖国的知识，保护环境，爱惜资源，养成基本的文明行为习惯,形成自信向上、诚实勇敢、有责任心等良好品质。作为一名道德与法治教师,我们更应该对自己提出更高的要求,努力使自己成为一个有思考力、有创造力、有执行力、有影响力的人。为学生埋下一颗"真善美"的种子,引领他们系好人生的第一粒扣子。为贯彻党的教育方针,落实立德树人的根本任务,在教育的路上,我们是一群追逐者;在成长的路上,我们是一群学习者。这是时代赋予我们新的责任与使命。

【参考文献】

[1] 章乐《儿童立场与传统文化教育》:兼论小学道德与法治教材中的中华传统文化教育[J].课程·教材·教法,2018,38(8).

[2] 史俊《中国优秀传统文化是中小学道德与法治教育取之不尽的源泉》[J].思想政治课研究,2017(3).

[3] 孙静《关于小学道德与法治教学德法融合策略的实践》[J].天津师范大学学报(基础教育版),2019,20(1).

‖ 附录四:引入 SPARK 课程,促进学生深度学习 ‖
——德育教育在小学生体育教学中的深层次表达案例分析

仇春艳

【摘要】 通过系统观察 SPARK 课堂发现,SPARK 课程中德育渗透无处不在。SPARK 课程规则与责任意识的渗透随处可见,能够公平公正地为班级每位学生提供练习的机会;SPARK 课程在实施过程中比较注重细节,在一堂体育课中会让学生在快乐游戏中逐渐养成尊重他人、讲礼貌、善于交际的好习惯。综上所述,SPARK 课程对小学生信任他人、尊重他人、有责任心、公平公正、遵守规则等方面有育人价值,在课堂的具体游戏活动中得以体现,而不仅仅只存在于教授学生一种体育技能。我们通过课程资源整合,将 SPARK 课程纳入体育与健康教学的一部分,将体育变为育人的教育,促进学生全面发展,促进学生深度学习。

【关键词】 SPARK 课程;德育教育;深度学习

一、研究背景

小学生素质教育中的一个重要组成部分是德育教育,对提高学生的思想道德认识水平和个人思想品质都大有裨益。我国教育部体育卫生与艺术教育司司长王登峰指出,学校体育和艺术教育已经进入了一个新的战略转型发展期。要紧紧抓住当前"立德树人"工程实施的契机,把学校体育、艺术教育植入教育的整体改革发展之中,进一步明确职责,确保体育、艺术教育长期可持续健康发展。学校体育是一种有巨大潜力的教育力量,体育教学是一个包括身体、思想、智力、情感、态度等在内的全面教育,学生通过体育课的学习,发展理性行为,提高思想觉悟,扩大经验范围,锻炼健美的体格,充实智力活动,提高社会适应能力。所以我认为,当今的体育应该是一门育人的教育,而不仅仅只是停留在教授运动技能,学会运动方法。在体育教学过程中顺其自然地把德育渗透进去,有效地激发学生学习动机与兴趣,通过不断的深化和渗透,寓德育于体育中,培养懂运动、会运动、爱运动的毕生运动习惯,这是指向基于学习运动技能之上的体育学科深度学习。体育教学应以育人为目标,将思想品德的内容融于整个体育教学之中,使学生在玩乐中增长技能的同时,心理品质也得到健康发展,成长为德才兼备的人才。

作为全美最受欢迎的体育课程之一的 SPARK 课程,SPARK 在澳大利亚、比利时、加拿大、韩国和英国等很多国家得到广泛应用并形成自己的特色。SPARK 课程中德育的渗透随处可见,渗透到课堂中的每一个环节,能够做到公平公正地为班级的每位学生提供练习的机会,让学生在快乐游戏中逐渐养成尊重他人、讲礼貌、善于交际的好习惯。[1]

基于以上问题,我校结合"十三五"规划课题"基于深度学习的课程资源整合研究",我从 SPARK 课程对小学生的德育影响出发,在本校进行 SPARK 课程对小学生德育影响的实证研究,对教学案例进行分析,以期探索 SPARK 课程对小学生有育人价值方面的内容与特征,找到有效提高学生在体育学科方面深度学习的教学模式、教学方法和教学内容。

二、案例分析

(一)SPARK 课程对小学生"公正"育人价值观察分析

在 SPARK 课程的课堂观察过程中,在体育课堂组织游戏比赛时,针对班级一位手腕受伤的小学生的这种状态,教师让其担任游戏比赛的裁判角色。在我们传统体育课上,针对这种身体受伤的学生往往采取让其请假休息或者一旁见习的方式,但是在 SPARK 课堂上,体育教师有意识地安排这些特殊学生一定的任务,比如担当裁判、负责记录和承担为他人服务等轻体力活动的角色,以体现这些学生体育课中的存在价值。在我们体育课中时常很多学生只顾自己运动,难以主动去帮助需要帮助的学生，难以体验到那些运动能力弱的学生的自卑心理。为避免体弱、心理障碍的学生遭到其他同学的讽刺、嘲笑或歧视，有意识地建立一对一的爱心帮扶或学习互助小群体，培养普通学生互相帮助和关爱他人的态度和行为。[2]

SPARK 课程教学能够公平公正地为班级的每位学生提供练习的机会，不管班级学生的数量、性别、能力，SPARK 做到不放弃、不抛弃每一个学生。在 SPARK 光盘资料中会有能够满足学生特定需要的教学策略，在每一节 SPARK 课程中都会有拓展部分，为那些可以进一步发展运动能力的学生提供挑战机会，而且这一部分也会有具体的教学操作策略供学生挑战个人的能力。拓展部分是对某一个教学内容的延伸与挖掘，教师可以根据学生的学习能力与进度水平进行选择教学，这也是 SPARK 课程对于不同能力的学生"公平公正"的体现。

（二）SPARK 课程对小学生"可信任"育人价值观察分析

SPARK 课程中的"可信任"即信任他人，这在 SPARK 课堂很常见，比如在拍球练习时，教师让每位学生拍一次球便大声地数出拍球的次数，这样给学生彼此之间无形中建立起诚实守信的规则意识，因为守信用就会对自己的同伴更负责，其通过声音刺激或视觉刺激提示学生做出迅速的反应。在 SPARK 课堂教学中会经常采用音乐作为指示信号，如在热身活动中就经常使用音箱播放音乐提示学生开始、变换、结束练习，音乐响起时学生就会马上开始练习，而当音乐暂停或出现"stop"这个提示音时学生就会立即暂停练习，然后再按照教师的要求变换练习方式。正是 SPARK 教学严格的课堂常规管理，使得教师教学的课堂组织时间就可有效缩短，课堂上学生运动的效率也就更高。SPARK 教学要求学生令行禁止，使得学生严格执行规则并养成了自觉遵守课堂常规，培养了他们遵守规则的公民意识。[3]

（三）SPARK 课程对小学生"尊重"育人价值观察分析

SPARK 课程在实施过程中比较注重细节，在一堂体育课中会让学生在快乐游戏中逐渐养成尊重他人、讲礼貌、善于交际的好习惯。例如，在 SPARK 教学中有一个"破冰活动"。教师会说："当音乐开始的时候，你们骑着马儿在奔跑。"这时，学生就要像马儿一样在一定的范围内奔跑。当音乐停止时，学生要找一个伙伴两人脚对脚说"您好"。等音乐再响起的时候要说"再见"，然后继续奔跑，这个"破冰活动"不仅让学生的运动量提高，而且潜移默化地培养了学生要有礼貌的品行。在实施的过程中 SPARK 课程会运用各种教学手段培养学生互相尊重的行为习惯。

（四）SPARK 课程对小学生"责任感"育人价值观察分析

SPARK 课程强调规则和反馈，新建立规则需要大家忠实的执行，如果出现犯规现象，那么学生要诚实地去执行规则，勇于承认自己的错误，这就是一种责任意识。SPARK 课程有很多细节方面体现出培养学生的责任意识，如小兔子过河中给对方放垫子放多少的问题；降落伞游戏中，如何握降落伞才能不伤到旁边的同伴的问题；保持安全的活动距离以防止冲撞等，这其中都有针对"有责任心"育人价值的体现。

（五）SPARK 课程对小学生"公民意识"育人价值观察分析

SPARK 课程中规则意识的渗透随处可见，这种规则渗透到每一个环节，从体育器材的取、还到学生休息、饮水时间的掌握，都可见详细有效的规则。学生取沙包时教师会要求他们抬起手臂举于胸前，把沙包放于前臂与上臂之间，从而限制学生用手随意丢沙包玩；取篮球时又会要求学生把篮球放于地面，并用两脚夹住，这样可以防止学生拿到篮球后肆意拍球玩耍，从而达到学生遵守课堂规则、集中注意力、认真听老师讲解的目的。

三、研究结论

通过系统观察 SPARK 课堂发现，SPARK 课程中德育渗透无处不在。SPARK 课程规则与责任意识的渗透随处可见，能够公平公正地为班级每位学生提供练习的机会；SPARK 课程在实施过程中比较注重细节，在一堂体育课中会让学生在快乐游戏中逐渐养成尊重他人、讲礼貌、善于交际的好习惯。综上所述，SPARK 课程对学生信任他人、尊重他人、有责任心、公平公正、遵守规则等方面有育人价值，在课堂的具体游戏活动中得以体现，而不仅仅只存在于教授学生一种体育技能。我们通过课程资源整合，将 SPARK 课程纳入体育与健康教学的一部分，将体育变为育人的教育，促进学生全面发展，促进学生深度学习。

【参考文献】

[1] 尹志华."初识美国小学 SPARK 课程"系列文章之五：为了孩子们心中的彼岸——spark 课程目标体系之探析[J]. 体育教学，2009（11）.

[2] 王健敏. 道德学习论[M]. 浙江：浙江教育出版社，2002（10）.

[3] 杨小明. 体育教学中的道德教育研究[D]. 南京：南京师范大学，2008.

‖附录五:音乐、美术与信息技术教学巧妙融合实现深度学习‖

邹德刚

【摘要】 以计算机技术和网络技术为代表的信息技术,在教育领域已被广泛地应用,教师在教学中经常采用基于网络的探究学习、协作学习,学习的各个层面都打上了信息技术的烙印,信息技术与学科的融合是教育发展的必然趋势。信息技术教学的突出特点,就是知识性与技能性并重,科学性与艺术性、趣味性相结合;音乐、美术教学主要体现视觉艺术,具有可视、可听的形象特点。通过音乐、美术与信息技术教学的有机融合能更有效地增强学生的探究能力,使信息教学手段走向多元化发展,实现深度学习。本文主要阐述音乐、美术和信息技术课堂教学的巧妙融合,解决教学中的重、难点,促进了多途径高效学习,改变了学习方式,提高了学习效率,提高了信息量,加大了教学密度,促进了深度学习。

【关键词】 信息技术教学;艺术;音乐;美术;融合

一、借助深度融合促进高效学习

音乐、美术进入信息技术课堂,给信息技术教学注入了一股活力,给学生带来了新鲜感。通过屏幕出现的那一幅幅生动的画面,吸引了全体学生的注意,高质量的音响效果唤起了学生学习的欲望和劲头。在信息技术课堂教学中运用音乐、美术手段,能强烈地吸引着学生,激发了学生的求知欲,形成一股学习的动力。例如在教学信息技术一年级下册"春天的故事"一课时,首先播放了一首歌曲《春天在哪里》,电脑中同时播放着美术课上学生自己画的春天画作,让学生跟着音乐一起边唱边看。唱完我问学生:"感觉是不是不一样?"学生齐声答:"是!""想不想一起用电脑画出春天的故事?"课中第一个环节是让学生自由选主题,进行分组、合作、讨论学习;第二个环节听《春天在哪里》等有关春天的歌曲,学生自由运用金山画王制作绘画作品;第三个环节是师生一起总结学生电脑绘画的作品。课堂教学是师生共同在一定的情境中,进行探索知识、发现规律的过程。可是在实际教学的过程中,受到时间、空间和各种现实情况的制约,仅凭教师空洞的说教,抽象的描述,很难达到预期的教学目标。音乐、美术具有多种感官同步进行的直观效果,音乐、美术与信息技术相结合的教学模式,能够将教学重点和难点一一呈现出来,向学生展示教学情境、提供丰富感知,使学生闻其声、见其形、入其境,让学生沉浸之中。运用音乐、美术手段所创设的课堂情境,让学生更快、更准、更深地把握教学的重点和难点,从而让抽象或陌生的知识变得形象直观,给学生多重感官刺激,加快了学生理解的速度,使教师在单位时间内传授更多的知识,促进学生多途径高效学习。

二、借助深度融合提高课堂效率

基于信息技术平台的学习可以满足学生个别学习的要求,能充分调动学生学习的积极性和主动性,促进学生主动学习。实践证明,当学生对学习内容产生了兴趣以后,他们就会有很高的学习热情。这时,作为课堂的组织者和策划者(教师)就应该为他们创设各种条件,使他们主动参与进来,成为学习的主人。例如在教学"猪八戒分西瓜"时,教师可以事先将教学内容与音乐、美术内容有机整合,引出猪八戒和孙悟空分西瓜的故事。故事里由于孙悟空没有把西瓜平均分成四份,师兄弟产生意见,为了搞好团结,共同保护唐僧西天取经,现在需要同学们帮忙解决问题。这时候学生的积极性就被调动了起来,他们就会深入地、兴致勃勃地学习这方面的知识,并且广泛地涉及与之有关的知识。这时教师、学生、教材、媒体四要素彼此相互联系、相互作用形成了一个有机的整体。运用多媒体,化枯燥为生动,解决教师难以讲清、学生难以听懂的内容,从而有效地实现精讲,突出重点,突破难点;引导学生更深一步探究学习的积极性。提高了学生的欣赏能力、绘画能力及色彩表现能力,同时更好地培养学生的创作能力,从而活跃了课堂气氛,达到了教学目的。这样以教师为主导、以学生为主体、以信息技术为中介的整个课堂得到了优化,提高了教学的效率。

三、借助深度融合改变学习方式

学生对于计算机辅助教学的形式通常感到非常新鲜,课件、网络、教学软件等具有独有的画面展示方式和独特的音响效果,可以马上抓住学生好奇的心理,让其精神高度集中起来。利用计算机软件绘画,能画出非常独特的画面效果,如金山画王能模拟水彩笔、粉笔、板刷等工具,同时还可以设置纸的纹理、颜色等。利用其自带的模板,就可以创作出十分漂亮的图画来。同时,也会让他们产生一种不满足感,在此基础之上就可以让学生学习使用画图板程序了。在学习了一些常用工具如曲线、笔刷、滴管等的使用方法,以及了解常用的文件操作等方法后,让他们利用画图板程序也可以画出十分漂亮的图画来。让学生利用网络资源,在网络上查找到丰富的图片素材,这些素材开拓了学生的眼界,使学生获得更多的美术知识信息,让学生在学习中分工合作,开展头脑风暴,通过不同思维方式和不同理解过程的冲击和碰撞,形成对学习材料和学习活动的全面和系统的认识。巧妙地将美术与信息技术教学内容完美地融合,既提高了教学效果又有利于学习能力的提高,使课堂学习变得更轻松,改变了传统的学习方式。

四、借助深度融合达到学习效果

乌申斯基说:"儿童是用形式、声音、色彩和感觉来思维的。"教师应该合理有效地运用好音乐这种辅助教学手段,发挥其积极的作用。如教一年级信息技术"画唐诗"这课时,我选择《枫桥夜泊》中的诗句:"月落乌啼霜满天,江中渔火对愁眠",同时播放《渔舟唱晚》这首曲子,教师一边讲唐诗的内容背景,一边指导学生欣赏屏幕上江中渔火的画面,这种音乐与信息技术教学的融合使学生如身临其境般地感受到乐曲所表现的意境和情绪,对本课内容的体验理解也就更加真切。学生自己在制作课件时,可将教学内容中抽象的或不易理解的内容用图像、声音、动画等形式编制成多媒体课件,进行直观展示。再如在教授"海底世界"这课时,教师运用课件将神秘的海底世界、秀丽的海滨风光以及孩子们在海边愉快玩耍的情景通过屏幕逼真地显示出来,同时播放《海娃的歌》这首歌曲,不但使学生进一步沉醉于音乐的意境,而且使课堂教学别开生面,令人耳目一新。音乐和信息技术教学融合的过程就是情感体验、相互交融、发生共鸣的过程,加深学生对学习内容的理解,顺利地解决课题重、难点,从而达到事半功倍的学习效果。

总之,音乐、美术与信息技术课堂教学的深度融合,如果恰当地选准最佳结合点,发挥其最大功效,就可以直观、形象、生动、有趣地展示教学的内在规律。可在有限的时间里,解决教学中的重、难点,提高信息量,加大教学密度,促进深度学习。同时通过融合,对开发学生的智力,开拓知识视野,培养学生审美观,改进课堂教学质量,发展学生素质,有着非常重要的作用。尽管这种课程融合还不成熟,但课程融合促成了深度学习显而易见,我们更应该展开深入的研究和探讨。

后　记

　　青岛新昌路小学是市南区东部一所小区配套学校,从 1994 年建校至今,历经 1996 年的市南区规范化学校,2003 年的市级规范化学校,2004 年的省级规范化学校,始终探索和行走在教科研兴校之路上。

　　在现代化学校的创建过程中,2017 年 7 月,基于学校校情分析,确立了"成就最好的自己"的办学理念,传承"点滴尽致"的学校核心文化,以"建设精致学校"为办学目标,培养"致知·致善·致美"新昌少年。在立足本土的特色办学目标引领下,学校依托国家"十三五"规划课题"基于深度学习的课程资源整合研究"的扎实推进,开展了大量卓有成效的教科研实践。在教科研实践中,学校依托"科研训"一体化实施策略和"三次集备六步研"校本研修路径,进行了课堂变革和课程创新的再探索。

　　三年来,学校以课题研究为引擎,通过课堂变革和课程创新促进了学校的可持续发展。学校荣获 2018 年度市南区中小学工作先进单位、市南区"以海育人"领航学校、青岛市文明校园、青岛市家庭教育服务站、青岛市中小学高水平现代化学校、青岛市示范家长学校(一等奖)等称号。

　　学校业务干部在市南区区域层面进行了"试点制度流程化,实施精致管理""英语绘本校本课程实施方案""以'发展联盟'的推进,成就新昌致美少年"等七次管理、教学、德育等方面工作的经验介绍;学校"基于深度学习的课程资源整合研究"课题阶段成果总结发表在《市南教育》科研专刊中;近 50 篇关于学校特色管理、教育教学创新举措等信息被大众网、青岛电视台、《齐鲁晚报》《半岛都市报》《青岛晚报》等各大媒体报道。教师中有 8 人分别被评为青岛市教学能手、市南区学科带头人、市南区优秀教师,50 余人在各级各类教育教学比赛、活动中获奖;有 700 余人学生参与全国、省、市、区各级各类比赛,获得佳绩;由 100 多名学生组成的校管乐团,在市南区国际管乐节展演活动中进行了精彩展示。

　　同时,我们也在实践中进一步梳理与回顾,与优秀地区、优秀兄弟学校相比,仍有很多需要提升的空间。如专业引领方面如何站位更高,实践研修如何做好精、准、实等,这些思考,给了我们后续持续开展研究的目标,也激励我们继续扎实做好教育科研工作，深入理解教育本质，让学校的整体变革不断迈向深入，成为一所老百姓满意的精致学校。

由于水平有限，书中有不当之处，敬请批评指正。

薛　燕

2020 年 8 月